47都道府県・名字百科

森岡 浩 著

丸善出版

はじめに

　平成29年4月に始まったNHK総合のバラエティ番組「日本人のおなまえっ！」は、令和と元号が変わった今年（2019年）3年目に突入した。「名字」を真正面から取り上げるレギュラー番組はおそらく史上初、しかもNHKがレギュラータイムで放送するとは全くの予想外のことだった。当初取り上げていたようなメジャーな名字はともかく、マイナーな名字では取材が難しいこともあってか、2年目の途中からはさすがに名字以外を含めて広く「名前」を取り上げるようにはなったが、それでも中心となる話題は名字のままだ。

　今でも、庶民が名字を名乗ったのは明治以降だと思っている人もいるが、それは明らかな誤り。俳人小林一茶は農家ながら「小林」という名字を名乗っているし、江戸時代中期から建てられるようになった墓石には、庶民でも名字を彫ってあることが多い。

　実際、取材先では武士の家系以外でも自らの名字の由来を伝えている家は多い。今までは、「農家だから伝わっている名字の由来はウソだろう」と思っていた人が、番組を見て改めて伝承に耳を傾けるようになったともいえる。

　もちろん、こうした伝承には誇張や欠落などは付き物だ。ただ伝承をうのみにすることは危険だが、伝承は本質的な部分では正しい由来を伝えていることが多いのも事実である。

　さて、本書では県別に名字ランキングを掲載している。このランキングは、現在よりもはるかに登録数の多かった、平成中頃の紙の電話帳をベースにして作成してある。この時代の電話帳は名字の50音順に配列してあることから、東（あずま）と東（ひがし）や、河野（かわの）と河野（こうの）など、読みの違う名字は別に順位

づけしてある。

　また、新字体と旧字体は同じ漢字としてカウントしている。そもそも漢字の字体の違いは、明治初年に戸籍に登録した際に、担当の役人がどちらの字を書いたか、という違いにすぎない。根本的な意味やルーツの違いもなく、現在でも戸籍上は旧字体だが日常生活は新字体、という人も珍しくはない。つまり、新字体と旧字体の違いをランキングに反映させることはほぼ意味がなく、斎藤と齋藤や、小沢と小澤などは、両方を合わせた数でカウントしてランキングを作成した。

　こうして各県別にランキングを作成すると、県によって大きく違っていることがよくわかる。
　昭和後半の高度成長期の時代、地方から都市部への人の移動が進み、大都市の郊外には各地から移り住んで来た人たちが大多数を占めるベッドタウンが誕生した。平成後半になると、少子化と高齢化で地方の人口が急減している。そのため、いまや地域による名字の違いなどないだろう、と考えている人が多いが、実はそうではない。確かに東京や大阪郊外のベッドタウン化した地域ではその地域独特の特徴はほぼみられないが、それ以外の地域では今でもしっかりと特徴を残しているところが多い。そもそも、佐藤と鈴木という全国で一、二を争う名字はいずれも東日本に多いもので、西日本ではそれほど多くない。西日本で一、二を争うのは、山本と田中である。
　現在、地方の山間部では人口の減少により集落単位で廃村となっているところが出てきている。そのため、ごく狭い範囲でみれば名字の分布や構成に変化が出ている。しかし、こうした場所に住んでいた人たちの多くは、他県ではなく同じ県の都市部に移住していることが多い。つまり、県単位でみればその中でも移動にすぎず、県の名字ランキングにはほぼ影響を及ぼしていないと考えられる。

　江戸時代以前、武士や商人たちは主君の転封(てんぽう)や自らの意志で居住

地を変えることは珍しくなかった。それに対して人口の9割近くを占めていた農民は土地を持っているため、よほどのことがない限り住む場所を変えることはない。江戸時代、農民も名字を持っていたからこそ、地域によって名字に違いがあるのだ。もし、9割を占める農民が明治の初めに一斉に名字をつけたとしたら、おそらく全国どこに行っても同じような名字ばかりだったに違いない。

　関東と関西で名字が大きく違うのは、江戸時代からすでに違っていたのであり、その理由はそれぞれの地域の歴史や文化に裏打ちされたものである。しかし、庶民の名字についての文献的資料はほとんどなく、伝承や文化的背景などからその由来を類推していくほかない。テレビ番組の影響で名字に対する関心が高まっている現在、本書を通じて改めて自らの家のルーツに思いを馳せていただければ幸いである。

　令和元(2019)年5月

森岡　浩

目　　次

第Ⅰ部　名字にまつわる基礎知識

1．名字の基礎知識
「名字」と「姓」と「氏」の違い　2 ／ 名字の種類　4

2．全国ベスト10の名字
第1位 佐藤 10 ／ 第2位 鈴木 11 ／ 第3位 高橋 11 ／ 第4位 田中 12 ／ 第5位 渡辺 12 ／ 第6位 伊藤 13 ／ 第7位 山本 13 ／ 第8位 中村 13 ／ 第9位 小林 14 ／ 第10位 加藤 14

第Ⅱ部　都道府県別 名字の由来

北海道　16 ／【東北地方】青森県　22 ／ 岩手県　28 ／ 宮城県　34 ／ 秋田県　40 ／ 山形県　46 ／ 福島県　50 ／【関東地方】茨城県　56 ／ 栃木県　62 ／ 群馬県　68 ／ 埼玉県　76 ／ 千葉県　82 ／ 東京都　88 ／ 神奈川県　92 ／【北陸地方】新潟県　98 ／ 富山県　104 ／ 石川県　110 ／ 福井県　116 ／【甲信地方】山梨県　120 ／ 長野県　126 ／【東海地方】岐阜県　134 ／ 静岡県　140 ／ 愛知県　146 ／【近畿地方】三重県　154 ／ 滋賀　160 ／ 京都府　166 ／ 大阪府　172 ／ 兵庫県　176 ／ 奈良県　184 ／ 和歌山県　190 ／【中国地方】鳥取県　196 ／ 島根県　200 ／ 岡山県　204 ／ 広島県　210 ／ 山口県　216 ／【四国地方】徳島県　222 ／ 香川県　226 ／ 愛媛県　230 ／ 高知県　236 ／【九州・沖縄】福岡県　242 ／ 佐賀県　250 ／ 長崎県　254 ／ 熊本県　260 ／ 大分県　266 ／ 宮崎県　272 ／ 鹿児島県　278 ／ 沖縄県　286

付録1 同じ名字で読みの異なるものの全国都道府県別分布　292
　　　　菅野 / 上村 / 角田 / 河野 / 東 / 長田

付録2 同じ名字の全国都道府県別分布　295
　　　　佐藤 / 鈴木 / 高橋 / 田中 / 渡辺 / 伊藤 / 山本 / 中村 / 小林 / 加藤

名字索引　300

第Ⅰ部

名字にまつわる基礎知識

1. 名字の基礎知識

「名字」と「姓」と「氏」の違い

　現在、「名字」「姓」「氏」という3つの言葉は、ほぼ同じ意味に使われており、専門家を除いてこれらを区別する人はほとんどいない。しかし、「名字」と「姓」や「氏」は本来全く別のものであった。近世以前においては、「姓」と「名字」ははっきりと区別されており、公家や武士たちは、自らの出自を示すと「姓」と、自分たちの一族を指す「名字」の両方を持っていた。

　実は教科書の古代史の部分に登場した蘇我馬子や物部守屋、大伴金村、小野妹子らの「蘇我」「物部」「小野」は「氏」である。古代のヤマト政権は大王家（のちの天皇家）を頂点とした氏族連合政権で、各氏族が名乗ったのが「氏」である。「氏」は各氏族の構成員全員が名乗る共通の名乗りであり、基本的には支配している土地の地名や、担当する職業に因むものを名乗っていた。したがって、氏名を聞くと政権内でどういう位置にある一族かがわかったのだ。

　乙巳の変（大化の改新）を経て、大王家は中央集権国家の頂点である天皇家に脱皮する。天皇家は、自らの分家に「姓」を与えて家臣化し、やがて古代豪族に因む「氏」は「姓」に統合されていった。そして、「姓」も当初は次々と新しいものが与えられていたが、平安時代になると「源」と「平」の2つだけに絞られた。

　しかし、こうした「姓」とは別に、平安時代中頃からは自分の意思で付けた「名字」が使われるようになった。「名字」は、公家の世界と武士の世界で、それぞれ別に誕生した。

　当時、朝廷は藤原一族で席捲されていた。そこで、公家たちは「藤原」という姓とは別に、自らの邸宅のある場所を「家号」として名乗るようになった。当初の家号はあくまで公家個人に対するものであったが、公家の結婚形態が妻問婚から、夫のもとに輿入れしてくる形式に変わることで家

号が父から子に引き継がれるようになり、次第に家号は公家の「家」を示すものとなった。これが公家における名字の始まりである。

一方、朝廷での昇進が見込めない中下級の官僚たちは、地方官として各地に下りそのまま土着して武士化した。こうして誕生した武士たちは、自らの支配する土地を名乗ることで、その勢力範囲を明確化した。これが、武士における名字の始まりである。

公家も武士も、もともと姓を持っている。彼らは姓を捨てて名字を名乗ったわけではなく、あくまで公的な「姓」とは別に、私的な「名字」を自称していたにすぎない。しかし、時代とともに公的な「姓」を使用する機会のない武士の間では、「姓」がわからなくなった家も増えてくる。また、「名字」を名乗る習慣は、室町時代には公家や武士から農民の間にも広がっていった。

こうして、「姓」は不明で「名字」だけを使用する階層が増え、戦国時代には大名階級にまで姓のわからない（ない）家が登場した。しかし、戦国時代を勝ち抜いて江戸時代に突入すると、今度は「姓」を使用する場面にも遭遇することになる。たとえば、幕府の編纂した大名や幕臣の系譜集『寛政重修諸家譜』は「名字」ではなく「姓」で配列してある。公式の場では「姓」と「名字」を使い分けるのが基本であったため、「姓」がわからない家では、適当な「姓」をでっちあげて名乗るということも多かった。清和源氏を名乗っている徳川家や島津家、桓武平氏を名乗っている織田家などは、いずれも本来の姓は違うとみられている。

さて、一般庶民がこうした名字を持ったのは明治以降と思っている人が多い。明治の初め、突然名字を付けることになり、困った農民がお坊さんや庄屋に名字を付けてくれるよう依頼した。当初はきちんと考えていたお坊さんも、やがて名字の種類に行き詰まり野菜や魚の名前を名字にした、という話を聞いたことがあるかもしれない。実際、庄屋や住職が村民の名字を名付けたという例はあるが、これらはきわめて特殊な例で、こうした話のほとんどは笑い話の類いである。

教科書をみると「江戸時代は武士しか名字を名乗ることは許されなかった」とある。もちろん、これは間違いではない。なぜなら「許されなかった」のであって、「なかった」わけではないからだ。

江戸時代の武士の割合は人口のわずか1割程度。残りの9割の人たちに

名字がなかったと本気で考えている研究者はいない。なぜなら、現在では、農民や商人の名字を書いている資料は多数見つかっているからだ。

わかりやすい例でいえば、江戸時代中期を代表する俳人小林一茶は信濃の農家の出である。晩年には帰郷して小林家を継いでいる。つまり、農家でも「小林」という名字を持っていた。彼らは公の場では「名乗ることができなかった」ので、幕府や藩などの公式文書では名字は記載されないが、私的な文書などでは名字が記されている。最も古い例で和歌山県粉川の王子社に室町時代の農民の名字が記載された資料が残されており、室町時代すでに農民が名字を使用していたことがわかっている。実際、江戸後期の寛政年間になると町人の墓石のほとんどに名字が書かれており、この頃にはもはや墓石などで公称することすら一般化していたことがわかる。

明治の初め、近代国家への脱皮を目指した明治政府は、欧米にならって戸籍制度を創設し、ここに全国民を登録させた。その際、「姓」を登録するか「名字」を登録するかで混乱しないよう、新たに「氏」という概念を導入して、ここに「姓」でも「名字」でも1つだけ登録させ、以後変更することを禁止したのである。

大多数の人は日常使う「名字」を戸籍に登録し、一部の人は「姓」を登録した。なかには、あえて「姓」でも「名字」でもないものを新たに考え出して登録した人たちもいる。これがいわゆる"明治新姓"である。

しかし、基本的には「氏」として登録されたものの多くは、先祖代々伝えられ、江戸時代には公称を禁止されていた「名字」である。「名字」とは、明治の初めに私たちの先祖が適当に付けたものではなく、自らの一族の来歴が込められている、といっても過言ではない。名字のルーツを探ることによって、先祖がいつどこで、どういう暮らしをしていたかが見えてくることもある。

名字の種類

現在、日本には10万を超える多くの名字がある。この「名字」には、大きく分けると、古代から続く「姓」を使用しているものと、平安時代以降に生まれた「名字」を使用しているものの2つに分けることができる。さらに「名字」には8つのパターンがあり、合わせて9つに分類することが

できる。

　なお、高橋や小野のように、古代の姓に由来するものと、それ以降の名字に由来するものの両方のルーツがある、というものもある。

姓を使用しているもの

　代表的な姓として有名なのは「源平藤橘」といわれる4つである。このうち、源・平・橘は天皇家の分家、藤原は中臣氏の分家であるなど、「姓」からそのルーツが特定できる。

　この他にも近畿地方の古代豪族の末裔である蘇我、物部、大伴、佐伯、中臣、菅原、大江、紀、安倍、久米、土師(はじ)、天皇家の分家である清原、小野、在原、春日、高階、日下部や、渡来人を先祖とする秦、大蔵、坂上(さかのうえ)、丹波、狛などがある。地方豪族も独自の姓を持っており、上毛野（上野）、尾張、出雲、吉備、越智（伊予）などが有名。

　「姓」は公的なものであり、公式の場では「姓」を使用した。また、新しい「姓」を勝手に名乗ることはできず、親から子へ代々受け継がれていく。変更する際には天皇の許可が必要で、菅原や大江は土師氏の一族が天皇の許可を得て変えたものである。

名字を使用しているもの

　現在戸籍に「氏(し)」として登録されているものの大多数は名字に由来するものである。したがって数が多く、その由来によって8つに分類することができる。

①地名に由来する名字

　名字の中で一番多いのは地名を由来とするものである。

　平安後期以降誕生した武士たちは、自分の支配している土地を明確にするために、支配地の地名を名字として名乗った。兄弟が数多くいる場合は、領地を受け継いだ惣領（長男とは限らない）が父の名字を継ぎ、他の兄弟たちは周辺を新たに開墾してその土地を名字として名乗った。そのため、親子兄弟で名字が違うことは珍しくはなく、この時期に各地の地名をルーツとする名字が大量に生まれた。

　武士に限らず庶民でも、家と家を区別するためには地名を利用するのが一番簡単であることから、地名をルーツとするものは名字のなかで最も多い。

　地名由来の名字はルーツを探りやすいが、同じ地名が全国に複数あることも珍しくなく注意が必要である。また、名字のルーツとなった地名は、

今の市町村名のような大きな地名ではなく、もっと小さな地名、大字程度のものであることが多い。さらに、佐々木や渡辺のようにルーツとなった地名が今では消滅してしまっていることもある。

②地形や土地の様子に由来する名字

　名字の基本は家と家を区別することである。人口が少ない地域は地名を名字とすることでとりあえず解決できるが、開墾が進んで人口が増えてくると、同じ地名の中にある家の数が増える。そうすると地名だけでは各家の区別をすることが難しくなる。この場合、地名を名字として名乗ることができるのはその土地の支配者とその一族だけで、残りの家は別の名字を名乗る必要が生じる。

　もはや地名は使えないため、家のある場所の様子や地形などを名字とした。こうした名字では、「田」「山」「森」「林」「岡」「川」「池」「沢」「泉」「原」「野」「畑」「島」「村」といった漢字を使うことが多い。日本では山が多く、平地は可能な限り水田としたことから、「山」や「田」の付いた名字がとくに多い。

　家を区別するためには木も有効だった。今と違って昔の家は平屋で、木は遠くからの目印となる。当時は山の麓に住むことが多く、家の近くにある木でも家を特定することができた。名字に使われるのは、当時普通にみられた「松」や「杉」、「桜」「竹」「梅」「栗」などが多い。

　こうした自然物だけではなく、「橋」「寺」「宮」「城」「堀」といった建造物が利用されることも多い。これらの目立つ建造物との関係で自分の家を特定することができたからだ。

　なお、地名のルーツは地形であることが多く、地形由来の名字と地名由来の名字を厳密に区別することは難しい。小川の流れているところは「小川」という地名となり、そこに住んだ一族も小川と名乗った。この小川一族のルーツが地名なのか地形なのかの判断は難しい。

　同じ地形の土地からは同じ名字が生まれるため、地形由来の名字は特定のルーツを探すのが困難なことが多い。田中さんや山下さんのルーツは日本全国に無数にあるといってもよい。

③方位に由来する名字

　地形以外でよく使用されるのが、方位に由来するものである。

　方位由来の名字は、中心となる家や集落からみて、どちらの方角にある

かで特定するもので、「東」「西」「南」「北」だけでなく、「右左」「上下」「前後」「内奥外」「近遠」「脇横」といった言葉も使われる。さらに、東南を意味する「巽」や、北西の「乾」などもある。

なお、「上下」はその場所の標高差だけとは限らない。「山上・山下」や「坂上・坂下」は明らかに山や坂の上と下という標高の差だが、「川上・川下」は標高差よりも上流・下流という意味が強い。道の場合も、中心地に向かう方を「上」、反対側を「下」といい、これは標高とは関係していない。

こうした方位・方角を表す言葉に、「山」「川」「田」などの地形を組み合わせることで、数多くの名字が生まれた。

④職業に由来する名字

現在は親の職業を子が継ぐとは限らないが、江戸時代以前の職業は世襲によるものが多かった。そのため、職業を示すことで家を特定することができた。

古くは公的な職業が名字となった。古代では動物を飼っていた犬飼、鳥飼、鵜飼、猪飼や、戸籍を担当していた戸部（民部省の唐名）に由来する戸部、財務を管理する大蔵に仕えた大蔵など、中世では荘園の管理をする「しょうじ」（庄司・庄子・東海林）や、その下で実際に年貢を徴収した公文、下司、税所などがそうだ。

近世以降、貨幣経済が発展してくると、商業関連の名字が増えてくる。各地にあった「〇〇屋」という屋号の付いた商家に由来するものだ。こうした屋号には、地名を入れたもの（伊勢屋・越後屋など）と、商品を入れたもの（鍋屋・魚屋など）がある。

これらの屋号による名字は、明治時代に戸籍に登録する際、「そのまま登録したもの」「屋をとったもの」「屋を谷に変えたもの」の3通りに分かれた。たとえば、越後屋を名字にする場合、そのまま「越後屋」で登録、屋を取って「越後」で登録、屋を谷に変えて「越後谷」で登録の3パターンがある。

⑤下の藤のつく名字

名字ランキングの上位には、佐藤や伊藤など、下に「藤」という漢字が付いて「～とう（どう）」と読むものがいくつかある。これらは、基本的に藤原氏の末裔であることが多い。

平安時代、藤原氏は朝廷の要職を独占した。そのため、朝廷では藤原姓

ばかりとなり区別をするために家号を採用した。公家は邸宅や建立した寺のある地名などを使用したが、中級以下の官僚たちは使用できる地名がなく、地名とは別の名字を使用した。しかし、名家藤原氏の一族であることを示すために、領地のある場所や職業の一部と、藤原氏の「藤」を組み合わせて名字とした。藤原氏は藤家(とう)と呼ばれたことから、「〜とう(どう)」という名字は藤原一族の末裔であることが多い。

⑥拝領した名字

　名字には、自らの意思で付けたもののほかに、主君などから貰ったというものもある。

　戦国時代の武士は合戦で手柄を立てると、褒美として新しい領地を与えられた。しかし、戦国時代後期以降になると、与えることのできる新しい領地は少なくなってくる。織豊時代以降は土地ではなく禄高を加増したが、こうした領地や石高は、子孫まで代々与え続けなければならないので、そう簡単には与えることはできなかった。そこで、その代わりに褒美として利用されたのが名字である。

　これには、合戦での活躍に対して与えられた「無敵」や、蓄財をほめた際に与えた「善財」など、いろいろなパターンがある。なかでも徳川家康は、武田信玄に敗れて敗走中にお粥を振る舞ってくれた家に「小粥」、夜に川を渡る際に松明で照らしてくれた村民に「昼間」という名字を与えるなど、いくつもの名字をつくり出している。

　とくに江戸時代になると、殿様に餅を献上したら「餅」、砂糖を献上したら「砂糖」など、献上したものの名前を名字として与えられた、と伝える家が各地にある。

　また、主君が家臣に対して自分と同じ名字を与えるということも多かった。これは「一族として扱う」というたいへん名誉なもので、家臣はありがたく拝領した。将軍は島津家や山内家、浅野家など外様の有力大名に「松平」の称号を与えて懐柔した。各藩でも、山内家は家老の安東家や伊賀家に「山内」という名字を、浅野家は家老の堀田家や関家に「浅野」の名字を与えるなど、様々な階級で行われている。

　こうして、上は将軍家から下は一介の武士まで、かなり広い範囲で行われていた。貰った側はありがたく頂戴してそのままずっと名字を変えてしまった家もあれば、明治になると元の名字に戻した家もある。

名字を与えるのは殿様とは限らない。石川県加賀市にある「一筆」という名字は、先祖が近江国に米つきの出稼ぎに行って主人から貰ったものと伝えるなど、商家でも行われていた。

⑦僧侶の名字

　江戸時代、武士以外も名字を持っていたが、すべての人に名字があったわけではない。名字がなかった人たちの代表が僧侶である。当時、僧侶は正式に名字を持たない人たちであった。彼らは出家する際に俗世間から離れるためにあえて名字を捨てたのだ。

　ところが、明治政府は僧侶にも名字を持つことを義務づけた。僧侶はどちらかというと上流階級の出身者が多く、もともとは由緒ある名字を名乗っていた人が多かった。しかし、彼らは出家前の名字を戸籍に登録するのではなく、あえて僧侶であることを示すように、経典や仏教用語から新しい名字を登録することが多かった。お釈迦様に由来する「釈」や、浄土真宗の宗祖親鸞が名乗った「愚禿」に因む「禿」（とく、かむろ）などが有名だが、漢字や読み方が難解なものも多い。

⑧その他

　ここまで名字を7通りに区別してきたが、このどれにも属さないものもある。たとえば、戦に敗れて20里逃げたことに因むという「二十里」や、天上界の秘密をしゃべったために舌を八つ裂きにされたことに因む「舌」など、独特のいわれを持つものなどがそうだ。

　名字は自ら付けることができたため、自分だけの特別な名字をつくりだした人たちもいた。こうした名字では、その由来はその家だけに伝わるものであるため、どこかで伝承が途切れると、由来がわからなくなってしまう。

　また、近年では外国人が帰化した際に、母国の名字をもとにした名字を付けることも多い。これらもどこにも分類することはできない。

2. 全国ベスト10の名字

第1位　佐藤

　日本で最も多い名字は佐藤である。かつては鈴木に次いで第2位といわれていたが、実際には鈴木をやや離して最多となっている。これは近年、鈴木を追い越したというわけではなく、当時の集計方法の問題だと思われる。

　佐藤は東北地方に非常に多い。通常、県で最も多い名字の人口に占める割合は、東日本で2〜3％、西日本で1〜2％であるのに対し、秋田県や山形県では県全体の約8％を占めるというきわめて高い比率となっている。

　佐藤のルーツは藤原氏である。藤原北家で、秀郷の子孫である公清が平安時代中期に左衛門尉となり、以後世襲したため佐藤と名乗ったのが祖という。この他、下野国佐野（栃木県佐野市）に由来する一族や、佐渡守に由来する一族などいくつかの流れがある。

　このなかでは、公清の子孫が佐藤家の嫡流とされ、紀伊国田仲荘（和歌山県紀の川市）の預所職（あうかりどころしき）を相伝して院に仕えた。しかし、義清は鳥羽院の北面の武士となったのちに23歳で出家、佐藤家は弟の仲清が継いだものの以後は衰退して子孫ははっきりしない。なお、出家した義清は、歌人西行（さいぎょう）として知られる。

　嫡流の衰退後は、陸奥国信夫荘（しのぶ）（福島県）の佐藤氏が中心となった。元永2（1119）年に師清が出羽権守（ごんのかみ）となったのが祖で、子孫は信夫郡に土着して郡司となり、奥州藤原氏に仕えて信夫荘を本拠とした。源平合戦の際には継信・忠信兄弟が源義経に従って活躍、江戸時代には歌舞伎などにもしばしば取り上げられている。のち、伊達氏に圧迫されて相馬に移り、留守氏の家臣となった。

　現在は9道県で最多となっており、東日本ではすべての都道県でベスト10に入っている一方、西日本では8県で50位以下と、東日本に多い名字となっている。

第2位　鈴木

　佐藤とともに日本を代表する名字で、紀伊半島をルーツとする。この地域では刈り取った後の稲を天日に干すために積み上げたものを「すずき」といい、これに「鈴木」という漢字をあてたことに由来する。

　鈴木一族は一人の人物を祖とする名字ではなく、熊野信仰を広めた人々の共通の名乗りだったと考えられ、熊野信仰とともに広がった。のち紀伊国名草郡藤白（和歌山県海南市）に移って王子社の神官となり、ここを拠点として発展した。源平合戦の際には鈴木重家・重清兄弟が源義経に従っている。この系統が鈴木一族の総本家とされ、代々藤白神社神官として続いていたが戦後断絶、現在は鈴木屋敷のみが残されている。

　熊野信仰の布教とともに各地に広がった鈴木一族のうち、最も繁栄したのが三河の鈴木氏である。鈴木重家の叔父（異説あり）という重善は、奥州に赴く途中三河で脚を痛め、そのまま逗留して善阿弥と称して熊野権現を勧請、三河鈴木氏の祖となった。子孫は三河に広がり、室町時代には58家もの鈴木氏があったという。戦国時代には松平氏の有力被官となり、江戸時代には徳川家康に従って30家以上が江戸に移り、関東での鈴木氏の発展のもととなった。

第3位　高橋

　古代においては橋は目立つ建造物であったことから、「橋」の付く地名や名字は多い。その中でも最も多いのが高橋である。

　古くからあり、古代豪族の高橋氏は孝元天皇の皇子大彦命の子孫である膳（かしわで）氏の一族。天武天皇13（684）年朝臣姓を賜った際に、大和国添上郡高橋（奈良県天理市）の地名に因んで高橋と改称した。8世紀後半の万葉歌人高橋虫麻呂が著名。代々阿曇（あずみ）氏とともに天皇家や朝廷の食膳を担当していたが、延暦11（792）年に阿曇氏が失脚してからはこの職を独占した。

　現在、県単位で最多となっているのは群馬県と愛媛県だけだが、24都道府県でベスト10に入り、ベスト100に入っていないのは佐賀県、鹿児島県、沖縄県の3県のみと、全国に広く分布している。人口比では、岩手県・秋田県・宮城県の3県で4％を超しており、県で最多となっている群馬・愛

媛両県よりも高い。なかでも秋田県湯沢市の旧皆瀬村には高橋が多く、羽場集落では住民全員が高橋である。

第4位　田中

山本とともに日本を代表する地形由来の名字である。「水田の中」を意味するもので、米を経済の基本に据えていた日本ではまさに基本的な名字といえる。また、田中は地名も各地にあり、地名由来の田中も多い。

「田」の「中」という意味のため全国にまんべんなく分布しているが、西日本では沖縄を除いてすべて20位以内と、古くから稲作が盛んだった西日本には非常に多い。また、大和国高市郡田中（奈良県橿原市田中町）に因む武内宿禰を祖とする古代豪族の田中氏があるなど、田中氏は古くからあった。

第5位　渡辺

渡辺は全国第5位というメジャーな名字にもかかわらず、そのルーツは摂津国西成郡渡辺（大阪市）1カ所に特定される。

渡辺氏の祖とされるのは、芝居などで有名な平安時代の武将、渡辺綱である。嵯峨源氏の源綱は養父の岳父である源満仲の子頼光に仕え、摂津渡辺に住んで渡辺を称してその四天王の一人となった。

綱は大江山の酒呑童子（しゅてんどうじ）を退治したほか、京都の一条戻橋で鬼に髻（もとどり）をつかまれたため、その片腕を名刀鬚切（ひげきり）で切り落としたところ、養母に化けた鬼が腕を取り返しに来たという話が伝わっているなど、多分に伝説的な色合いも濃い人物である。

以後、満仲の子孫である多田源氏と関係を保ち、摂津国渡辺を拠点に西成郡に勢力を広げた。源平合戦の際には源頼政に従っている。承久の乱で朝廷方についたため嫡流は没落したが、一族は全国各地に広がった。

伝説的な人物を祖に持っていることと、造船技術にたけた一族として重宝されたことから、子孫は名字を変えずにそのまま渡辺を名乗り続けたため、和歌山県と沖縄県を除く45都道府県でベスト100に入っているなど全国にまんべんなく分布している。

第6位　伊藤

「伊勢の藤原氏」という意味の名字。藤原北家で佐藤氏の一族である尾藤知基の子基景が伊勢守となって土着し、伊勢の「伊」と藤原氏の「藤」をとって伊藤氏を称したのが祖。代々伊勢平氏に従い、保元の乱や平治の乱でも伊藤景綱が活躍、その子忠清と景家も平家の武将ととして源平合戦で活躍している。

現在でも三重県では圧倒的な最多となっており、とくに県北部にはきわめて多い。ここから岐阜県南部、愛知県北西部にかけての濃尾平野一帯に集中しており、岐阜県で2位、愛知県でも3位の名字である。西日本ではそれほど多くないが、それでも、県単位でベスト100に入っていないのは、徳島県・鹿児島県・沖縄県の3県のみである。

第7位　山本

日本を代表する地形由来の名字で、田中とともに西日本を代表する名字でもある。山の麓に住んでいたことがルーツのため全国各地にある。北陸地方を含めた西日本では、8県で最多名字、8府県で第2位となっているのをはじめ、ほとんどの府県で20位以内に入っている。一方、東日本でもベスト10に入っているところは少ないものの、山形県以外ですべて80位以内である。

第8位　中村

中心となる村の意味で各地に地名があり、名字もそれらから興った。村の人口が増えて分村した場合、中心となる村を中村という。こうした中村に住んでいた人が名乗ったもののため、「村」の付く名字の中でもきわめて多い。

現在も、沖縄も含めて全国にまんべんなく分布している。最多名字となっているのは鹿児島県のみだが、東西を問わず28都道府県でベスト10に入っている。県単位で最も順位が低いのが54位（福島県）というのは、全名字の中で最高である。

第9位　小林

　文字通り、雑木林のような小さな林から生まれた地形由来の名字で各地にルーツがある。とくに、長野県には小林という地名も多く、地名由来のものと相まって圧倒的な最多名字となっている。この他にも各地にルーツとなった場所はあるが、出自などは定かでないものが多い。
　他県では上野国緑野郡小林(こうずけのくにみどのぐん)（群馬県藤岡市）をルーツとする小林氏が著名。『吾妻鏡』にも、「小林党」として登場する。戦国時代は平井城の上杉氏に属していた。のち上杉謙信に仕え、江戸時代は米沢藩士となった。

第10位　加藤

　藤原北家の利仁から7代目の景通（道）が加賀介となり、加賀の「加」と藤原氏の「藤」をとって加藤氏を称したのが祖。その子景員（清）が伊勢に下向して伊勢加藤氏の祖となった。景廉は源頼朝に仕えたが、梶原景時の乱に連座して所領を失い、その子景義は美濃に移って美濃加藤氏の祖となった。武家の加藤氏は、美濃加藤氏の末裔と伝える家が多い。現在でも岐阜県を中心に濃尾平野一帯に集中している。

第Ⅱ部

都道府県別
名字の由来

1 北海道

〈難読名字クイズ〉
①馬酔木／②莟谷／③行町／④撰藻／⑤眠目／⑥醜茶／⑦射号津／⑧千僧供／⑨九十三／⑩徹辺／⑪部田／⑫根符／⑬子出藤／⑭就鳥／⑮十

◆地域の特徴

　北海道で最も多い名字は佐藤。それも人口の3％近くを占めて圧倒的に多い。道内にある35の市すべてで佐藤が最多で、音更町、七飯町、幕別町、新ひだか町、中標津町といった人口の多い町でも最多は佐藤。佐藤が最多でないのは、東神楽町・東川町（高橋が最多）、雨竜町・真狩村（佐々木が最多）、占冠村（鈴木が最多）、留寿都村（渡辺が最多）など人口の少ない町村を中心にごくわずかしかなく、道内全域にまんべんなく分布している。

　2位の高橋は人口の1.7％ほどで佐藤の6割ほどしかないが、やはり道内一帯に広がっている。東神楽町、東川町、天塩町、沼田町などで最多となっているものの、とくに集中している地域はみあたらない。3位の佐々木もとくに多い地域はなく、やはり全道に広く分布している。

　市町村別にみても、札幌市のベスト20と全道のベスト20に登場する名字は全く同じである。これは、道南の函館市、道北の旭川市、道東の釧路市でも同じで、各市のベスト10と全道のベスト10はあまり変わらない。

名字ランキング（上位40位）

1	佐藤	11	加藤	21	菅原	31	本間
2	高橋	12	山本	22	菊地	32	石川
3	佐々木	13	斎藤	23	山口	33	松本
4	鈴木	14	山田	24	山崎	34	森
5	伊藤	15	阿部	25	千葉	35	太田
6	田中	16	木村	26	藤田	36	後藤
7	吉田	17	工藤	27	池田	37	橋本
8	渡辺	18	斉藤	28	長谷川	38	清水
9	小林	19	三浦	29	村上	39	成田
10	中村	20	林	30	遠藤	40	松田

実は、道内の市町村では、極端に人口の少ない自治体を除いて、地域を問わずほとんどの市町村で佐藤が最多となっており、以下、高橋、佐々木、鈴木、伊藤といった、北海道全体に多い名字が上位に並んでいる。要するに地域的な特徴がほとんどみられないのである。

　そもそも、地域的な偏りは中世に各地で誕生した地名や地形、方位に由来する名字に起因する。この時代に各地域で独特の名字が誕生し、やがて分家や転封などの武士の移動によって次第にシャッフルされていった。明治以降は、東京や大阪といった大都市では全国から人が集まって来ることで平準化した。さらに、戦後大都市近郊に誕生したベッドタウンでは、元からいた人たちよりも新たに移り住んで来た人の方が増えて地域の特徴がなくなった。一方、他地域からの人の流入が少ない山間部などでは、中世以来の名字がそのまま残り独自の名字分布となっていることが多い。

　北海道では、先住民のアイヌは名字という制度を持たなかった。そのため、道内の地名などをルーツとする中世以来の名字はほとんどなく、地域独特の名字というものも少ない。そもそも、現在北海道に住んでいる人の大多数は、本州、四国など道外から移り住んで来た人の子孫である。

　こうしたなか、比較的独特の分布がみられるのが道南地区である。道南は室町時代にはすでに和人が治めており、江戸時代には北前船の終着点として関西の商人も住んでいた。また、対岸の青森県の影響も大きく、工藤や三浦といった名字は、道内でも比較的道南地域に多い。

　函館市では木村が6位、工藤が7位とベスト10入りしているほか、小山内・長内、二本柳など青森県独特の名字も多い。北前船の寄港地である秋田市などと同じく、秋田谷、伊勢谷、越後谷、越中谷、加賀谷、津軽屋、能登谷、若狭谷といった屋号由来の名字も多くみられる。

　江差町でも工藤が2位であるほか、松前町では4位斎藤、5位吉田とやや独特のランキングになっている。

● 北海道移住の歴史と名字

　北海道への移民は、江戸中期にはすでに政策として唱えられていたが、本格化したのは江戸時代の終わり頃のことである。最初の移民は武蔵国八王子に住んで農業に従事しながら甲州街道の警備を担当していた幕臣、八王子千人同心の二男や三男たちだった。寛政12（1800）年に蝦夷地東部の白糠・勇払に100人が派遣されたものの、あまりの寒さに死者が続出して

失敗した。

続いて幕末に、出羽の庄内藩（山形県）が蝦夷地北部の留萌や天塩へ藩士や農民を送り込んだ。雪国出身のため彼らは八王子千人同心と比べると寒さに慣れており、ある程度の成果を上げたものの、戊辰戦争で朝敵になったことから明治維新の際に引き揚げている。

大規模な移民が行われるようになったのは明治以降である。明治政府は北海道開拓のために、内地から開拓農民が移住することを奨励した。とくに戊辰戦争で朝敵となって所領を減らされた東北各藩では、多くの藩士が北海道に新天地を求めて移住した。仙台藩では、藩主一族の亘理伊達家や岩出山伊達家、家老の片倉家・石川家が家臣を率いて移住した。室蘭市の隣の伊達市は、この伊達一族が移住したことに因む地名である。同じく朝敵だった会津藩士は余市郡に移住した。なかには、静内に移住した徳島藩家老で淡路城主の稲田家のように、藩主と対立して移住した一族もある。

明治7（1874）年、明治政府は屯田兵制度をつくり、宮城県・青森県・山形県などで募集した約200戸の士族を琴似（札幌市）に入植させた。以後、次々と屯田兵を送り込み、明治20年代以降はその中心が士族から農民の組織的な移住に転換していった。

こうした移住者を出身の都道府県別にみると、青森県と新潟県が約5万戸で最も多い。以下、秋田県・石川県・富山県・宮城県と続き、東北と北陸で全体の7割を占めている。その他では、徳島県と香川県からも1万戸以上が移住しているなど、四国出身者も多い。

つまり、北海道の人たちの多くは、東北・北陸・四国の人たちの子孫であるといえる。北海道で佐藤が最多なのは、東北で圧倒的に多い名字が佐藤だからである。以下、高橋、佐々木、鈴木、伊藤はすべて東北地方に多い。30位付近には、長谷川、本間といった新潟県に集中する名字がみられるほか、上位に山本、中川、森といった四国に多い名字も入っているなど、確かに東北・北陸・四国の名字の集大成のような感じになっている。

たとえば、「さいとう」という名字は、東北や関東では斎藤が多く、それより西では斉藤が主流。東北と北陸からの移住者が多い北海道では、13位に斎藤、18位に斉藤と、斎藤と斉藤の両方とも多い地域となっている。

● 道南十二館と箱館

現在の住民の多くが移民の子孫とはいえ、道南地域では中世からすでに

和人が活動していた。

　鎌倉時代、東北北部では安東一族が下国家、檜山家などに分かれて、現在の青森県から秋田県北部にかけての広い地域を支配していたとみられる。しかし、室町時代になると、南部氏の勢力がこの地方にまで広がり、嘉吉2（1442）年には下国家の安東盛季が南部義政によって本拠地の十三湊（青森県）を追われ、蝦夷地の松前に逃れたという。このあたりの経緯には諸説あってはっきりしないが、室町時代後半には下国安東氏が松前を拠点として蝦夷の経営を任されていた。

　これと前後して、今の函館市から上ノ国町にかけての海岸線上に12の城（館）ができ、周辺の和人を支配して漁獲物やアイヌとの交易品を独占する小領主たちが誕生した。これらをまとめて「道南十二館」という。

　道南十二館は、松前の大館に拠って松前守護を称していた下国氏を筆頭に、函館市の志苔館（小林氏）・宇須岸館（河野氏）、北斗市の茂別館（下国氏）、木古内町の中野館（佐藤氏）、知内町の脇本館（南条氏）、福島町の穏内館（蒋土氏）、松前町の覃部館（今井氏）・禰保田館（近藤氏）・原口館（岡辺氏）、上ノ国町の比石館（厚谷氏）・花沢館（蠣崎氏）の12館で、大館には出城として小館（相原氏）があった。これらの名字は、北海道のなかではかなり歴史の古い名字といえる。なお、彼らの多くは名前に安東氏の通字である「季」を使っており、安東一族の影響下にあることは間違いない。

　そして、アイヌの大酋長コシャマインの大規模な叛乱を機に、花沢館主蠣崎季繁のもとにいた武田信広が蠣崎氏を継いで道南を支配し、戦国大名に成長した。

● 松前氏のルーツ

　松前氏の祖、武田信広は清和源氏の末裔で若狭武田家の一族と伝えられているが、若狭武田家の系図には信広という名前はみえず信憑性は乏しい。しかし、これを機に蠣崎（武田）信広は清和源氏武田家の末裔と称すようになった。以後、着実に勢力範囲を広げて松前地区全体を支配下におくと、安東家の代官も蝦夷地から追放した。そして、蠣崎慶広は豊臣秀吉に拝謁して松前領主と認められ、やがて蝦夷地全体の支配を任された。

　慶長4（1599）年、蠣崎家は地名をとって松前家と改称、江戸時代は福山藩（通称松前藩）を立藩して諸侯に列した。蝦夷地では米がとれないため石高はないが、1万石格とされていた。

なお、蠣崎という名字は藩主の分家が受け継いでおり、江戸時代中期の画家蠣崎波響は松前藩第12代藩主の五男である。

◆北海道ならではの名字
◎秋田谷（あきたや）

　函館に集中している「〜谷」という屋号由来の名字の一つ。函館は北前船の執着地であり、江戸時代から多くの商家が立ち並んでいた。こうした商家の屋号は、取引先の地名を屋号にすることが多く、秋田と取引する多くの秋田屋があったと考えられる。そして、明治時代になって戸籍に登録する際に「屋」を「谷」に変えて秋田谷を名字として登録した。現在は同じく北前船の寄港地だった青森県つがる市にも多い。なお、「谷」に変えずに登録したケースもあり、函館市には津軽と取引していた津軽屋という名字もある。

◎加我（かも）

　函館市に集中している名字。全国の8割以上が北海道にあり、その大半が道南地域にある。函館には、加賀、加賀谷などが多く、加賀から漢字が変化したものとみられる。

◎部田（とりた）

　服部に由来する名字。服部を「はっとり」と読むことから、「部」を「とり」と読むと考えた人がおり、部田と書いて「とりた」と読むもの。鳥田から漢字が変化したものである。

◎鉢呂（はちろ）

　もともとは富山県南砺市の旧平村の名字である。平家の落武者で、本来は鉢蝋と書いたという。現在は北海道に多く、とくに札幌市と旭川市に多い。

◆北海道にルーツのある名字
◎門別（もんべつ）

　北海道の地名をルーツとする数少ない名字の一つ。門別は日高支庁の地名で、アイヌ語のモペッ（静かな川の意）に漢字をあてたもの。全国のこの名字の9割が北海道にあり、その半数はいまでも日高町（旧門別町）にある。

◆珍しい名字
◎帰家（かんや）

　大坂夏の陣の際、飛騨高山城主の金森可重に従って出陣した武士が、戦

功を挙げて無事帰還したことから、帰家の名字を賜ったという。現在でも岐阜県にあるが北海道の方が多い。

◎ 寸(もぎき)

マスコミで紹介されることも多いため近年有名になったが、これで「もぎき」と読む超難読名字。一部の難読名字辞典では「えだなし」「つなし」など、複数の読み方を掲載していることがあるが、実際には「もぎき」のみと思われる。この読み方は、「木」という漢字の両側の払いがもげていることに因むもので、行書体では「木」の先をはねるため、寸さんも縦棒の先は跳ねるのが正しいという。

◎ 平目(ひらめ)

日高地方にある名字で、文字通り「ひらめ」と読む。魚のヒラメに因むのだが、この地方でかつて大津波があり、引いた後、木にヒラメが架かっていたのを名字にしたと伝えている。

◎ 港道(みなとみち)

様似町や函館市などにある名字。一般に「湊」は陸上の部分を、「港」は水上の部分を指すため、「湊」で始まる名字はいくつかあるが、「港」で始まる名字は珍しい。港道とは「港」に続く道を指すため、陸上の部分である。

〈難読名字クイズ解答〉
①あせび／②あみや／③あるきまち／④えりも／⑤さっか／⑥しこちゃ／⑦しゃごつ／⑧せんぞく／⑨つくみ／⑩てしべ／⑪とりた／⑫ねっぷ／⑬ねでふじ／⑭ひよどり／⑮もぎき

② 青森県

〈難読名字クイズ〉
①犹守／②出町／③居ヶ内／④御厩敷／⑤釜萢／⑥唐牛／⑦小比類巻／⑧听崎／⑨治部袋／⑩平葭／⑪派谷／⑫分枝／⑬戸来／⑭米内山／⑮世増

◆地域の特徴

青森県では全国で唯一、工藤が最多の名字となっている。工藤は全国ランキング65位で東北以北と大分県に集中している。

工藤のルーツは下に「藤」の字が付くことでもわかるように藤原氏の一族。平安時代初期に藤原南家の為憲が朝廷の官職の一つ木工助（もくのすけ）となり、木工助の「工」と藤原の「藤」を組み合わせて「工藤」と名乗ったのが祖である。やがて武士化し、平安時代末期には伊豆国の地方官僚となって移り住むと、伊豆で挙兵した源頼朝に従ってその家臣となった。そして、その奥州攻めで功を挙げて陸奥北部に所領を貰って移住したのが、東北に広がる工藤一族のルーツである。県内全域に広く分布しているが、比較的津軽地区に多く、青森市、弘前市、平川市などで最多となっている。

2位佐藤、3位佐々木と東北一帯に多い名字が続き、佐藤は黒石市、佐々木は十和田市で最多。そして、このあとに、4位木村、5位成田が入っているのが独特。いずれも珍しい名字ではないが、ともに青森県が人口比でも

名字ランキング（上位40位）

1	工藤	11	三浦	21	川村	31	神（じん）
2	佐藤	12	葛西	22	太田	32	山口
3	佐々木	13	鈴木	23	小野	33	千葉
4	木村	14	小笠原	24	対馬	34	加藤
5	成田	15	山田	25	今	35	小林
6	斎藤	16	吉田	26	須藤	36	村上
7	中村	17	坂本	27	阿部	37	古川（ふるかわ）
8	田中	18	山本	28	相馬	38	沢田
9	高橋	19	藤田	29	福士	39	一戸
10	三上	20	伊藤	30	小山内（おさない）	40	長谷川

順位でも、日本一である。

木村は全国順位18位。木村という地名は各地にあり、名字としても沖縄を除いて全国にまんべんなく分布している。青森県での順位は4位ながら、県人口に占める割合は1.8％近くもある。青森県に次いで多い茨城県や宮城県が0.8％程度だから、その集中率がわかる。県内の分布をみると、旧木造町（つがる市）で最多となっていたほかにはとくに集中しているところはなく、やはりまんべんなく分布している。

なお、木村のルーツについては、古代豪族紀氏の一族が住んだ村ではないか、という説がある。紀氏は本来「木」氏であったことから、その村が木村であることには違和感はない。紀氏一族の広がりと、現在の木村の分布は一致するといい、その可能性は高い。

5位の成田は青森県・秋田県・北海道に全国の半数以上があり、青森県の津軽地方から秋田県北部にかけて集中している。12位葛西と14位小笠原はいずれも他県をルーツとする名字で、現在は青森県に集中している。

さて、青森県の名字ランキングには、他の東北各県とは若干違った印象がある。というのも、ランキング上位に青森県独特の名字が多く入っているからだ。

10位の三上を筆頭に、24位対馬、25位今、29位福士、31位神、39位一戸と、ベスト40に6つも青森県独特の名字が入っている。とくに、一戸は全国の半分強、神は約半分、今と福士は約4割が県内在住である。

41位以下でも、45位長内、46位鳴海、51位蛯名、57位小田桐、58位蝦名、74位外崎、91位種市、96位棟方と青森独特の名字は多い。

さらに101位以下では白戸、阿保、山谷、中野渡、八木橋、鹿内、鳥谷部、小向、奈良岡、原子、笹森、船水、盛と独特の名字が目白押し。

この他にも、木立、清藤、田名部、櫛引、黒滝、白取、天間、赤平、間山、蒔苗、水木など独特の名字は枚挙にいとまがない。

● 地域による違い

青森県では、西部の津軽地方と東部の南部地方では、とても同じ県とは思えないほど名字の分布が違っている。県庁所在地の青森市には全県から人が集まって来るため、比較的平均的なものになっているが、弘前市のベスト5が工藤、佐藤、斎藤、成田、三上であるのに対し、八戸市では佐々木、中村、木村、高橋、佐藤で、共通しているのは東北全体にまんべんなく広

がる佐藤のみである。

青森市を中心とした津軽東部では、工藤を中心に、成田、佐藤、木村、斎藤が多く、全県のランキングと似ている。それでも、今別町では相内（あいうち）、旧金木町（五所川原市）では白川、旧浦村（五所川原市）では三和が最多となっていたほか、今別町の小鹿、外ヶ浜町の木浪などが独特である。

弘前市を中心とする津軽西部では、三上と工藤が多く、次いで成田、葛西、佐藤など。旧稲垣村の黒滝、旧岩崎村の岩森などが独特。

十和田市・三沢市などの上北地区では名字の分布が大きく変わる。旧百石町（おいらせ町）では小向、旧上北町（東北町）では蛯名、旧天間林村（七戸町）では天間が最多だった。その他でも、三沢市の小比類巻、種市、織笠、十和田市の中野渡、竹ヶ原、苫米地、六戸町の附田、上北町の米内山（よないやま）、東北町の野田頭（のだがしら）、鶴ヶ崎、七戸町の向中野など独特の名字が多い。

下北地区では市町村によって名字はばらばら。平成大合併前にあった8市町村で一番多い名字はすべて違っており、地域に共通しているのは佐々木と工藤だけである。東通村の最多は伊勢田であるほか、大間町の伝法、風間浦村の能渡（のと）、越膳（えちぜん）、東通村の二本柳など独特のものが多い。

八戸市を中心とする南部地区は、県境を越えて岩手県北部と共通するものが多い。地域全体としては佐々木と中村が多く、次いで工藤や佐藤も多い。独特の名字としては、五戸町の手倉森（てぐらもり）、鳥谷部、名川町の四戸、川守田、掛端、南部町の留目（とどめ）、夏堀、夏坂、三戸町の水梨などがある。

● 読みの違い

県順位37位の古川は、「こがわ」と読む。「ふるかわ」と読む古川は全国ランキング106位と多いが、青森県以外では「こがわ」は珍しく、古川の99％以上は「ふるかわ」である。十和田地方から秋田県の鹿角地方にかけて分布している米田も、「よねだ」ではなく「まいた」と読む。

同じ発音ながら漢字の違う名字の場合、地域によってどちらかに集中していることが多いのだが、青森県では違った漢字の両方ともに多い、というものがいくつかある。その代表が「おさない」である。

「おさない」とはアイヌ語の「川尻の乾いた沢」に由来するといい、季節によっては流れのなくなってしまう川を指す地名がルーツである。漢字では小山内と長内の2つの書き方があり、両方とも県内に多い。より多いのは小山内で、全県で30位。弘前市を中心に五所川原市や平川市など津軽

地方に多い。一方の長内も全県で45位と上位に入る。こちらも津軽の名字だが、青森市から、つがる市や鶴田町にかけて集中しており、分布が違っている。

この他、「えびな」は上北町に集中している蛯名が49位。青森市から平内町にかけて多い蝦名が57位。しかし、青森県からの移住者が多い北海道を除くと、その他の地域では蛯名も蝦名もほとんどみられない。他県で「えびな」といえば海老名と書くことが多い。

これらとは逆に同じ漢字で読み方が違うのが相内。相内は全国の半数以上が県内にあるという青森県独特の名字だが、県東部では「あいない」と読むのに対し、津軽地方では「あいうち」で、県内で読み方が割れている。

● 「～谷」という名字

「～谷」という名字は、西日本ではほとんどが「～たに」と読むのに対し、東にいくにつれて「～や」の方が多くなる。これは地名でも同じで、大阪では清水谷（しみずだに）、桃谷（ももだに）と読むが、東京では日比谷、渋谷、阿佐ヶ谷など、「～谷」という地名は「～や」と読むのが普通だ。

名字でも、岩谷は西日本で一番集中している島根県では99％が「いわたに」であるのに対し、東日本一集中している青森県では逆に93％が「いわや」。東海・北陸以西は「いわたに」が多く、関東以北は「いわや」が主流と、東西できっぱり分かれている。

松谷の場合は、東京でも7割が「まつたに」、荒谷も東京では「あらたに」と「あらや」が半分ずつ。しかし、ともに北関東あたりからは「～や」が増え始め、東北ではあきらかに「～や」の方が多い。青森県では松谷の75％、荒谷の99％が「谷」を「や」と読む。つまり、「たに」と「や」の境目は日本の真ん中ではなく北関東あたりである。

さらに西谷の場合は、東北南部でも「にしたに」と「にしや」は半分ずつだが、青森県では99％が「にしや」と読み、その境目は青森県にある。

青森県は「～谷」という名字が非常に多く、そのほとんどは「谷」を「や」と読む。県内に多い高谷、山谷、柳谷、荒谷、新谷、中谷、西谷、竹谷、泉谷、松谷、藤谷という名字はすべて「～や」と読むことが多い。

ところが、渋谷はなぜか青森県でも「しぶたに」と読む。そして、青森県以外では「しぶや」が主流と、他の「～谷」のつく名字とは「谷」の読み方が全く逆になっている。

● 「戸」のつく名字

　青森県東部から岩手県北部にかけての地域には、一戸から九戸まで「戸」の付く市町村があり、同じく一戸から九戸までの名字もある。歴史的には、戦国大名だった九戸氏や、南部氏の一族の三戸氏などが有名である。
　「戸」とは、古代の律令制に基づいて朝廷が蝦夷支配するためにつくった前進基地で番号順に時代が下っていくとも、馬の産地として知られたこの地方の牧場に由来するともいわれ、定説はない。この地方は古来良馬の産地として有名で平安時代には年貢として馬を納めていたことから、岩手県九戸村のホームページでは、「戸」の由来として牧場説を採用して紹介している。それによると、「戸」を設置したのは奥州藤原氏で、経営していた広大な牧場を、一戸から九戸の9地域に分割して統括していたという。
　地名は一戸町、二戸市、九戸村が岩手県で、残りが青森県にあるが、四戸町や四戸村だけはない。それどころか、大字まで探しても「四戸」という地名そのものが全くみあたらない。
　現在地名としては存在していない「四戸」だが、名字は青森県東部から岩手県北部にかけて多く、とくに青森県の旧名川町（南部町）に集中している。農村部の地名から発祥した名字はその周辺に比較的多く残っているため、「四戸」という地名も旧名川町付近にあったと考えられる。

◆青森県ならではの名字
◎葛西
　下総国葛西郡葛西御厨（東京都葛飾区・江戸川区付近）をルーツとする名字。桓武平氏で、清重の時に源頼朝に従い、奥州征伐後は奥州総奉行となって陸奥に広大な所領を得たのが祖である。やがて下総の本家は衰え奥州葛西氏が本家となった。戦国時代には陸奥北部の有力大名となったが、豊臣秀吉の東北平定に抵抗して滅亡した。
◎津軽
　弘前藩主で青森県を代表する名家で、藤原姓としているものが多いが、実際には南部氏の一族ではないかとみられている。南部氏のもとで陸奥北部に勢力を広げた大浦為信が、戦国時代に津軽統一を機に南部氏から独立して津軽氏を称したのが祖という。天正18（1590）年には豊臣秀吉の小田原攻めにいち早く参陣してその所領を認知された。幕末は奥羽越列藩同盟には加わらず、維新後は伯爵となって皇族などと華麗な閨閥を築いた。

◎苫米地(とまべち)

　陸奥国三戸郡苫米地(三戸郡南部町苫米地)がルーツで、現在も全国の半数以上が青森県にある。上杉氏の一族か。陸奥に落ちて南部信直に仕え、苫米地館に拠って苫米地氏を称した。現在は十和田市に集中している。

◆青森県にルーツのある名字
◎二本柳(にほんやなぎ)

　青森県と北海道に全国の8割弱が集中している名字で、陸奥国津軽郡二本柳村(五所川原市)がルーツか。現在は下北半島に多く、東通村と、むつ市に集中している。

◎横浜(よこはま)

　陸奥国北郡横浜(上北郡横浜町)がルーツ。七戸朝慶の四男慶則が横浜氏を称したのが祖。江戸時代は南部藩士となる。野辺地町では最多名字となっている。

◆珍しい名字
◎悪虫(あくむし)

　八戸市にあるきわめて珍しい名字。もともとはアイヌ語に漢字をあてたもの。「悪」は「実力がある」という意味で、「虫」ももともとは動物全般を指す言葉だった。しかし、その後「悪」も「虫」もあまり良い意味ではなくなったことから、戦後1軒を残してすべて改名したという。

◎伊調(いちょう)

　八戸市付近の名字で三戸郡新郷村がルーツ。伊調本家の裏手には樹齢400年を超える大イチョウがあり、これに由来するとみられる。明治になって戸籍登録する際に、屋号として使われた「イチョウ」に佳字(けいじ)をあてたものか。

◎妻神(さいかみ)

　十和田市に集中している名字。古くは「妻ノ神」と書いていたといい、厄災が村に入って来ることを防ぐ道祖神(さいのかみ)に漢字をあてたもの。五戸町では才神と書く。

〈難読名字クイズ解答〉
①いずもり／②いずりまち／③おりかない／④おんまやしき／⑤かまやち／⑥かろうじ／⑦こひるいまき／⑧さそざき／⑨じんば／⑩たいよし／⑪はたちや／⑫ぶんばい／⑬へらい／⑭よないやま／⑮よまさり

③ 岩手県

〈難読名字クイズ〉
①安栖／②牛抱／③漆真下／④帷子／⑤上打田内／⑥不来方／⑦皀／⑧勝文子／⑨双畑／⑩達谷窟／⑪憑子／⑫西風館／⑬辷石／⑭人首／⑮上関

◆地域の特徴

岩手県では、佐藤、佐々木、高橋の3つの名字が飛び抜けて多い。この3つはいずれも県内に広く分布しており、県内にある35市町村のうち、佐藤が5カ所、佐々木が12カ所、高橋が8カ所と、合わせて25の市町村でこの3つのうちのどれかが最多となっている。

佐藤は最多となっている市町村こそ5つしかないが、奥州市と一関市に著しく集中しており、総数では最も多い。なお、各名字の分布には偏りがあり、佐藤は県南部、佐々木は東部、高橋は西部に多い。

佐々木のルーツは、滋賀県にあった佐々木荘（近江八幡市）という地名で、ここに住んだ宇多天皇の末裔が佐々木氏を称したのが祖である。源平合戦の際に一族をあげて源頼朝に従ったことから、鎌倉時代にその勢力を広げた。現在では東北地方に多く、とくに岩手県では2番目の名字とはいいながら、人口比では5％近い高い比率となっている。4位の千葉は現在の千葉市がルーツ。桓武平氏でやはり源頼朝に仕えて東北に転じた。県内では南

名字ランキング（上位40位）

1	佐藤	11	吉田	21	工藤	31	田中
2	佐々木	12	小野寺	22	斎藤	32	岩渕
3	高橋	13	熊谷	23	畠山	33	加藤
4	千葉	14	中村	24	遠藤	34	山崎
5	菊池	15	藤	25	菅野	35	八重樫
6	菅原	16	三浦	26	渡辺	36	山本
7	伊藤	17	菊地	27	小笠原	37	照井
8	阿部	18	村上	28	石川	38	小林
9	及川	19	小原	29	田村	39	後藤
10	鈴木	20	千田	30	川村	40	木村

部に多く藤沢町と平泉町で最多となっているほか、葛巻町でも最多である。

5位菊池のルーツは熊本県菊池市。南北朝時代に九州で南朝の雄として活躍した菊池一族が東北に転じたもので、本来の菊池のままの一族と、漢字を菊地に変えた一族がある。岩手県と青森県では菊池が多く、秋田県・山形県・宮城県・福島県の4県と北海道では菊地の方が多い。県内では遠野市で圧倒的な最多となっている。

なお、県順位で6位以下にもかかわらず市町村単位で最多となっているのは、陸前高田市の菅野(かんの)、一戸町の中村、軽米町の工藤、九戸村の山本、野田村の小野寺、普代村(ふだい)の太田の6つだけである。

6位以下は少し離れて、菅原、伊藤、阿部、及川、鈴木と続く。このなかでは9位の及川が独特。及川は岩手南部から宮城北部にかけて集中している名字で、この2県だけで、全国の及川さんの約半分が集中している。しかし、ルーツはここにはなく、兵庫県の日本海側。結城氏に従って陸奥南部に移り、さらに北上して桃生町で伊達氏に従ったことで大きく繁栄した。

11位以下では、19位小原、20位千田、32位岩渕、35位八重樫などが独特。

小原は「おは(ば)ら」と「こは(ば)ら」の2つの読み方があるが、岩手県ではほぼすべて「おはら(おばら)」。千田も西日本では「せんだ」が主流だが、岩手県では99％以上が「ちだ」と読む。「いわぶち」も、他県では岩渕と岩淵が半々に分かれるが、岩手県では9割以上が岩渕と書くなど、漢字や読みでのぶれが少ないのも特徴の一つだ。

もちろん、読み方の分かれる名字もある。その代表が金野。この名字は県内では「こんの」が4分の3で、「きんの」が4分の1。両方合わせるとベスト50にも入るのだが、読みで分けているため、「こんの」が60位、「きんの」は99位となる。「きんの」は大船渡市と陸前高田市に集中している。

41位以下では、47位小田島、64位新沼、72位沢口、89位昆、91位岩間、94位昆野などが岩手独特の名字。また、56位浅沼、59位瀬川は他県にもかなりあることから岩手県独特ではないが、岩手県らしい名字といえる。

これらのうち、八重樫、新沼、昆野は全国の半分以上が岩手県在住。新沼は県内の85％が大船渡市と陸前高田市に集中している。

101位以下では、古舘(ふるだて)、晴山、久慈、小向、谷藤、古館、谷地(やち)、玉山、沢里、田鎖(たぐさり)、角掛(つのかけ)、箱石なども独特。角掛は全国の約8割が岩手県にあり、

そのほとんどが盛岡市と滝沢市に集中している。

三陸北部では「ら」行で始まる名字が多いのも特徴。久慈市の雷、乱場、類家、類瀬、洋野町の林郷、野田村の林崎、宮古市の雷久保などがある。それほど多いというわけではないが、他地域ではほとんどみかけないだけに目立っている。

● 安倍氏と奥州藤原氏

平安時代初期に坂上田村麻呂が陸奥国に胆沢城（奥州市）を築いたのち、奥州には、岩手・志和・稗抜（稗貫）・和賀・江刺・伊沢（胆沢）の6つの郡ができた。これを奥六郡といい、当時の朝廷の支配権が及ばない一種のフロンティアであった。この奥六郡を根拠に東北地方で最初に実力を持った一族が安倍氏である。安倍氏のルーツは不明だが、もともとは鎮守府に勤める在庁官人（現地採用の下級官僚）だったと思われる。ところが、安倍頼良（のち頼時と改名）は奥六郡の南限であった衣川を越えて、国衙領の磐井郡にまでその勢力を伸ばそうとした。そこで、朝廷は源頼義に安倍氏制圧を命じ、頼義は秋田にいた豪族・清原武則を味方につけて安倍貞任を降した。これが前九年の役である。

安倍氏の子孫はその後、名字を変えて東北各地に土着したといわれる。秋田の戦国大名秋田氏も、安倍貞任の子高星の子孫であると伝えている。

安倍氏滅亡後、代わって東北に一大勢力を築いたのが奥州藤原氏であった。前九年の役で安倍一族が滅亡した時、安倍家には藤原経清という人物が身を寄せていた。経清は武家の名門である藤原北家秀郷流だが、佐藤氏や小山氏など多くの武家が出た秀郷の子千常の子孫ではなく、その兄千晴の末裔であった。安倍貞任の妹を妻としており、この戦いでも安倍氏とともに戦った。藤原氏の一族でありながら蝦夷に与したことが反感を買ったのか、戦後、わざと錆びた刀をもって斬首されたという。経清の妻は戦後清原武貞と再婚、経清の遺児清衡は清原氏に引き取られた。

安倍氏征討に大功を挙げた出羽の清原武則は、蝦夷出身としては初めて朝廷から鎮守府将軍に任ぜられた。以後、武貞、真衡と続くうちに内部抗争が激しくなり永保3（1083）年、後三年の役が始まった。

結局、清原家当主の真衡の病死などもあって清原家そのものが滅亡、藤原清衡が清原家の遺領をすべて継承することになった。清衡は平泉に居を構え奥州藤原氏が誕生した。

清衡は蝦夷出身者としてこうした奥六郡を支配する一方、藤原氏の一族として国衙領まで実質的に勢力下においた。さらに清原家が秋田出身であったことから、日本海側まで支配下におき、奥州に一大勢力を築いたのである。

● 館のつく名字

　岩手県では館や舘の付く名字も多い。旧山形村（久慈市）では下館（しもだて）が一番多かったのをはじめ、久慈市の外館（とのだて）や、旧川井村（宮古市）の古館など、特定の地域に集中している。これらは、この地方で半島状の丘の上に造られた砦を「たて」「たち」と呼ぶことに由来している。

　漢字では「館」と「舘」の2つがあるが、両方とも意味は同じである。読み方も「だて」「たち」などに分かれるため、あまりランキングの上位には上がってこないが、全体を合わせるとかなりの数がある。一番多いのが古舘で、読み方は「ふるだて」。「ふるたち」と読む著名人がいるため、つい「ふるたち」と読んでしまいがちだが、岩手県では9割以上が「ふるだて」と読む。次いで、漢字の違う古館が多く、読み方はやはり「ふるだて」である。ちなみに、「ふるたち」と読むのは佐賀県に多い。

　その他、外館、西館、岩舘なども多い。

● 内のつく名字

　岩手県を中心に、東北には「～内」という名字が多い。もちろん「～内」という名字は各地にあるが、東北以外では「～うち」と読むことが多いのに対し、東北では「～ない」と読むのが主流。この「ない」はアイヌ語に由来するといわれる。

　古代、アイヌは北海道だけではなく東北にも広く住んでいた。アイヌ語で大きい川を「ベッ」、小川や沢を「ナイ」といった。こうした「～ナイ」に因んだ地名が生まれ、「内」という漢字をあてることが多かったのだ。そして、この「～内」地名に住んだ人が名乗ったのが「～内」という名字である。

　岩手県では似内（にたない）、米内（よない）が多く、青森県では小山内、長内、鹿内、天内（あまない）、相内、福島県では矢内、坂内（ばんない）、箭内（やない）、近内（こんない）、橘内（きつない）などが多い。

◆ 岩手県ならではの名字

◎ 留場（とめば）

　遠野市土淵町の名字。小鳥瀬川の上流を堰き止め、長さ40間の留を築いたことから、留場を名字とした。

◎南部(なんぶ)

　岩手県を代表する名家だが、ルーツは岩手県にはなく、清和源氏武田氏一族の光行が甲斐国巨摩郡南部郷（山梨県南巨摩郡南部町南部）に住んで南部氏を称したのが祖である。光行は源頼朝に仕え、陸奥国糠部郡の地頭となって下向したのが由来と伝える。やがて岩手県北部から青森県の八戸地方にかけての広い地域を支配し、一戸、九戸、久慈など多くの分家を出した。

◆岩手県にルーツのある名字

◎東井(あずまい)

　九戸村東根に東井と書いて「あずまい」と読む名字がある。東根の地名は、もともとは「東井」と書いて「あずまね」と読んだ。地名はその後、読みに従って「東根」と変化し、名字は漢字に従って「あずまい」と変化した。

◎金田一(きんだいち)

　二戸市の地名をルーツとする名字。金田一京助・春夫・秀穂と3代続く国語学者のルーツも岩手県にあるほか、横溝正史の小説に登場する探偵・金田一耕助も岩手県出身という設定になっている。

◎田頭(でんどう)

　一戸町に集中している名字。田のほとりのことを「でんどう」ということに由来する。江戸時代、南部藩士に陸奥国岩手郡田頭（八幡平市）をルーツとする田頭家があった。藤原南家工藤氏の支流。

◎晴山(はれやま)

　陸奥国九戸郡晴山（九戸郡軽米町）がルーツで、晴山館に拠る。九戸政実の重臣晴山治部少輔が著名。現在は全国の6割弱が岩手県にあり、花巻市の旧石鳥谷町に集中している。

◎人首(ひとかべ)

　陸奥国江刺郡人首（奥州市）をルーツとする旧家。桓武平氏千葉氏の一族。南北朝時代以降は人首に住む国人領主で、戦国時代は人首城に拠って葛西氏に従っていた。江戸時代は一関藩士となっている。

◆珍しい名字

◎合砂(あいしゃ)

　岩泉町にある名字。「小さな砂が合わされば広い砂浜ができる」ということで、一族が共同すれば繁栄できるという意味という。

◎牛抱(うしだき)

滝沢市にある牛抱は、江戸時代、塩を運んでいた荷牛が洪水のために川を渡れずに困っていると、たまたま居合わせた人が、荷物を積んだままの牛を1頭ずつ抱き上げて川を渡った。この人物が藩主から牛抱という名字を賜ったのが祖という。

◎鍵掛(かぎかけ)

宮古市の鍵掛一族の先祖は源平合戦の際の落武者であるという。平片川をさかのぼり、さらにその上流の岩穴川を上っていると、やがて滝に進路をはばまれた。しかし、持っていた船戦用の鉤綱を使って滝を登り、その上の平地に土着したという。この滝は「鉤掛の滝」と呼ばれている。

◎桜糀(さくらこうじ)

雫石町と盛岡市に集中している名字。元は桜小路で、麹屋を営んで成功したことから、漢字を桜糀に改めたという。

◎鹿討(ししうち)

南部藩士に鹿討家があった。南部利直に仕えた阿野兵部が遠野で9頭の鹿を討ち取り、鹿討という名字を賜ったという。

◎十二林(じゅうにばやし)

雫石町にある名字。12人で移住し、大きな辛夷(こぶし)の木の下で語り合い開拓したことに由来するという。

◎小豆島(しょうずしま)

大槌町を中心に三陸地方に点在する名字。江戸時代に香川県の小豆島から移り住んだと伝える。「しょうどしま」ではなく「しょうずしま」と読み、漢字も小豆嶋と書くこともある。

◎躑躅森(つつじもり)

雫石町の躑躅森は、屋敷周辺にレンゲツツジが咲くことから名字にしたという。この名字の総画数54画は、現在確認できるものとしては最も画数が多いと思われる。

〈難読名字クイズ解答〉
①あずまい／②うしかんば／③うるしまっか／④かたびら／⑤かみうったない／⑥こずかた／⑦さいかち／⑧しょうぶんこ／⑨すごはた／⑩たがや／⑪たのし／⑫ならいだて／⑬はねいし／⑭ひとかべ／⑮わせき

④ 宮城県

〈難読名字クイズ〉
①秋保／②余目／③阿留多伎／④現岡／⑤得可主／⑥勝然／⑦金須／⑧越河／⑨薩日内／⑩寒風沢／⑪魚生川／⑫角力山／⑬四十九院／⑭中名生／⑮山家

◆地域の特徴

　宮城県の名字も東北の他の県と同じく佐藤が最多で、その割合も人口全体の7％強と非常に高い。とくに県北東部に集中しており、南三陸町では人口の15％以上、合併前の旧志津川町では2割近くを占めていた。栗原市でも人口1割を超えている。また県南部にも多く、川崎町や蔵王町でも人口15％前後を占めている。

　2位の高橋も人口比では4％以上ある。仙台市の北側に多く、大和町、大郷町、大衡村で最多。とくに大郷町では人口の1割近い。南部では七ヶ宿町で最多となっている。

　3位の鈴木は仙台市から女川町にかけて多く、利府町と七ヶ浜町で最多。とくに七ヶ浜町では人口の1割を超えている。

　4位佐々木は県北部に集中しており、大崎市、美里町、涌谷町で最多で、登米市や色麻町にも多い。

　5位の阿部でも人口は3％近く、実数でも人口比でも宮城県が全国最多。

名字ランキング（上位40位）

1	佐藤	11	遠藤	21	後藤	31	桜井
2	高橋	12	三浦	22	早坂	32	小林
3	鈴木	13	小野寺	23	小野	33	星
4	佐々木	14	加藤	24	村上	34	太田
5	阿部	15	菊地	25	菅野	35	浅野
6	千葉	16	木村	26	相沢	36	森
7	伊藤	17	今野	27	大友	37	庄司
8	菅原	18	及川	28	山田	38	武田
9	渡辺	19	熊谷	29	庄子	39	斉藤
10	斎藤	20	吉田	30	石川	40	鎌田

石巻市・東松島市・女川町・三陸町に集中しており、女川町では人口の2割近くが阿部さんである。宮城県ではこの5つの名字がとくに多い。

　宮城県の名字は、典型的な東北の名字分布である。これには歴史的な理由がある。仙台藩主の伊達家は、戦国時代には東北南部一帯の領主として広い範囲から家臣を召し抱えていたことに加え、東北唯一の政令指定都市である仙台市には、現在も東北全体から人が流入して来るので、こうした分布になっているのだ。

　そのため、上位の名字には「宮城県だけに多い」というものは少ない。こうしたなか、いかにも宮城県らしい名字なのが29位の庄子である。「しょうじ」と読む名字は東北一帯に広がっているが、いろいろな書き方があり、県内では庄子が多い。庄子は県内でも8割以上が仙台市に集中しており、仙台市では12位に入る。ベッドタウンである名取市や多賀城市、富谷町などには比較的多いが、他の市町村にはあまりいない。

　41位以下では、45位の丹野や49位の尾形は宮城県が全国最多だが、宮城県だけではなく東北南部に広く分布している。また、26位相沢や35位浅野は東北のなかでは宮城県だけに集中しているが、全国的にみると相沢は関東甲信越にも多いし、浅野はむしろ東海地方の方にたくさんある。

　42位の小山の読み方は「おやま」である。この名字は全国的には87％の人が「こやま」と読み、関東や関西では実に95％以上が「こやま」。しかし、宮城県、青森県、福岡県、熊本県などでは「こやま」よりも「おやま」の方が多い。宮城県では小山の8割近くが「おやま」で、その比率は熊本県に次いで高い。実際の人口では熊本県よりも多く、日本一「おやま」さんの多い県である。

　その他では、55位赤間、87位武山、88位遊佐、95位我妻（あがつま）が宮城県独特。赤間は全国の半数弱が宮城県にあり、仙台市周辺に集中している。

　68位平間と83位猪股は宮城県独特というわけではないが、宮城県らしい名字の一つ。「いのまた」と読む名字は東北南部と新潟県に広がっているが、福島県では猪俣、新潟県では猪俣と猪又が多い。

　101位以下では、若生（わこう）、鹿野（かの）、門間、狩野（かりの）、三塚、引地、山家、堀籠、沼倉、斎が宮城県独特の名字である。とくに、若生は全国の半数以上、三塚は6割近くが宮城県にあり、三塚は県内の半数が大崎市と栗原市に集中している。

● **地域による違い**

宮城県では、佐藤・高橋・鈴木・佐々木の上位4名字が全県に広く分布しており、地域別の特徴は比較的少ない。

県北地区ではとくに佐々木と佐藤、小野寺が多く、西部では佐々木、東部では佐藤が激しく集中しているほか、気仙沼市では小野寺が最多。栗原市では菅原も多い。登米市の主藤（しゅどう）、大和町の鶉橋（うずらはし）、涌谷町の鷲足（わしあし）などが独特。

多賀城市から石巻市にかけての地域では阿部が多く、女川町では人口の2割近い圧倒的な最多となっており、南三陸町でも1割を超えている。東松島市や女川町では木村、松島町では桜井・赤間が多く、多賀城市・塩釜市の郷古、東松島市の手代木（てしろぎ）、七ヶ浜町の稲妻、利府町の郷家（ごうけ）が独特。

仙台市付近では特徴が乏しいが、比較的庄子や早坂が多く、色麻町と加美町では早坂が最多。

南部では佐藤と斎藤が多いものの、比較的バラエティに富んでいる。名取市の大友・今野、白石市の日下・半沢、角田市の大槻、岩沼市の長田（おさだ）などが多く、白石市の木須、高子、名取市の木皿、角田市の玉手、岩沼市の古積（こづみ）、布田（ふだ）、川崎町の追木（おいき）、丸森町の谷津（やつ）などが独特の名字。

● **読み方の分かれる名字**

県内で読み方の分かれる名字もある。我妻という名字は全国的には「わがつま」と読むことが多いが、全国一我妻の多い宮城県では6割が「あがつま」で、「わがつま」は4割。蔵王町を中心に県南部では圧倒的に「あがつま」と読む。ちなみに、宮城県に次いで多い山形県では99％が「わがつま」で、福島県では「あづま」も多い。

狩野はもっと複雑だ。全国的には6割が「かのう」で、次いで「かりの」「かの」の順。ところが、宮城県では6割が「かりの」で、4割弱が「かの」。全国的に多い「かのう」は少数派である。狩野の集中している栗原市では「かりの」と「かの」が混在しているが、石巻市では「かりの」が多い。

内海は、西日本ではほとんどが「うつみ」と読むのに対し、東日本では「うちうみ」も多い。宮城県ではさらに塩釜市を中心に「うちみ」もあり、県全体では「うつみ」が7割、「うちみ」が2割、「うちうみ」が1割の順。

鹿野は8割が「しかの」で、2割が「かの」である。隣の山形県では、「しかの」と「かの」ほぼ半分ずつとなっている。中鉢は東京や北海道では「な

かばち」も多いが、宮城県ではほぼすべて「ちゅうばち」と読み、鳴子町付近に集中している。

山家は「やんべ」と読み、仙台藩重臣の一族という名家。しかし、県外ではなかなか「やんべ」とは読んでもらえない。関東では宮城県出身の「やんべ」さんも多いが、宮城県に次いで山家の多い三重県から関西にかけての地域ではほとんどが「やまが」である。

●仙台藩士の名字

宮城県を代表する名家は仙台藩62万5,000石の藩主伊達家である。伊達家は藤原氏の一族で、平安末期に陸奥国伊達郡を与えられて伊達氏を名乗るようになったのが祖という。豊臣秀吉の命によって本拠地を宮城県に移し、江戸時代は仙台藩主として宮城県から岩手県南部に及ぶ広い地域を支配していた。

こうした経緯から、石母田、茂庭、桑折(こおり)、大条(おおえだ)といった、伊達家に先祖代々仕える重臣たちは、福島県にルーツを持つものも多い。また、家老の片倉家が信濃の出であるほか、下野出身の但木家、常陸出身の村田家、出羽出身の鮎貝家など、仙台藩重臣のルーツはバラエティに富んでいる。

中世から県内に栄えた国分氏のルーツはちょっと複雑である。鎌倉時代から宮城郡には桓武平氏千葉氏の一族の国分氏がいた。ただし、下総国葛飾郡国分郷（千葉県市川市国分）をルーツとする国分氏が下向したものとも、千葉の一族が下向して宮城郡国分荘（仙台市）に住んで国分氏を称したともいい、はっきりしない。さらに、江戸時代に仙台藩の重臣だった国分氏はこれとは別流で、南北朝時代に信濃国から移り住んだ藤原姓の一族が伊達氏に仕えたのが祖という。

仙台藩重臣の秋保家も仙台市内の秋保温泉をルーツとし、鎌倉時代から続く名家。地名と同じく「あきう」と読むのが本来の読み方だが、庄内藩重臣の秋保家のように「あきほ」と読むこともある。

◆宮城県ならではの名字
◎蘇武(そぶ)

宮城県と岩手県の県境に集中している名字。先祖は前漢の武帝に仕え、承和年間（834～848）に遣唐使とともに来日したという。のち北面の武士となり、南北朝時代には北朝に属して大和高取城に拠った。のち後北条氏に仕えていたが、戦国時代に陸奥国栗原郡に落ちたという。現在は宮城県

側では栗原市に、岩手県側では一関市に多い。
◎橋浦(はしうら)
　陸奥国桃生郡橋浦(ものうぐん)(石巻市北上町)がルーツ。名取市には江戸時代から名字帯刀を許された旧家橋浦家がある。現在も全国の半数以上が宮城県にあり、名取市に多い。
◎留守(るす)
　伊達家の重臣に留守家があった。鎌倉時代に陸奥国留守職に任命されて多賀城で宮城郡を支配したのに始まるという名家で、代々留守職を世襲したため、「留守」を名字として名乗るようになったものである。戦国時代に伊達氏の家臣となり、のちに伊達家から養子を迎えたことから、江戸時代は伊達を名乗って、水沢伊達家といわれた。明治維新後、本来の留守に戻し、子孫は仙台に残っている。来客が「留守」という表札を見て帰ってしまったという笑い話もある。

◆宮城県にルーツのある名字
◎砂金(いさご)
　仙台市に集中している名字。陸奥国柴田郡砂金本郷(柴田郡川崎町砂金)がルーツで、菅原姓というが不詳。代々元砂金城に拠り、江戸時代は仙台藩士となった。
◎萱場(かやば)
　全国の半数以上が宮城県にある名字で、陸奥国国分荘萱場(仙台市)がルーツ。代々国分氏に仕えた。江戸時代には仙台藩士に萱場家があり、子孫か。
◎色摩(しかま)
　宮城県南部から山形県南部に分布する「しかま」と読む名字の一つ。陸奥国加美郡色麻郷(加美郡色麻町)がルーツ。もとは色麻と書いたが、現在では色摩と書くことが多い。主に山形県側にあり、米沢市と長井市に集中している。
◎沼倉(ぬまくら)
　宮城県以北の名字。陸奥国栗原郡沼倉(栗原市栗駒)がルーツで、南北朝時代には南朝の北畠氏に属し、室町時代は大崎氏に従った。現在は宮城県と岩手県の県境付近に多く、とくに登米市と岩手県一関市に集中している。

◆珍しい名字
◎郷右近(ごうこん)

戦国時代からみえる名字で、おそらく郷家と右近家の名字を合わせたのがルーツではないかと思われる。本来は「ごううこん」だったが、「う」が2つ続くのは発音しづらいこともあって、「ごうこん」といわれることが多い。

◎薩日内(さっぴない)

宮城県北部の名字で、大崎市付近にある。アイヌ語のサッ＝乾いた、ピ＝小石、ナイ＝沢に由来する。

◎四十九院(つるしいん)

陸奥国伊達郡四十九院(福島県)をルーツとする超難読名字。伊達氏に従っていた中島氏の家臣で、戦国時代に、中島氏の伊具郡金山城(伊具郡丸森町)移封に伴って同地に移った。現在も丸森町大内に子孫が住んでいる。

◎餅(もち)

仙台市付近に集中しており、塩竈市に多い。江戸時代、殿様に休憩場所を提供、その際に餅を出したところ、「こんな旨い餅は食べたことがない」として餅という名字を賜ったと伝える。

〈難読名字クイズ解答〉
①あきう／②あまるめ／③あるたき／④うつおか／⑤えべしゅ／⑥かつしか／⑦きす／⑧こすごう／⑨さっぴない／⑩さむさわ／⑪すけがわ／⑫すもうやま／⑬つるしいん／⑭なかのみょう／⑮やんべ

⑤ 秋田県

〈難読名字クイズ〉
①五代儀／②雅楽代／③利部／④季子／⑤雲然／⑥小番／⑦根田／⑧賢木／⑨寿松木／⑩淳城／⑪土濃塚／⑫子野日／⑬及位／⑭六平／⑮武茂

◆地域の特徴

秋田県で一番多い佐藤さんの県人口に占める割合はなんと8％弱。県単位の数字としては信じられないほど高い。東日本では、県で一番多い名字の比率は2〜3％前後、西日本では1％強のところもあるから、この数字の高さがよくわかる。県内にある25自治体のうち、秋田市など10市町村で最多。とくに県南部に多く、にかほ市や羽後町では人口の14％前後を占める圧倒的な最多となっている。

2位の高橋は極端に南部に集中しており、仙北市・大仙市・湯沢市の3市と美郷町で最多。しかし、人口比で最も高いのは東成瀬村で、人口の22％にも及んでいるのだが、佐々木が実に人口の25％も占めており、高橋は2位となっている。平成大合併以前、湯沢市の旧皆瀬村は人口の3割近くが高橋だったが、そのなかでも羽場地区では集落すべてが高橋さんであることで知られ、テレビの全国放送で紹介されたこともある。

3位佐々木も人口比4％を超えており、特定の名字への集中度がきわめて

名字ランキング（上位40位）

1	佐藤	11	菅原	21	渡部（わたなべ）	31	武田
2	高橋	12	畠山	22	田口	32	田村
3	佐々木	13	藤原（ふじわら）	23	田中	33	今野（こんの）
4	伊藤	14	渡辺	24	菊地	34	石井
5	鈴木	15	小松	25	木村	35	後藤
6	斎藤	16	小林	26	藤田	36	山田
7	三浦	17	柴田	27	小野	37	千葉
8	加藤	18	鎌田	28	吉田	38	進藤
9	阿部	19	成田	29	熊谷	39	中村
10	工藤	20	石川	30	斉藤	40	近藤

高い。佐々木は南部の東成瀬村と北部の藤里町で最多。4位伊藤も人口比3％もあり、他県であれば最多でもおかしくない。秋田市郊外の井川町・五城目町・八郎潟町で最多となっており、とくに井川町では人口の2割近い。

実は、12位の畠山までがすべて人口比で1％を超しており、この上位12個の名字だけで県人口の3割強にも及んでいる。つまり、県民の3人に1人は上位12名字のどれかを名乗っている計算となる。

18位鎌田は秋田県を中心に東北北部に集中している名字で、19位成田は青森県を中心に秋田県以北に多い。また、22位田口は秋田県と岐阜県に多い名字である。

以下、40位まででは38位の進藤が独特。下に藤という漢字が付いていることでもわかるように藤原氏の一族。藤原利仁の末裔の為輔が修理少進となって、修理少進の「進」と藤原の「藤」を合わせて進藤氏を称したのが祖という。本家は代々公家近衛家の諸大夫（家老）を務めた。現在では秋田県にとくに多い。

41位以下では、43位加賀谷、44位小玉、56位船木、72位嵯峨、75位金（こん）、76位東海林、100位安保（あんぽ）が秋田県独特。嵯峨は全国の4割が秋田県在住。このうち、金は東北に広がった「こん」一族の末裔が、「こん」に「金」という漢字をあてたものである。

100位までには奈良、桜庭、松橋、桜田、浅利のように青森県と共通する名字も多いほか、岩手県と共通する照井も入っている。

浅利は甲斐国八代郡浅利（山梨県中央市浅利）がルーツで、『平家物語』にも登場する浅利義成の子孫が鎌倉時代に比内地区の領主となって移り住んだのが祖。一族は仙北地方から、青森県の津軽地方にかけて広がった。

安保のルーツは武蔵国賀美郡安保郷（埼玉県児玉郡神川町元安保）で、本来の読み方は「あぼ」だった。鎌倉時代に鹿角地方の領主となって移り住んだのが祖で、県内では「あんぽ」と読むのが主流。

なお、108位の茂木も関東がルーツ。下野国芳賀郡茂木（栃木県芳賀郡茂木町）発祥で、藤原北家の八田氏の一族。代々同地で常陸の佐竹氏に仕えており、江戸時代に佐竹氏の秋田転封とともに移り住んで来た。

101位以下では草彅、虻川、真坂、戸嶋、猿田、日景（ひかげ）、館岡が秋田県独特。藤島、戸沢、北林は秋田県独特というわけではないが、とくに秋田県に多い名字である。戸島と戸嶋では、全国的には戸島と書くことが圧倒的に多

いが、秋田県では7割以上が戸嶋である。虻川と日景は全国の3分の2近く、館岡も6割弱が秋田県にある。

● **地域による違い**

地域別にみると、県北部ではほとんどの自治体で佐藤が最多で、工藤、成田、松橋といった青森県と共通する名字も多い。鹿角市では阿部、八峰町では菊地が最多となっている。独特の名字には、能代市の幸坂(こうさか)、三種町の桧森、八峰町の日沼、藤里町の淡路、大館市の貝森、鳥潟、鹿角市の海沼、北秋田市の九島(くしま)、津谷(つや)、小坂町の目時などがある。

県南部では佐藤・高橋・佐々木の3つが多い。大仙市の伝農(でんのう)、由利本荘市の打矢(うちや)、小助川、横手市の寿松木(すずき)、湯沢市の赤平、沼倉、羽後町の仙道などが独特。また、特定の名字への集中度が高く、東成瀬村では佐々木・高橋の2つの名字で人口の半分近くを占めている。

秋田市を中心とする県中部でも、秋田市や男鹿市では佐藤が最多だが、潟上市では菅原が最多となっている。この他、伊藤、鎌田、菊地、小玉などが多い。

秋田市では、最後に「谷」の付く名字が多く、「谷」を「や」と読むものがほとんど。これらの名字は職業由来の名字である。

江戸時代、秋田は北前船の港町として栄えた。町には多くの商家が並び、彼らはいろいろな屋号を名乗っていた。明治になって戸籍に名字を届けることが義務づけられたとき、商家では屋号を名字にすることが多かったが、その方法は地域によって違っている。

富山県の新湊のように、「屋」をはずして名詞だけで登録した地域もあれば、屋号のままで登録したところもある。秋田市では「屋」のままで登録したものと、「谷」に変えて名字とした家の両方ともに多い。

そのため、市内には多くの「〜谷」「〜屋」という名字がある。なかでも多いのが加賀谷で、全県でも43位と唯一ベスト100にも入っている。これをみても、秋田がいかに北前船を通じて加賀(石川県)との関係が深かったかがよくわかる。

この他にも、越後谷(屋)、越前谷(屋)、能登谷(屋)、播磨谷(屋)といった北前船の経由地の国名を名乗るものが多い。

なお、これらの地名は取引先や出身地を示すことが多いため、秋田県には秋田谷という名字は少ない。秋田谷が多いのは、青森県のつがる市や、

北海道函館市である。

● 東海林の読み方

　76位の東海林の読み方は「しょうじ」である。漢字と読み方が全く噛み合っていないが、読むことのできる人が比較的多い。

　この名字のルーツは隣の山形県で、本来は漢字通りに「とうかいりん」だった。しかし、秋田に転じた一族が、荘園の税務管理などをする「荘司＝しょうじ」という職業についたことから、「しょうじ」が名字となったものである。そして、東海林という漢字のままで「しょうじ」を名乗ったことから、漢字と読み方が全く噛み合わなくなった。

　ルーツとなった山形県では今でも「とうかいりん」という読み方が圧倒的に多く、全国的にみると、「しょうじ」が6割で、「とうかいりん」が4割ほど。そして、歌手の東海林太郎をはじめ、芸能リポーターの東海林のり子、漫画家の東海林さだおなど、「しょうじ」と読む有名人が続出したため、東海林と書いて「しょうじ」と読むのは常識となってしまった。しかし、近年では東海林という有名人がいなくなり、再び難読名字となっている。

● 草彅の由来

　県順位112位の草彅は秋田県を代表する珍しい名字である。「彅」という漢字がJIS第2水準までで表現できないことから、かつてはパソコンで入力することができず、ネット上でも「〓」や「●」で表示されていた。

　「くさなぎ」とは、新しく土地を開墾する際に草をなぎはらったことに由来するもので、各地に地名や名字があり、その多くは草薙という漢字をあてる。しかし、秋田県のこの地方では、前九年の役の際に弓で草を薙いで道案内をしたため、弓篇の草彅という名字を賜ったという伝説が伝わっている。タレント草彅剛は、おそらく名字にJIS第2水準外の文字を使用する日本一有名な人で、「彅」という難しい漢字も、彼のおかげで若い人を中心に認知度が上がったといえる。現在は横手市と仙北市に集中している。

　なお、県内でも大仙市では草薙と書き、こちらも県順位200位以内に入っている。

● 常陸をルーツとする名字

　江戸時代、秋田氏に代わって秋田を領したのが佐竹氏である。佐竹氏は関ヶ原合戦で敗れて常陸国（茨城県）から転じてきたもので、このとき石塚家・大山家・戸村家・今宮家・古内家・真壁家・多賀谷家・酒出家・宇

留野家など、多くの家臣たちも常陸から移ってきた。そのため、今でも秋田には茨城県付近の地名をルーツとする名字が多くみられる。

●由利十二頭(とう)

戦国時代、由利地区には由利十二頭という呼ばれる小領主群がいた。十二頭とはいっても、矢島氏、仁賀保氏、赤尾津(赤宇曽)氏、潟保氏、打越氏、子吉氏、下村氏、玉米(前)氏、鮎川氏、石沢氏、滝沢氏、岩屋氏、羽川氏、芹田氏、沓沢氏など12氏以上であり、どれをもって十二頭というかは決まっていない。このうち、滝沢氏は鎌倉時代にこの地域に大名だった由利氏の末裔で、その他は室町時代に信濃国から下向して来た小笠原氏の子孫と伝えるものが多い。

戦国時代には最上氏、安東(秋田)氏、小野寺氏といった大名の間で離合集散を繰り返し、豊臣政権下では仁賀保氏、赤尾津氏、滝沢氏、打越氏、岩屋氏が由利五人衆として残った。そして、江戸時代には仁賀保氏と打越氏が旗本となり、仁賀保氏は一時大名に列したこともある。

◆秋田県ならではの名字

◎小番(こつがい)

由利本荘市矢島町に集中している名字で、木曾義仲に仕えた今井兼平の子孫と伝える。中世は矢島大井氏の家臣に小番家があり、江戸時代は矢島藩士に小番家があった。

◎由利(ゆり)

湯沢市に集中している名字。中世、出羽国由利郡に由利氏がおり、清和源氏というが不詳。平安末期は奥州平泉氏に属して由利地方を支配していた。のち源頼朝に仕え、鎌倉幕府の御家人となるが、和田義盛に連座して失脚した。

◆秋田県にルーツのある名字

◎秋田(あきた)

県名と同じ名字を名乗る秋田氏は、神武天皇東征の際、その大和入りに抵抗した長髄彦(ながすねひこ)の兄安日彦(あびひこ)(安日王)の末裔と伝える。実際の出自は不明で、おそらく蝦夷につながる家系だろうといわれている。元は安東を名乗っており、中世には桧山安東(下国家)、湊安東(上国家)の2家に分かれていた。戦国時代に下国家から上国家の養子となった安東愛季(ちかすえ)が両家を統合し、子実季の時に秋田市に土崎湊城を築いて秋田氏と改称した。江戸時代には福

島県の陸奥三春藩主となっている。

◎小助川(こすけがわ)

秋田市と由利本荘市に集中している名字。秋田市を流れる小関川は中世には小助川ともいい、これに因む。戦国時代の由利郡には矢島大井氏の一族である小助川氏がいた。

◎仁賀保(にかほ)

清和源氏小笠原氏の一族で、大井朝光の末裔という。応仁元(1467)年友挙が出羽国由利郡仁賀保(にかほ市)に下向して仁賀保氏を称したのが祖という。江戸時代は仁賀保藩1万石を立藩して大名となったが、のち分割相続して旗本となった。

◎三ケ田(みかだ)

秋田県以北の名字。出羽国三ケ田(鹿角市八幡平字三ケ田)がルーツ。安保氏の庶流で三ケ田館に拠った三ケ田左近がいた。全国の半数近くが秋田県にあり、現在も鹿角市に集中している。

◆珍しい名字

◎及位(のぞき)

秋田市付近に集中している難読名字で、「のぞき」と読む。秋田県由利本荘市や山形県真室川町にある地名がルーツか。地名の由来は、修験道の修行で崖に宙づりになって穴を覗いた人は高い位に及んだことに因むという。

◎花脇(はなわき)

仙北市角館薗田の名字。大威徳山(花園山)の大威徳夜叉明王の別当を務めて麓の別当地区に住み、花園山の脇にあたることから、花脇を称したとみられる。

◎六平(むさか)

にかほ市にある六平は「むさか」と読む珍しいもの。先祖は源平合戦で敗れた6人の平家の落武者と伝え、六人の平家という意味で六平を名字にしたという。読み方は平家の旗印が赤旗であることから、「むっつのあか」が縮まったものといわれる。

〈難読名字クイズ解答〉
①いよぎ／②うたしろ／③かがぶ／④きし／⑤くもしかり／⑥こつがい／⑦こんだ／⑧さかき／⑨すずき／⑩ていじょう／⑪とのづか／⑫ねのひ／⑬のぞき／⑭むさか／⑮むも

⑥ 山形県

〈難読名字クイズ〉
①五十公野／②泉妻／③衣袋／④烏兎沼／⑤丸藤／⑥来次／⑦工平／⑧色摩／⑨儔侃／⑩情野／⑪束松／⑫二藤部／⑬明日／⑭花烏賊／⑮無着

◆地域の特徴

　山形県は、秋田県に次いで佐藤さん率の高い県で、人口比では7％強。県北部の真室川町のように人口の2割が佐藤さんというところもある。

　2位の高橋は佐藤の半分ほどしかないが、それでも人口比3.6％にもなり、他県なら1位でもおかしくはない。さらに3位鈴木、4位斎藤まですべて3％を超えている。これらに5位伊藤と6位阿部を合わせると、県人口の2割を超えてしまう。

　10位の五十嵐は新潟県三条市にあった地名がルーツで、北陸と東北南部に集中している。ルーツの新潟県では「いからし」と濁らないことが多いが、山形県では「いからし」と「いがらし」に分かれる。

　13位の武田は人口比では山形県が日本一多い。15位の奥山も珍しい名字ではないが、県単位で50位以内に入っているのは全国で山形県だけ。17位の本間も新潟と山形県に集中している名字だが、ルーツは神奈川県厚木市の地名。山形県に多い名字は隣の新潟と共通するものが多く、また

名字ランキング（上位40位）

1	佐藤	11	遠藤	21	工藤	31	菊地
2	高橋	12	渡部	22	木村	32	太田
3	鈴木	13	武田	23	今野	33	富樫
4	斎藤	14	菅原	24	吉田	34	石川
5	伊藤	15	奥山	25	池田	35	大場
6	阿部	16	小林	26	庄司	36	小松
7	渡辺	17	本間	27	三浦	37	梅津
8	加藤	18	井上	28	佐々木	38	早坂
9	後藤	19	松田	29	田中	39	渋谷
10	五十嵐	20	山口	30	小野	40	横山

県外の地名をルーツとするものも多い。19位の松田は全国最高順位である。

41位以下では、49位東海林（とうかいりん）、57位清野、63位土田、65位安孫子（あびこ）、83位柏倉、86位沼沢、90位寒河江、95位今田（こんた）あたりが独特。とくに、安孫子と寒河江は全国の半数以上、柏倉は半数近くが山形県に集中している。

49位の東海林の読み方は「しょうじ」ではなく「とうかいりん」。実は、山形の東海林さんは圧倒的に「とうかいりん」と読むことが多く、「しょうじ」は1割以下。しかも、他県からの流入も多い山形市周辺以外にはほとんどいない。

また、山形県独特というわけではないが、とくに山形県に集中しているものとしては、47位小関、54位森谷、55位板垣、65位笹原、82位星川などがある。

このうち、小関は「こせき」と読む。山形県に多い名字で、県内では98％が「こせき」である。ところが、山形県に次いで多い南関東では2割近くが「おぜき」で、小関そのものが少ない西日本では「こせき」と「おぜき」は半々ぐらいである。

清野のルーツは長野県の地名で「きよの」と読む。したがって、長野県ではほぼ「きよの」だが、山形県を中心に東北では「せいの」と読みが変化した。

森谷も山形県が全国一多く、県内ではほぼすべて「もりや」。全国的にも「もりや」と読むことが多い。なお、西日本では森谷という名字そのものが少ないが、「もりたに」が過半数である。

なお、101位以下では、白田、舟山、矢萩、八鍬、近野（こんの）、土門、新野（にいの）、長南、鏡、遠田（えんだ）、海藤（かいとう）、大類、押野、安食（あじき）などが独特。

白田は山形県と茨城県に多い名字で、山形県が「しらた」なのに対し、茨城県では9割以上が「はくた」。東京都や埼玉県では「しろた」も多い。遠田も県内では9割が「えんだ」だが、新潟県の十日町市に集中している遠田は「とおだ」と読むほか、東京では「えんだ」「おんだ」「とおだ」に分かれている。全国を合計すると、3分の2が「えんだ」である。

● 地域による違い

山形市を中心とする村山地区では、佐藤、鈴木、高橋、渡辺、斎藤が多く、県全体の順位とほぼ同じ。大江町と朝日町では鈴木が人口の1割を超えて最多となっている。寒河江市の安孫子、尾花沢市の大類、大石田町の海藤、

中山町の秋葉などが特徴。

　米沢市を中心とする置賜(おきたま)地区も同じような分布だが、木村や伊藤が多いのが目立ち、小国町では伊藤が最多となっている。この他、高畠町の近野、白鷹町の新野、小国町の舟山などが独特。

　新庄市を中心とする北部の最上地区は、旧市町村によってかなり違っている。舟形町では伊藤が最多であるほか、旧金山町では柴田、旧最上町では菅、旧鮭川村では矢口、旧戸沢村では早坂が最多となっていた。

　酒田市や鶴岡市のある日本海沿いの庄内地区では、佐藤と斎藤が圧倒的に多い。また、北部では菅原や阿部が多く、南部では五十嵐や本間、富樫が多いなど、隣県の秋田県や新潟県との結びつきが強いこともわかる。特徴的な名字としては、旧藤島町の成沢(なりさわ)、旧立川町の長南、鶴巻、旧櫛引町の劔持、旧八幡町の遠田、旧遊佐町の土門などがある。

● 最上(もがみ)氏と大江氏

　県内の地名をルーツとする一族では戦国大名の最上氏が著名。清和源氏で、斯波氏の一族が南北朝時代に出羽国最上郡の領主となって移り住み、最上氏を称したのが祖という。山形城を築城して、戦国時代には伊達氏と並んで東北を代表する戦国大名に成長した。

　一族には天童、黒川、成沢、中野、大窪、楯岡、東根、鷹巣、上山、山野辺など、県内の地名をルーツとするものがある。

　関ヶ原合戦後、最上氏は57万石という大大名となったが、まもなく取りつぶされて旗本になったことから、一族や家臣団の多くは散り散りになった。山野辺家が水戸藩家老、天童家が仙台藩重臣となったほか、楯岡家は熊本藩士、鮭延家は古河藩士、松根家は柳河藩士となるなど、全国各地に広がっている。

　最上氏以前に山形県に移り住んで来た一族には大江氏がある。大江氏は古墳時代に埴輪などを制作していた古代豪族土師氏の末裔で、平安時代初期に大江氏と改称、学問で朝廷に仕える公家となっていた。鎌倉幕府の創業時に、一族の大江広元が源頼朝に招かれて幕府の屋台骨をつくったことから広元の子孫は武家に転じ、各地に所領を貰っている。そのうちの1つが山形県にあり、子孫は寒河江氏、長井氏など県内の地名を名乗った。

◆山形県ならではの名字

◎押切(おしきり)

　川が堤防を押し切ったことに由来するもので、各地に地名がある。山形県には出羽国村山郡押切村（尾花沢市）という地名があり、現在も尾花沢市に多い。田川郡横山城の城主に押切氏がいた。

◎今田(こんた)

　とくに珍しい名字ではないが、他県では「いまだ」と読むのに対し、山形県ではほぼ「こんた」である。古代、東北に広がっていた「こん」一族の末裔とみられる。

◆山形県にルーツのある名字

◎寒河江(さがえ)

　出羽国村山郡寒河江荘（寒河江市・西村山郡河北町）がルーツで、大江時茂の子時氏が寒河江氏を称したのが祖。全国の半数以上が山形県にあり、山形市や東置賜郡川西町に集中している。

◎八鍬(やくわ)

　最上郡に集中している名字で、大蔵村で第2位の名字であるほか、舟形町や戸沢村、新庄市にも多い。出羽国村山郡八鍬村（寒河江市八鍬）がルーツ。

◆珍しい名字

◎悪七(あくしち)

　山形県には悪七、悪原など、「悪」で始まる名字がいくつかあるが、「悪」は「強い」「実力がある」という意味であった。たとえば、平安時代末期の源氏の武将、源義平は自ら「悪源太義平」と名乗っている。また、後醍醐天皇に召し出される以前の楠木正成は「悪党」と呼ばれていたが、これも幕府の後ろ楯を持たない実力者ということだ。県内に点在する「悪」の付く名字も、こうした中世的な「悪」の概念を今に伝えているものだろう。

〈難読名字クイズ解答〉

①いずみの／②いずのめ／③いぶくろ／④うとぬま／⑤がんどう／⑥きすぎ／⑦くだいら／⑧しかま／⑨じゅんか／⑩せいの／⑪つかねまつ／⑫にとべ／⑬ぬくい／⑭はないか／⑮むちゃく

7 福島県

〈難読名字クイズ〉
①流井／②五十井田／③雅楽川／④江井／⑤掃部関／⑥熊耳／⑦双石／⑧鉄／⑨強口／⑩西海枝／⑪大悲山／⑫木賊／⑬昆木内／⑭馬上／⑮過足

◆地域の特徴

　福島県では佐藤、鈴木、渡辺の3つの名字が飛び抜けて多い。佐藤は県人口の6％近くに及んでおり、比較的県北部に多い。北部では伊達市や桑折町など人口の1割を超す自治体も多いほか、耶麻郡北塩原村や南会津郡下郷町でも1割を超すなど会津地区にも多い。

　2位の鈴木は県南部の東白川郡と会津の耶麻郡に多く、東白川郡塙町と耶麻郡磐梯町では人口の14％を占めている。

　3位の渡辺は県の中央部、本宮市から田村市にかけて集中している。3位とはいえ県人口の3％弱もあり、東北以外であれば県の最多にもなる比率だ。

　5位の遠藤は全国に広く分布しているが、ベスト10に入っている県は全国で福島県だけ。遠藤氏は藤原南家の出で、遠江国に住んだ藤原維頼が遠江の「遠」と藤原の「藤」をつなげて遠藤と名乗ったのが祖という。遠光の時に北面武士として摂津国西成郡岡山（大阪市）に住んだといい、摂津渡辺（大阪市）の武士団渡辺党と縁戚関係にあった。現在は東日本に集中し

名字ランキング（上位40位）

1	佐藤	11	阿部	21	菊地	31	本田
2	鈴木	12	伊藤	22	小野	32	古川
3	渡辺	13	星	23	石井	33	草野
4	斎藤	14	小林	24	長谷川	34	坂本
5	遠藤	15	加藤	25	山田	35	田中
6	高橋	16	根本	26	大竹	36	安斎
7	吉田	17	松本	27	斉藤	37	芳賀
8	菅野（かんの）	18	五十嵐	28	三浦	38	山口
9	渡部（わたなべ）	19	佐久間	29	高野	39	木村
10	橋本	20	佐々木	30	酒井	40	藤田

ており、県内では奥会津以外に広がっている。

8位には菅野が入る。菅野には「かんの」と「すがの」の読み方があり、全国的には約7割が「かんの」で3割弱が「すがの」。県内では「かんの」が87％と圧倒的に多いが、残りの大部分は「すがの」ではなく「すげの」と読む。とくに二本松市では菅野の6割以上が「すげの」と読み、県内順位も99位とベスト100に入っている。他県では「すげの」は少なく、千葉県大多喜町以外にはあまりいない。

菅野のルーツには2種類あると考えられる。一つは古代豪族の菅原氏に由来するもの。菅原氏は姓を縮めて菅家（かん）と呼ばれた。現在奥会津に集中している菅家という名字はこれに由来する。また、源頼朝が「みなもとのよりとも」、平清盛が「たいらのきよもり」といったように、姓と名前の間には「の」を入れた。菅原氏の場合も縮めた「菅」と名前の間に「の」を入れて「かんの～」といい、この「の」の部分まで名字に取り込んだのが菅野である。

菅野のもう一つの由来は、植物の「スゲ」に由来するもの。「スゲ」はカヤツリグサの仲間で、湿地や渓流沿いなどを中心に広く自生している。昔は笠の材料にするなど身近な植物であった。このスゲを漢字では「菅」と書いたことから、菅・菅野などの名字が生まれている。

9位渡部は「わたなべ」と読む。ベスト10に同じ読み方の名字が2つ入っているのは珍しい。渡部も「わたなべ」「わたべ」と2つの読み方があるが、県内では96％が「わたなべ」である。とくに渡部の集中している会津では99％が「わたなべ」さん。浜通りでは「わたのべ」とも読む。

10位には橋本が入る。橋本とは「橋のたもと」という意味。江戸時代でも大都市以外で常設の橋が架かっていることは少なく、目立つ建造物だった橋に因む名字は多い。また、川を渡って行き来する人が橋に集中することから、橋のたもとは多くの人が行きかう重要な場所でもあった。そのため、多くの橋の付く名字の中でも、古代から続く高橋に次いで、橋本が多い。そして、県単位で橋本がベスト10に入っているのは全国で福島県だけである。

40位まででは、13位星、33位草野、36位安斎が特徴。とくに安斎は全国の半数以上が福島県にあり、さらに県内の半数は二本松市に集中している。安斉（齊）と書く名字もあり、こちらも県順位は300位以内。星は会津

東北地方　51

から新潟県の魚沼市にかけて広がり、草野はいわき市に多い。

41位以下では、43位柳沼、45位国分、47位猪狩、50位三瓶、53位二瓶、60位緑川、67位新妻、71位蛭田、77位丹治、78位八巻、83位増子、99位菅野、100位門馬と、福島県独特の名字が並んでいる。このうち、三瓶は全国の半数が福島県にあり、郡山市と本宮市に集中している。また、増子は県内では95％近くが「ましこ」である。隣の茨城県でも「ましこ」が多いが、それ以外の県では「ますこ」と読むことが多い。

国分も県内でも読み方は「こくぶん」。国分という名字は国分寺に由来する地名がルーツ。全国各地に同名の地名があり、「こくぶ」と読むことが多いが、福島県の名字としては99％近くが「こくぶん」である。

101位以下にも、添田、矢内、小針、折笠、円谷、鴫原、荒、栗城、国井、野地、坂内、箭内、上遠野、白岩、宗形、金成、穴沢、先崎、藁谷と独特の名字が並んでいる。

矢内は、いわき市から白河市にかけての名字で、県内ではほとんどが「やない」。箭内もルーツは同じで漢字が変化したもの。この他にも、宗像と宗形、柳沼と八木沼など、同じ読み方で漢字の変化したものも多い。

●地域による違い

福島県は大きく浜通り、中通り、会津の3地方に分けることが多い。

中通りでは、北部で佐藤、南部で鈴木が多く、その他では、福島市で紺野、宍戸、丹治、尾形、郡山市では柳沼、熊田、国分、増子、須賀川市では関根、安藤、白河市で深谷などが目立つ。また、本宮市では渡辺が人口の1割を超して最多、三春町では橋本が1割弱で最多となっている。その他では、中島村の水野谷、塙町の青砥、下重などが独特。

浜通りも北部で佐藤、いわき市では鈴木が多い。その他、いわき市では小野、根本、草野、大平が多く、馬上や緑川も目立つ。馬上は全国の半数近くが福島県にあり、そのほとんどが、いわき市に集中している。読み方は95％が「もうえ」で、残りは「まがみ」と「うまがみ」。県外では広島県の熊野町にも集中しているが、ここでは「ばじょう」と読む。緑川も県内の3割以上がいわき市在住。

相馬市から南相馬市にかけては、荒、門馬、森などが多い。浜通り北部には木幡が集中している。読み方には「こはた」と「こわた」があり、6割が「こわた」で4割が「こはた」。関東では「きはた」も多い。その他では広

野町の鯨岡、双葉町の井戸川、飯舘村の赤石沢、新地町の荒などが特徴。
　一方、会津では星が圧倒的に多く、多くの市町村で一番多い名字となっている。檜枝岐村（ひのえまた）では人口の4割、下郷町では人口の2割近いという圧倒的な最多名字である。
　会津若松市や喜多方市、北塩原村などには小椋が多い。小椋（おぐら）は近江国小椋荘をルーツとする木地師の末裔。木地師とは椀や盆、杓子などを造る人々で、塗師によって漆が塗られると漆器となる。天正18（1590）年に蒲生氏郷が会津の領主となった際に、出身地の近江から招いたのが祖である。
　只見川上流の桧枝岐村では、村民の4割以上が星で、平野、橘と合わせた3つの名字で村のほとんどを占めている。
　この他では二瓶、栗城、坂内、小沼（おぬま）が目立つ。坂内は県内では9割以上が「ばんない」だが、県外では「ばんない」と「さかうち」はほぼ半分ずつ。小沼もいわき市では「こぬま」が多いが、会津ではほぼ「おぬま」。また、南会津町の羽染、田島町の児山、猪苗代町の小桧山、塩川町の江花なども独特。このうち児山のルーツは栃木県下野市の地名で、宇都宮氏一族の末裔である。

● 相馬氏

　県内の地名を名乗るもので一番有名なのは、相馬地区の戦国大名相馬氏だろう。ただし、この相馬氏のルーツは県内ではなく、下総国相馬郡（茨城県）である。平将門の子将国が祖であるといい、その後千葉師常が相馬師国の養子となって相馬氏を継いだことから、以後同家は桓武平氏千葉氏の末裔と称するようになったと伝える。師常は源頼朝に仕えて奥州征伐に功を挙げ、行方郡に所領を得た。そして、鎌倉末期になって一族をあげて下向し、小高城に拠って浜通りを代表する大名に発展した。以後、戦国時代まで行方・宇多（なめかた）・標葉（しねは）3郡を領し、江戸時代も引き続き中村藩（相馬市）の藩主を務めた。小禄とはいえ、鎌倉時代から幕末まで一貫してほぼ同じ場所を支配し続けた家は少ない。
　県内の戦国大名は相馬氏の他に須賀川の二階堂氏、会津の芦名氏などがあるが、ともにルーツは今の神奈川県である。二階堂氏は藤原南家で、鎌倉市内の地名をルーツとする鎌倉幕府の有力御家人の一族。鎌倉時代初期に須賀川に所領を得て下向したのが祖である。芦名氏は桓武平氏三浦氏の一族で、ルーツは横須賀市の地名。やはり鎌倉時代初期に下向したとみら

れる。
- **檜枝岐村の名字**

会津の奥に位置する桧枝岐村は、星、平野、橘の3つの名字で村民のほとんどを占めている。明治以前はこの3つしか名字はなかったといい、いずれも落ち武者の子孫とされる。

最初にこの地に住んだのが、平安時代の星一族。藤原姓で、和歌山県からこの地に落ちてきて、出身地の「星の里」（現在地不明）に因んで星を名字にしたと伝える。続いて源平合戦後、平家の落人がやってきて、「平」の字を含んだ平野を名字として桧枝岐村に住んだ。戦国時代には伊勢から橘姓という楠木氏が移り住み、姓の橘を名乗って土着。以後、星・平野・橘の3つの一族のみでこの村を支えてきた。落ち武者の村らしく、鯉のぼりを立てない、鶏を飼わないなど村には独自のルールもあった。

明治維新後は、教員などが移り住んだことで名字の種類は増えたが、それでも20種類以下しかなく、全国的にもきわめて珍しい。

◆福島県ならではの名字
◎円谷（つむらや）

福島県を代表する珍しい名字で、須賀川市を中心に郡山市から矢吹町の間に集中している。円谷プロを設立して怪獣ブームを興した円谷英二や、東京五輪のマラソンで銅メダルを獲得した円谷幸吉が、ともに「つぶらや」であることから、県外の人はほとんど「つぶらや」と読むが、実は県内では9割以上が「つむらや」である。

◆福島県にルーツのある名字
◎上遠野（かどおの）

陸奥国菊多郡菊田荘上遠野荘（いわき市遠野町上遠野）がルーツで、現在も半数以上が福島県にあり、いわき市に集中している。藤原北家秀郷流で、小山時秀の子政朝が上遠野氏を称したのが祖。初め岩城氏に従い、その滅亡後、伊達氏に仕えた。難読のため「かみとおの」とも読む。

◎桑折（こおり）

南相馬市に集中している名字。陸奥国伊達郡桑折（伊達郡桑折町）がルーツ。伊達氏庶流という。代々伊達氏に従い、江戸時代は仙台藩士となったことから、仙台市にも多い。

◎田村
　田村のルーツは各地の地名だが、最も有名な陸奥国田村郡（福島県）をルーツとする戦国大名の田村氏は坂上田村麻呂の子孫と伝えている。盛顕の時に三春城に拠り、のち伊達氏に従った。宗顕は天正18（1590）年の豊臣秀吉の小田原攻めに遅参して所領を没収された。その後、伊達忠宗の子宗良が養子となって陸奥岩沼3万石を分知され、仙台藩の支藩となった。

◎田母神
　陸奥国田村郡田村荘田母神（郡山市田村町）がルーツで、田村氏の庶流。初め田村氏に従う。江戸時代は仙台藩士となる。現在も全国の半数以上が福島県にあり、とくに郡山市に集中している。

◎本名
　陸奥国大沼郡本名（大沼郡金山町）がルーツ。代々芦名氏に仕え、江戸時代は仙台藩士となった。とくに大沼郡昭和村に集中している。

◎馬目
　陸奥国磐城郡好嶋東荘馬目村（いわき市）がルーツ。現在も全国の6割以上が福島県にあり、いわき市小名浜に集中している。

◆珍しい名字
◎飯
　福島県と富山県に多い名字。福島県では郡山市や三春町にあり、「いい」と読む。古くは井々だったが、江戸時代に飯井となり、さらに飯に変えたという。

◎西海枝
　陸奥国耶麻郡西海枝村（喜多方市）がルーツで、戦国時代は芦名氏に従っていた。現在は東北各地にあり、漢字それぞれの読み方から、「さいかいし」とも読む。

◎十二村
　陸奥国会津郡十二村郷（会津若松市）がルーツ。芦名氏の家臣だったが、のちに伊達氏に仕え、江戸時代は仙台藩士となった。現在も会津地方に多い。

〈難読名字クイズ解答〉
①あらい／②いかいだ／③うたがわ／④えねい／⑤かもんぜき／⑥くまがみ／⑦くらべいし／⑧くろがね／⑨こわぐち／⑩さいかち／⑪だいひさ／⑫とくさ／⑬ひらきうち／⑭もうえ／⑮よぎあし

⑧ 茨城県

〈難読名字クイズ〉
①天下井／②因泥／③海野原／④鹿之賦／⑤加部東／⑥木田余／⑦結解／⑧武弓／⑨田家／⑩南指原／⑪青天目／⑫南波留／⑬播田実／⑭二重作／⑮弓家

◆地域の特徴

　茨城県で一番多い名字は関東他県と同じ鈴木で、人口比は2.6％もあり関東地方では最も高い。とくに県北地区に多く、北茨城市では人口の1割近い圧倒的な最多名字となっている。2位以下は佐藤、小林、渡辺、高橋という北関東の標準的なパターンである。

　上位の名字では、8位に根本、17位に関、20位に野口が入るのが独特。いずれも珍しい名字ではないが、他県ではランキング上位にはあまりみられない。根本は茨城県の沿岸部分を中心に、千葉県成田市から福島県いわき市にかけての範囲に集中している。

　41位以下では、60位の小松崎、71位海老原、73位塙、75位染谷、80位菅谷、83位飛田、86位飯村、92位海老沢、93位大和田、96位綿引が茨城らしい名字。

　小松崎は全国の7割近くが茨城県にあり、石岡市とその周辺に激しく集中している。飛田は「とびた」と読む。愛知県では「ひだ」の方が多いが、

名字ランキング（上位40位）

1	鈴木	11	石川	21	飯田	31	中山
2	佐藤	12	伊藤	22	山本	32	清水
3	小林	13	菊池	23	松本	33	藤田
4	渡辺	14	田中	24	桜井	34	飯島
5	高橋	15	山口	25	中島	35	池田
6	木村	16	加藤	26	山田	36	長谷川
7	斎藤	17	関	27	青木	37	橋本
8	根本	18	宮本	28	高野	38	倉持
9	中村	19	石井	29	山崎	39	大内
10	吉田	20	野口	30	坂本	40	黒沢

茨城では96％以上が「とびた」。綿引も全国の4分の3が茨城県にあるという茨城県独特の名字で、水戸市と城里町に多い。

101位以下では、井坂、小室、寺門（てらかど）、市村、郡司、小野瀬、川又、会沢、大貫、助川、藤枝、樫村、鴨志田、照沼、坂入などはいかにも茨城県らしい。とくに小野瀬は全国の7割以上が茨城県在住で、常陸大宮市と大子町に集中している。寺門も全国の3分の2が茨城県にある。

● **地域による違い**

茨城県は県内でも地域による名字の違いが大きい。福島県との結びつきが強い県北や、栃木と共通の名字が多い西部、利根川を挟んで千葉県と一体化している南部、ベッドタウン化の進行や筑波研究学園都市の影響で特徴の薄れている筑波・取手地区など、同じ県とは思えないほどの差がある。

水戸市を中心とした県央地区では鈴木と佐藤が多いが、ひたちなか市の飛田、磯崎、大洗町の小野瀬、旧内原町（水戸市）の谷津、大畠、旧桂村（城里町）の加藤木、岩瀬町の仁平、旧七会村（城里町）の阿久津、卜部、旧瓜連町（那珂市）の寺門、旧大宮町（常陸大宮市）の宇留野、緒川村（常陸大宮市）の長山など、旧市町村単位で独特の名字が集中している。

県北地区では鈴木が圧倒的な最多で、次いで佐藤、菊池が多い。常陸太田市に黒羽が多いほか、同市のうち旧金砂郷町に茅根、海老根、旧里美村には大金、高星が集中している。また、旧十王町（日立市）には樫村が多い。

県東南部の鹿行地区は地域によってばらばらで、平成の大合併前にあった11市町村すべてで一番多い名字が違っていた。とくに、鹿嶋市の大川、鉾田市の鬼沢、石崎、旧麻生町（行方市）の箕輪は独特。その他にも、神栖市の保立、須之内、旧牛堀町（潮来市）の鴇田、旧北浦町（行方市）の額賀など、その地域固有の名字も多い。

竜ヶ崎市を中心とした県南地区では鈴木、佐藤、高橋の3つが多い。阿見町では湯原が最多で、新利根町では沼崎、柳町といった独特の名字も多い。

筑波地区では、筑波学園都市の開発によって全国各地から多くの人が移り住んで来たことから、地域の特徴は薄れている。それでも全体的に小松崎や桜井が多いほか、旧谷和原村（つくばみらい市）の飯泉、旧千代田町（かすみがうら市）の豊崎、旧玉里村（小美玉市）の笹目、旧真壁町（桜川市）の酒寄、旧明野町（筑西市）の坂入などが独特。

北総地区は近年東京のベッドタウンとなっていることから、他県からの

流入が激しく、とくに取手市周辺では東京とあまり変わらない。それでも、染谷、石塚、倉持が特徴。また、常磐線の沿線からはずれると地域固有の名字も多くなり、八千代町の為我井、旧猿島町（坂東市）の張替、境町の金久保などが独特。

● **大掾氏と佐竹氏**

中世、茨城には大掾氏と佐竹氏という、2つの大きな武士団があった。ともに県内各地に一族が広がり、それぞれ住んでいる地名を名乗ったことから、県内にはこの2氏にルーツを持つ名字が多い。

まず栄えたのが平安時代末期の大掾氏（だいじょう）である。大掾氏は桓武平氏の一族で、平安時代に常陸大掾（今の県知事にあたる）となって役職名の大掾を名字としたのに始まる。一族は県南部を中心に広がり、多気、馬場、鹿島、神谷、林、宮崎、中居、沼尾、中村、梶山、芹沢、武田、立原、玉造（たまつくり）、行方など多くの名字が生まれた。当初は多気氏が嫡流だったが、のちに馬場氏が嫡流となっている。

鎌倉時代以降、県北部では佐竹氏が繁栄した。清和源氏の名門で、平安時代末期に常陸国に移って来て以来、6世紀にわたって常陸国を支配し、稲木、岡田、額田、真崎、稲本、小川、高部（たかべ）、長倉、大内、小瀬、山入、小場、石塚、大山、戸村、宇留野、今宮など常陸各地の地名を名字とする一族を輩出した。

関ヶ原合戦後、佐竹氏は秋田に転封となって常陸を去り、それに伴って有力家臣も秋田に移ったが、その一族は依然として茨城県の名字に大きな影響を残している。

◆ **茨城県ならではの名字**

◎ **海老原**（えびはら）

利根川流域に多い名字。蛇行する川の大きく湾曲している部分をエビに見立てたことによる地形由来の名字で、この付近には海老沢も多い。

◎ **小瀬**（おぜ）

水戸市、笠間市、常陸大宮市などに多く、常陸国那珂郡小瀬（那珂郡緒川村）がルーツ。清和源氏佐竹氏の庶流で、佐竹貞義の子義春が小瀬氏を称したのが祖。茨城県では90％以上が「おぜ」だが、他県では「こせ」と読むことが多く、全国でも「こせ」が過半数である。

◎倉持
くらもち

　常陸国真壁郡倉持村（筑西市）がルーツで、現在も茨城県南西部に激しく集中している。旧岩井市（坂東市）では2位の2倍以上の最多名字となっていたほか、旧水海道市（常総市）など周辺地域にも多い。集中地域が県境を挟んでいることから茨城独特ともいいづらいが、岩井市を中心に埼玉東部・栃木南部・千葉北部に全国の6割前後が住んでいる。

◎郡司
ぐんじ

　水戸市から笠間市や鉾田市にかけて多い郡司は職業由来の名字で、古代には郡司を務めた一族が名乗ったもの。ひたちなか市に多い軍司は、郡司から変化したものだろう。

◎国府田
こうだ

　常陸国真壁郡国府田村（筑西市国府田）がルーツで現在も筑西市付近に集中している名字。この付近には「国府田」あるいは「こうだ」と読む名字が集中している。国府田は、下妻市では読み方が「こうだ」と「こくふだ」に分かれるほか、つくば市では「くにふだ」が最多で、「こうだ」や「こくふだ」もある。筑西市の旧明野町からつくば市にかけて多い古宇田、八千代町に多い幸田、桜川市の旧真壁町に多い鴻田なども同じルーツとみられる。

◎小田部
こたべ

　水戸市周辺や桜川市などに集中している名字。県内では「おたべ」と「こたべ」が混在し、やや「こたべ」が多い。とくに城里町の旧桂村に集中している小田部はほぼ「こたべ」と読む。一方、茨城県以外の関東地方では、ほとんどが「おたべ」である。

◎塙
はなわ

　北関東では低湿地のことを「あくつ」といったのに対し、小高い場所のことを「はなわ」と呼んだ。これに「塙」という漢字をあてたもので、全国の半数以上が茨城県にある。

◆茨城県にルーツのある名字

◎磯崎
いそざき

　磯崎は県内の7割近くがひたちなか市に集中している。それも同市平磯地区に非常に多い。平磯地区の隣は阿字ヶ浦海水浴場で有名な磯崎地区で、ここをルーツとする地名由来の名字である。

◎宇留野(うるの)

全国の6割以上が茨城県にあり、とくに旧大宮町（常陸大宮市）に集中している。常陸国久慈郡宇留野村（常陸大宮市宇留野）がルーツで、清和源氏佐竹氏の庶流。佐竹義俊の四男存虎が宇留野氏を称したのが祖。

◎小田(おだ)

地名由来の名字で各地にルーツがあるが、常陸の小田氏がとくに有名。筑波郡小田（つくば市小田）がルーツで、藤原北家。鎌倉時代に常陸守護となり、以後戦国時代まで続いた。肥前の小田氏も一族。

◎酒寄(さかより)

つくば市付近に多い酒寄も常陸国真壁郡酒依郷（桜川市真壁町酒寄）をルーツとする地名由来の名字だが、同市にある坂寄、筑西市に集中している坂入、八千代町の坂従など、漢字が変化したものも多い。

◎宍戸(ししど)

常陸国茨城郡宍戸（笠間市宍戸）がルーツ。藤原北家宇都宮氏の一族で、八田知家の四男家政が宍戸氏を称したのが祖。建仁3（1203）年宍戸城を築城、常陸守護も務めた。南北朝時代は北朝に属して、南朝に属した宗家小田氏に替わって嫡流の地位を占めた。なお、南北朝時代に一族の朝家が足利尊氏に従って安芸国高田郡甲立荘（広島県安芸高田市甲田町）を賜って下向し、安芸宍戸氏の祖となっており、この末裔は長州藩家老となった。現在は宮城県南部から福島県北部に多い。

◎照沼(てるぬま)

全国の7割以上が茨城県にあり、ひたちなか市と那珂郡東海村に激しく集中している。水戸市や日立市にも多い。ルーツは常陸国那珂郡照沼（東海村照沼）で、江戸時代に大庄屋を務めた照沼家の住宅は国指定文化財となっている。

◎結城(ゆうき)

下総国結城郡（茨城県）をルーツとする名字。藤原北家秀郷流で、治承4（1180）年の源頼朝の挙兵に参加した小山政光の三男朝光が祖。朝光は翌養和元（1181）年に志田義広を討って下総結城を与えられ、結城氏を称した。

◆珍しい名字

◎雨谷(あまがい)

茨城県から栃木県南部にかけて「あまがい」と読む名字が広がっている。

一番多いのが水戸市付近の雨谷で、次いでひたちなか市と栃木県南部に多い天海。他にも水戸市やつくば市の雨貝、つくば市から土浦市にかけての天貝や雨海、日立市付近の天下井など、多くのバリエーションがある。また、桜川市の天賀谷、水戸市付近の雨ヶ谷など、「あまがや」と読む名字も多い。ルーツは同じで、いずれも「雨の降りやすい谷＝雨谷」だと思われる。

◎瓦吹（かわらぶき）

茨城県と福島県の県境付近の名字で、とくに北茨城市に多い。「かわら」は「河原」で、「ふき」は低湿地を意味する「ふけ」のことか。瓦葺とも書くこともある。

◎興野（きゅうの）

県北部には興野と書いて「きゅうの」という名字がある。「興」という漢字は「きょう」とは読むが、本来「きゅう」という読み方はない。この地区には弓野という名字も多いが、これも「きゅうの」である。この地区は久野も多く、「くの」から「きゅうの」となり、さらに漢字が変化したものではないだろうか。

◎白田（はくた）

白田は山形県と茨城県に多い名字で、山形県では「しらた」であるのに対して、茨城県では9割以上が「はくた」と読む。ちなみに、東京では「しらた」「しろた」「はくた」が拮抗しているが、茨城に近いことから、やや「はくた」が多い。

◎張替（はりがえ）

茨城県南部に多い「はりがえ」も漢字の種類や読み方が多い。一番多い張替は猿島町と岩井市に激しく集中しており、猿島町では第2位の名字。全国の張替さんの約3割がこの2市町に集中している。ルーツは「新しく開墾した場所」という意味の「墾が野」だろう。茨城県と埼玉県の県境付近では針ヶ谷、針谷、張谷、針貝、針替など、「はりがや」「はりがえ」「はりがい」と読むいろいろなパターンの名字が集中している。ちなみに東京では針谷は「はりや」と読むのが一般的である。

〈難読名字クイズ解答〉

①あまがい／②いんでい／③うのはら／④かのう／⑤かぶと／⑥きだまり／⑦けっけ／⑧たきゅう／⑨たんげ／⑩なじわら／⑪なばため／⑫なばる／⑬はたみ／⑭ふたえさく／⑮ゆげ

⑨ 栃木県

〈難読名字クイズ〉
①丁嵐／②五十畑／③大豆生田／④癸生川／⑤九石／⑥二十二／⑦倭文／⑧竹子／⑨店網／⑩七部／⑪外鯨／⑫荷見／⑬粗／⑭四十八願／⑮五十部

◆地域の特徴

栃木県の名字のベスト5は鈴木、渡辺、斎藤、佐藤、小林で、ほぼ関東地方の標準に近い。これに6位の高橋と7位の福田までが多く、それ以下との間には少し差がある。8位の石川は、沖縄も含めて全国に広く分布する数少ない名字の一つ。栃木県は日本一石川さん率の高い県、県単位で石川がベスト10に入るのは全国で栃木県のみ。

13位の手塚と15位の阿久津は栃木県を代表する名字である。手塚のルーツは長野県上田市の地名で、木曾義仲の家臣の手塚太郎光盛が著名。各地の手塚一族はこの末裔と伝えるものが多い。県内では宇都宮市から日光市方面にかけて多く、とくに旧上河内町（宇都宮市）では最多であった。

一方、阿久津は栃木県独特の名字で、北関東で低湿地のことを「あくつ」といったことに由来する。漢字の書き方にはいろいろあり、茨城県では圷と書くことが多い。

16位の大塚も北関東に多いが、とくに栃木県に集中しており、県順位16

名字ランキング（上位40位）

1	鈴木	11	田中	21	阿部	31	山崎
2	渡辺	12	青木	22	橋本	32	田村
3	斎藤	13	手塚	23	伊藤	33	山田
4	佐藤	14	菊地	24	吉田	34	大森
5	小林	15	阿久津	25	金子	35	清水
6	高橋	16	大塚	26	小川	36	星野
7	福田	17	山口	27	上野	37	野沢
8	石川	18	大島	28	坂本	38	大橋
9	加藤	19	中村	29	山本	39	荒井
10	松本	20	木村	30	藤田	40	中山

位は全国最高順位。ベスト30に入っている県は他にはなく、人口比でも全国一高い。塚とは、墓に限らず人工的に地面を盛り上げた場所を指していた。実は、北関東は埼玉古墳群など古墳の多い地域として知られている。古墳は地面を大きく盛り上げてつくったもので、まさに「大塚」そのものである。つまり、「塚＝古墳」ではないが、古墳の多い北関東の大塚は、古墳に関連する名字だといえる。

また、37位野沢は実数でも人口比でも栃木県が全国最多となっている。

41位以下では、44位須藤が栃木県に因む名字である。下に「藤」が付いて「～どう」と読むことでもわかるように藤原氏の末裔で、那須に住んだ藤原一族が名乗ったとされる。

76位の室井と83位の星は県北部から会津にかけての名字で、とくに室井は旧黒磯市（那須塩原市）では最多であった。また、77位の高久は茨城県、91位の君島は群馬県と共通する名字である。92位の磯は県北部に集中しており、大田原市と那須塩原市に多い。大田原市では礒と書くことも多い。

99位の宇賀神も栃木県独特。宇賀神とは、中世以降民間で信仰された神で、「日本神話」に登場する宇迦之御魂神に由来するとも、仏教用語で「財施」を意味する「宇迦耶」に由来するともいわれる。のちに天台宗に取り入れられ、仏教の神である弁才天と習合して宇賀弁才天とも呼ばれた。全国の6割以上が県内に集中しており、とくに鹿沼市に多い。

101位以下では、熊倉、益子、八木沢、増渕、早乙女、黒崎、五月女、増淵、田崎、猪瀬、沼尾、直井、茂木、和気が特徴的な名字である。

● 地域による違い

県中央部では、宇都宮市で鈴木が最多となっているが、真岡市や上三川町では上野、旧南河内町（下野市）では海老原が最多であるなどばらつきが大きい。この他、上三川町では猪瀬、稲見、芳賀町では黒崎、大根田、直井、茂木町では羽石、河又などが特徴。

都賀地域でも鈴木、渡辺が多く、鹿沼市の大貫、宇賀神、旧藤岡町（栃木市）の海老沼、旧都賀町（栃木市）の毛塚、壬生町の粂川が独特。

足利地区ではかなり独特で、足利市では小林、佐野市では島田が最多。旧田沼町では亀山が最多だったほか、旧葛生町では八下田や土沢が多い。

日光地区では福田が圧倒的に多く、旧日光市域では神山、旧今市市域では沼尾も多い。

塩谷地区では斎藤、鈴木が多く、阿久津、八木沢、手塚も多い。その他では、塩谷町の和気、旧喜連川町（さくら市）の笹沼、高根沢町の見目、旧栗山村（日光市）の大類、伴が独特。

　那須地区では佐藤、鈴木、渡辺と全県と共通する名字が多いが、旧黒磯市で室井、旧馬頭町で大金、旧塩原町で君島が最多であるなど、独特の分布でもある。その他では、大田原市の磯、吉成、生田目、那須塩原市の印南、人見、江連、那須烏山市の雫、久郷、那須町の高久、薄井などが独特。

● 早乙女と五月女

　早乙女と五月女は、いずれも一般的には「さおとめ」と読む。

　「さおとめ」とは、もともと稲の苗を植える女性を指す言葉である。「さ」とは田の神様を意味し、田植えに使う苗を「早苗」、植える女性を「早乙女」といった。そして、イネの苗を植えるのは五月頃だったことから、「早乙女」のことを「五月女」とも書くようになった。つまり早乙女が本来の表記で、名字でも早乙女の方が多い。

　早乙女、五月女ともに栃木県独特の名字だが、その分布に若干の違いがあり、早乙女は栃木市を中心に栃木県南部に、五月女は宇都宮市や小山市に多い。ところがこの名字、栃木県では読み方が他県とは違っている。早乙女、五月女ともに県内の94〜95％は「そおとめ」と読み、「さおとめ」と読むのは少数派である。ちなみに平家の末裔と伝えている家が多い。

● 益子と茂木

　益子と茂木はいずれも県内の地名をルーツとする名字。益子のルーツは益子町で、地名が「ましこ」と読むことから県内では名字も「ましこ」が多い。しかし、他県では「ましこ」とは読みづらく、漢字本来の読み方に従って「ますこ」と読むことが多い。

　茂木も、県内に「もてぎ」という地名があるため、栃木県だけではなく北関東一帯では「もてぎ」が多い。こちらも難読のため、他の地域では「もぎ」となる。

　なお、和気は逆のパターン。古代豪族の和気氏の末裔であるため「わけ」と読むのが本来だが、栃木県に集中している和気は「わき」と読む。

● 2系統の足利氏

　室町幕府の将軍家である足利氏は、下野国足利（足利市）をルーツとする清和源氏の名門だが、もう一つ別系統の足利氏もあり、歴史的にはこの

足利氏の方が古い。

　もう一つの足利氏は藤原秀郷流の末裔で、平安時代に成行が足利氏を称したのが祖。藤原北家であることから、将軍家とは区別するために藤姓足利氏といわれる。平安末期には足利郡に大きな勢力を振るい、北関東を代表する有力武家となっていたが、源平合戦の際に俊綱・忠綱父子がともに平家方に属したために嫡流は没落、のちに清和源氏足利氏にとって替わられた。

　庶流の佐野氏・阿曽沼氏は源頼朝に属して鎌倉幕府の御家人となり、この子孫から江戸時代中期に老中として活躍した田沼意次が出ている。

　一方、足利将軍家の方は清和源氏で、源義家の子義国が祖。義国は足利に住み、その二男義康の時から足利を名字とした。

　足利義康は源頼朝の母の妹と結婚して源氏方に属し、源平合戦後は、平家に与した藤姓足利氏にとって替わり、北関東の有力一族となった。さらに、子義兼以降は北条氏の親戚となって、以後代々鎌倉幕府で重きをなした。

　足利一族は本拠地の足利のほか、三河国（愛知県東部）にも所領を得、この２カ所で発展した。一族の吉良、今川、仁木、細川、一色はすべて三河の地名がルーツ。その他、渋川、桃井は群馬県、斯波は今の岩手県にルーツがあるなど、その所領の広さがわかる。

● 那須一族

　『平家物語』の「扇の的」で有名な那須与一は下野の那須地方を本拠とした有力一族那須氏の一族。一般的な系図では藤原北家で関白藤原道長の六男長家の子孫となっているが、那須地方に古代からいた那須国造（なすこくぞう）の子孫ともいわれ、はっきりしない。おそらく、両家の末裔が婚姻関係を結んだことで、那須の地盤と藤原姓の両方を得て、那須の有力氏族になったものだろう。

　合戦後、与一は鎌倉幕府から信濃・丹波など５カ所の荘園を賜って御家人となり、のちに十一男ながら那須氏の惣領を継いだとされている。与一は同時代の資料にはみえず、その事績などは今一つはっきりとしないが、その子孫は鎌倉時代に芦野氏、伊王野氏などの氏族を次々と出し、那須党と呼ばれる同族集団をつくって戦国時代まで栄えた。惣領の那須氏と、分家の芦野、伊王野、千本、福原各氏、重臣の大関氏、大田原氏を合わせて那須七騎ともいう。

◆栃木県ならではの名字
◎磯(いそ)

　地形由来の名字で、栃木県北部に多い。とくに那須地方に多く、大田原市と那須塩原市に集中している。古くは「磯」とは大きな石や岩のことを指し、那須地方には「黒磯」「鍋磯」など「磯」の付く地名がある。「磯」はこうした岩などが露出した場所に由来する名字と考えられる。

◎大豆生田(おおまみゅうだ)

　栃木市を中心に県南部にはみられる名字。ルーツは大田原市にある地名で、「おおまみゅうだ」か「おおまめうだ」と読まれることが多い。この他にもいくつか読み方があるが、一部の事典では実に20種類以上もの読み方を掲載しており、これをもとに「日本一読み方の多い名字」として紹介されることもあるが、実際にはそのほとんどは実在しない。この名字のユニークな点は、読み方の数ではなく、日本語には珍しい「みゅう」という音が含まれていることである。

◎鯨・外鯨(くじら・とくじら)

　鯨は、上三川町を中心に宇都宮市から茨城県筑西市にかけて多い名字。えぐることを古語で「くじる」といい、鬼怒川流域のこの付近では洪水でえぐられた地形が多く、これに由来するものとみられる。一方、外鯨は宇都宮市徳次郎をルーツとする地名由来。この地区の人々は、元は日光の久次良地区から移住してきたといい、「外の久次良」から「とくじら」となり、地名はさらに訛って徳次郎と変化したといわれている。

◎蓮実・荷見(はすみ・はすみ)

　那須地方には蓮実という名字が多い。「はすみ」と読む名字は北関東に広がっており、一番多いのが蓮見で埼玉県・群馬県・栃木県・茨城県の4県の県境付近に集中している。また、栃木県東部から茨城県北部には荷見と書く名字も多い。これで「はすみ」と読むのはかなりの難読に感じるが、実は「荷」という漢字は「ハス」のことで、荷見を「はすみ」と読むのは正しい読み方である。

◆栃木県にルーツのある名字
◎宇都宮(うつのみや)

　下野国宇都宮(宇都宮市)がルーツで、一般には藤原北家で関白藤原道兼の曾孫宗円が下野に下向して土着したものというが、下野の古代豪族毛

野氏の末裔という説もあり、いま一つはっきりしない。平安末期にはすでに下野の有力氏族で、朝綱の時に源頼朝に仕えて、以後戦国時代まで栄えた。一族の数は多く、主なものに、八田、小田、小幡、茂木、宍戸、山鹿、塩谷、笠間、横田、西方、壬生、落合、刑部、今泉などがある。

◎小山（おやま）

下野国都賀郡小山荘（小山市）がルーツで、藤原北家秀郷流の後裔。朝政は源頼朝に仕えて下野守護となる。以後代々下野の守護を世襲し、一時播磨の守護も兼ねた。室町時代に勢力は衰え、戦国時代は北条氏に属していた。一族は多く、高柳、下河辺（しもこうべ）、長沼、結城、薬師寺、下妻、山川などの諸氏がある。

◎皆川（みながわ）

下野国都賀郡皆川（栃木市）がルーツ。もともと鎌倉時代初期から同地を開発した藤原姓足利氏の一族の皆川氏がいたが、承久の乱後没落。これにかわって長沼氏一族の宗員が皆川を領して皆川氏と名乗り鎌倉幕府の御家人となった。江戸時代には常陸府中藩（茨城県石岡市）1万石を立藩したのち、子孫は旗本や水戸藩士となっている。

◆珍しい名字

◎生田目（なばため）

栃木県を中心に、茨城北部、福島南部にかけて「なばため」「なまため」という名字が分布している。ルーツは益子町の地名で生田目と書き、読み方は「なばため」である。名字でも生田目が中心だが、その他にも名畑目、那波多目など、いろいろな書き方がある。なかには天女目のように、なぜこういう書き方をするのかよくわからないものもある。

◎四十八願（よいなら）

これで「よいなら」と読む超難読名字。戦国大名佐野氏の家臣にも四十八願という名字の人物がおり、現在でも佐野市に集中している。由来は、仏教の無量寿経ある四十八願という言葉だろう。

〈難読名字クイズ解答〉
①あたらし／②いかはた／③おおまみゅうだ／④けぶかわ／⑤さざらし／⑥じそじ／⑦しとり／⑧たけし／⑨たなあみ／⑩たなべ／⑪とくじら／⑫はすみ／⑬ほほ／⑭よいなら／⑮よべ

⑩ 群馬県

〈難読名字クイズ〉
①怒木／②頌彦／③善知鳥／④新後閑／⑤城聞／⑥聖生／⑦都木／⑧太古前／⑨千明／⑩土筆／⑪主代／⑫鬟川／⑬毒島／⑭八月一日／⑮和南城

◆地域の特徴

　群馬県の最多の名字は高橋である。高橋は全国第3位の名字だが、都道府県単位で最多となっているのは群馬県と愛媛県のみと少ない。2位には長野県で最多の小林、3位は東北に圧倒的に多い佐藤と続き、群馬県の地理的状況を反映している。

　そして、4位に新井が入るのが群馬県の特徴だろう。新井の全国順位は99位にすぎず、群馬県から埼玉県北部にかけて集中している。6位の清水も群馬県・長野県・山梨県の県境付近に多い。

　10位には中島が入る。全国に広く分布している名字だが、ベスト10に入っているのは群馬県と佐賀県（5位）のみである。

　こうしてみると、群馬県は関東の中ではやや変わった名字分布といえる。これは、関東地方のなかでは最も東京の通勤圏から離れているからと思われる。もちろん、新幹線を利用することで、高崎や安中榛名あたりも東京に通勤することはできるが、他の県と比べるとベッドタウン化している地

名字ランキング（上位40位）

1	高橋	11	田村	21	青木	31	阿部
2	小林	12	田中	22	加藤	32	林
3	佐藤	13	木村	23	萩原	33	栗原
4	新井	14	山田	24	飯塚	34	井上
5	斎藤	15	金子	25	山口	35	伊藤
6	清水	16	関口	26	石井	36	大沢
7	鈴木	17	渡辺	27	岡田	37	福田
8	吉田	18	中村	28	須藤	38	根岸
9	星野	19	松本	29	今井	39	橋本
10	中島	20	金井	30	桜井	40	茂木

域はきわめて少ない。

また、県内に古墳が多いことでもわかるように、古代豪族が栄えていた地でもあり、古くからの由緒を持つ一族も多い。

群馬県の名字ランキングの最大の特徴は、40位の茂木（もてぎ）である。実は続く41位には読み方の違う茂木（もぎ）が入っている。茂木のルーツは栃木県の茂木。この地名は「もてぎ」と読むことから、栃木県では「もてぎ」と読むことが多いが、難読のためルーツから離れるに従って、漢字本来の読み方に近い「もぎ」が増えてくる。県内では「もぎ」と「もてぎ」はほぼ同数で、やや多い「もてぎ」が40位、少ない「もぎ」が41位となっている。本書では濁点のありなしは同じ名字としてカウントしているため、40位の「もてぎ」には「もてき」が、41位の「もぎ」には「もき」が含まれている。

44位の角田も読み方が分かれる。「つのだ」を筆頭に「かくだ」「かどた」「すみだ」などがあるが、県内ではほぼ「つのだ」と読む。県単位で44位というのも角田の全国最高順位である。これ以下では、80位富沢、87位塚越、89位須永、90位堀越が群馬独特。

101位以下では101位と108位に「こぐれ」が入る。101位は小暮で、108位が木暮。木暮は「きぐれ」とも読み、こちらも200位台に入っている。

この他、生方、羽鳥、津久井、田部井、都丸（とまる）、北爪、阿久沢、原沢、小板橋、小野里、黛（まゆずみ）などが独特。

● **地域による違い**

県庁所在地の前橋市を中心する中毛地区は、県内各地から人が集まって来ていることもあって比較的県全体の名字分布に近い。

前橋市では最多が高橋で2位が小林と県ランキングと同じで、女屋や船津が集中しているのが特徴。奈良や井野も多い。旧富士見村では樺沢、旧宮城村では北爪が最多となっていたほか、旧宮城村の六本木、旧粕川村の猪熊も独特。伊勢崎市では新井、高橋の順で多く、大和が全県の7割、森尻・矢内は6割以上が集中しているほか、細井・板垣なども半数以上が伊勢崎市にある。旧境町では田島が最多で、旧赤堀町の神沢（かんざわ）・秋間、旧東村の小保方・国定などが独特。

東毛地区全体では小林、新井、星野が多い。現在の桐生市では星野が最多だが、合併前の旧桐生市では新井が最多だった。これは、旧新里村と旧黒保根村に星野が集中していたから。今泉や前原、毒島が多いのも特徴。

太田市は小林が2位鈴木の2倍近いという圧倒的な最多で、久保田や田島、天笠、新島、原島などが多いのが特徴。旧尾島町では茂木（もてぎ）が最多だった。館林市は川島が最多で、田部井や井野口などが多い。みどり市では高草木、赤石、鏑木などが特徴である。
　邑楽（おうら）郡も小林が多く、川島や新井も広く分布している。明和町では2位奈良、3位田口、5位篠木というかなり独自の分布。板倉町の蓮見、千代田町の酒巻、大泉町の対比地・島山、邑楽町の戸ヶ崎などが特徴である。
　高崎市を中心とする西毛地区では高橋と佐藤、新井の3つが多い。平成大合併以前の19市町村のうち、高橋が高崎市など4市町村、佐藤が富岡市など5市町、新井が安中市など4市町で最多と、多い名字が割れている。
　高崎市独特の名字が植原。旧高崎市だけで全県の8割強が集中している。吉井・長井・梅山も半数以上が高崎市に集中しており、湯浅・天田・反町なども多い。旧榛名町の中曽根・長壁・広神・島方、旧箕郷町の川浦・青柳・小和瀬、旧群馬町の志村が特徴。
　甘楽（かんら）郡では下仁田町で佐藤が最多だが、南牧村では市川、甘楽町では田村と、県全体ではあまり多くない名字が最多となっている。下仁田町の小井土・園部、南牧村の小金沢・佐俣・田貝、甘楽町の大河原が独特。とくに小井土は全県の約半数が下仁田町にある。
　北毛地区は、渋川市を中心とする北群馬地区、沼田市を中心とする奥利根地区、中之条町を中心とする吾妻郡地区で大きく違っている。
　北群馬地区では高橋が圧倒的に多く、次いで小林・佐藤などが目立ち、県全体の分布と似ている。渋川市の入沢、旧子持村の小淵・石北、旧小野上村の平方、旧赤城村の木暮（きぐれ）などが独特。榛東村では富沢、吉岡町では原沢も多い。
　奥利根地区は星野・小林・林が多く、佐藤は少ない。沼田市では生方、大竹が多く、吉野や深津も独特。みなかみ町の最多は高橋だが、旧水上町では阿部、旧新治村では林が最多だった。
　吾妻郡では合併前の旧8町村で最多の名字がすべて異なっていた。現在も中之条町では関、長野原町では篠原、嬬恋（つまごい）村では黒岩、草津町は山口、高山村では後藤と、珍しいわけではないが、県内ではそれほど多くない名字が最多となっている。この他、中之条町の剣持・劔持、東村の奥木、東吾妻町の一場・水出・加部・加辺、嬬恋村の干川・熊川、草津町の湯本、

高山村の平形・都筑・割田などが独特。干川は全県の3分の2が嬬恋村にある。

● **新田一族**

中世の上野国を代表する武士は新田氏である。清和源氏の源義国の長男義重は、新田荘を開発して新田氏を称した。新田荘は義重の5人の息子、義兼（新田本家）・義俊（里見氏）・義範（山名氏）・義季（世良田氏）・経義（額戸氏）と、義重の孫娘が足利義純に嫁いで生まれた時兼（岩松氏）の6家に分割相続され、新田一族全体としては上野国から越後国に及ぶ大きな勢力を保っていた。

元弘2（1332）年後醍醐天皇に呼応して楠木正成が千早城で挙兵すると、義貞は千早城攻めに参加したが翌年帰郷。討幕に転じて挙兵し、霞ノ関合戦で大勝して一気に鎌倉に攻め込んで北条氏を滅ぼした。建武新政では足利氏とともに新政権において武家を率いる立場にあったが、中先代の乱を契機に足利尊氏と反目、尊氏の離反後は後醍醐天皇を奉じて南朝を率いた。しかし、延元3・暦応元（1338）年に義貞が越前藤島（福井市）の戦いで戦死すると次第に勢力が衰え、正平23・応安元（1368）年義宗と一族の脇屋義治が上野国沼田で関東管領の上杉憲顕軍に敗れて戦死、この時点で新田氏本宗家は事実上滅亡した。

新田氏本宗家滅亡後、新田一族の惣領家となったのが、足利氏方に属していた岩松氏である。

足利氏の庶流である畠山義純は新田義兼の女婿となり、その子時兼は母方の新田家で育てられた。時兼は祖母新田尼から上野国新田郡新田荘内の岩松郷（太田市）など13郷を譲与されて地頭職に任ぜられ、以後時兼は岩松に住んで岩松氏を称し、新田氏の庶流となっていた。新田本宗家の没落は事実上の新田一族の惣領として新田荘を支配したが、享禄年間（1528〜32）には昌純が横瀬泰繁によって殺害され、跡を継いだ弟の氏純も42歳で自害したといい、岩松氏も事実上滅亡した。

氏純の子守純は天正18（1590）年、徳川家康の関東入国の際に家康に拝謁。家康が自らの先祖としている新田氏の末裔ということで抱えられたが、接見の際に守純が無礼な挨拶をしたため、所領は上野国新田郡世良田のわずか20石にとどまった。のち120石に加増されて交代寄合に列したが、わずか120石で交代寄合の格式を保つため内情は苦しく、江戸時代後期の当

主は猫の絵を書いて販売し、生活を支えていた。戊辰戦争の際には新田氏を称して新田官軍を組織、維新後は正式に新田氏に改称して、男爵を授けられている。

● **正田家**

令和元(2019)年5月上皇后となった美智子さまの実家が館林の旧家正田家である。正田家は、江戸時代には館林の豪商で、近代に入ってからは日清製粉創業家として知られている。

正田家の祖は源義国に従って上野国新田荘尾島に来住した生田(庄田とも)隼人佐という。天正18(1590)年の徳川家康の関東入部に際して生田義豊が仕えて、その際に「生田」から「正田」に改めたといわれる。嫡流は代々新田郡徳川郷(太田市)に住んで名主を世襲した。

館林の正田家はその分家で、江戸中期から代々文右衛門を称し、「米文」と号する米穀問屋の傍ら目車町と新紺屋町の名主も務めた。維新後、3代目文右衛門が「亀甲正」という商号で醤油醸造に転じて成功、以来館林きっての豪商となった。この会社は現在でも正田醤油株式会社として館林市で続いており、醤油の他にも、つゆ、味噌、タバスコなど様々な調味料を販売している。

天皇家の外戚としての正田家は3代目文右衛門の二男作次郎が祖。その子貞一郎は、明治33(1900)年に館林製粉を創立、40年には日清製粉を創立して実業家として成功した。豪商から実業家に脱皮しただけではなく、貴族院議員にも選ばれるなど、館林の名家となった。

◆ **群馬県ならではの名字**

◎ 小保方(おぼかた)

全国の6割以上が群馬県にあり、伊勢崎市の旧東村地区に小保方という地名がある。現在も伊勢崎市周辺に集中している。

◎ 片貝(かたがい)

全国の半数以上が群馬県にある。「かたがい」とは、川の片側が山で、もう片方が平地となっている場所を指すという。中世、吾妻郡の地侍に片貝氏があった。現在は東吾妻町や前橋市に多い。

◎ 北爪

全国の7割弱が群馬県にある。御所の北門に詰めたことから「北詰」となり、のちに「北爪」に変化したと伝えられる。戦国時代は女淵五郷(前橋市)

の国衆で、足利長尾氏や北条氏に属した。江戸時代嫡流は酒井家に仕え、のちに鶴岡藩士となった。

◎桑子（くわこ）

蚕のことを、古語で「くわこ」といい、これに「桑子」という漢字をあてたもの。養蚕の盛んだった桐生市・太田市付近に集中している。

◎田部井（たべい）

全国の半数弱が群馬県にある。ルーツは佐波郡田部井（伊勢崎市田部井）。同地は古くは「田部賀井」と書かれ、「ためがい」ともいう。清和源氏新田氏の庶流。新田義重の子孫経氏が田部井を開発して田部井氏と称した。元弘3（1333）年の分倍河原合戦で田部井泰寛が戦死している。戦国時代には上杉氏に属していた。

◎千明（ちぎら）

群馬県独特の名字で、3分の2が群馬県にある。県内では県の北部に多い。とくに沼田市、渋川市、利根郡片品村に集中している。千木良、千吉良、千輝とも書く。

◎生須（なます）

中之条町に集中している。平家の落人の末裔といい、中之条町六合の生須に住んで生須氏を称したと伝える。のち追手を逃れて中之条町名沢に転じて帰農したという。中之条町には「生巣」と書く名字もある。

◎藤生（ふじう）

桐生市付近に集中しており、山田郡広沢郷（桐生市広沢町）の旧家の藤生家は「ふじう」と読む。戦国時代は桐生城の家老だったと伝え、江戸時代は機業家として知られた。江戸後期に建立された住宅は登録有形文化財である。なお、旧赤堀町を中心に「ふじゅう」とも読むほか、太田市の旧薮塚本町などでは「ふじお」とも読む。

◎湯本（ゆもと）

吾妻郡草津（草津町）の旧家に湯本家があった。海野氏の一族で、建久年間、源頼朝が草津温泉に入った際、案内役を務めた細野御殿介が「湯本」の名字を与えられ、湯本幸久と名乗ったのが祖という。戦国時代は長野原城に拠り、武田氏に属した。江戸時代は代々平兵衛を称し、名主を務めた。現在も吾妻郡を中心に西毛にかけて多い。

◆群馬県にルーツのある名字
◎小此木(おこのぎ)
　全国の3分の2が群馬県にある。佐位郡小此木村(伊勢崎市境)がルーツで、由良氏に属した。地名の小此木は「小柴」の「柴」の字を分解したもので、名字も小柴から転じたとみられる。
◎女屋(おなや)
　群馬県独特の名字で、全国の4分の3以上が群馬県にある。上野国勢多郡女屋(前橋市)がルーツで、現在でも前橋市に集中している。
◎後閑(ごかん)
　全国の7割以上が群馬県にある。中世、碓氷郡の国衆に後閑氏がいた。清和源氏岩松氏の末裔といい、永禄3(1560)年丹生城(富岡市)城主新田景純の子信純が武田信玄から後閑城(安中市)を与えられて後閑氏を称した。天正10(1582)年の武田氏滅亡後、長男刑部少輔・二男宮内大輔の兄弟は北条氏に仕えている。同18(1590)年小田原落城で滅亡した。
◎世良田(せらだ)
　上野新田氏の庶流で、新田郡新田荘世良田郷(太田市世良田)がルーツ。清和源氏新田氏の庶流。鎌倉幕府に仕えて、世良田郷の地頭となる。南北朝時代は南朝に属した。徳川家康はこの子孫を称している。
◎多胡(たこ)
　多胡郡多子(高崎市吉井町多胡)がルーツ。『源平盛衰記』に木曽義仲に従った多胡次郎家包の名があり、『吾妻鏡』にも御家人として多胡氏が登場する。津和野藩家老の多胡家は末裔。現在は安中市と高崎市に集中している。
◎山名(やまな)
　室町時代の大大名の一つ山名氏は、上野国多胡郡山名(高崎市山名町)がルーツで新田氏の一族である。新田義重の子義範が山名に住んで山名氏を称したのが祖。元弘元(1331)年の足利尊氏の挙兵に山名持氏が従い、伯耆守護となって山陰に勢力を伸ばした。時氏はさらに因幡・丹波・但馬・美作の守護も兼ね、一族で合わせて11カ国の守護を務めたため「六分一殿」といわれた。

◆珍しい名字
◎雨木(あまき)
　上野村にある名字。主君が賊に襲われた際、雨の中、大木の下で文書を

守ったことから「雨木」の名字を与えられたという。
◎鯉登(こいと)

前橋市の産泰神社の神主に鯉登家がある。元は上総国小糸（千葉県）に因む小糸家だったが、江戸時代中期に社殿を改築した際、鯉の滝登りの夢を見たことから「鯉登」に改称したという。

◎遠橋(とおはし)

甘楽町に旧家の遠橋家がある。橋爪家の遺児を遠田家が育てたことから、子孫が両家の名字から1字をとって「遠橋」と名乗ったという。

◎榲島(ぬでしま)

高崎市吉井町に旧家の榲島家がある。群馬郡榲島郷（前橋市）がルーツで新田義貞に従っていたが、義貞の討死後は吉井に住んだという。江戸時代は代々名主を務めた。

◎毒島(ぶすじま)

群馬県独特の難読名字。ブスとはトリカブトの毒のことで、トリカブトの自生していた場所に因む。戦国時代岩松氏の家臣に毒島氏があった。赤堀氏の庶流といい、沼の中の島状のところに毒島城を築いて拠っていた。現在も桐生市に集中している。

◎八月一日(ほずみ)

旧暦の8月1日に稲の穂を摘んで神様に供え、豊作を祈願したこと神事から、「八月一日」と書いて「ほずみ」と読む。各地に点々とあり、とくに群馬県東吾妻町に多い。なお、茨城県から東北南部にかけては「八月朔日」とも書き、つくば市付近では「ほぞみ」とも読む。

◎山清水(やましみず)

桐生市黒保根町にある名字。越後国の出でもとは「清水」だったが、山の奥深く分け入って良質な湧水を見つけたことから、領主が「清水」に「山」を加えて「山清水」と名乗らせたという。

〈難読名字クイズ解答〉
①いかるぎ／②うたさと／③うとう／④しごか／⑤じょうぎく／⑥せいりゅう／⑦たかぎ／⑧たこまえ／⑨ちぎら／⑩つくし／⑪ぬしろ／⑫ひないかわ／⑬ぶすじま／⑭ほずみ／⑮わなじょう

11 埼玉県

〈難読名字クイズ〉
①生明／②飛鳥馬／③重昆／④歩行田／⑤強瀬／⑥権上／⑦道祖土／⑧食堂／⑨集貝／⑩千装／⑪廿浦／⑫手計／⑬舎利弗／⑭設永／⑮陽遊

◆地域の特徴

埼玉県は東京のベッドタウンとして人口が急激に増加した地域で、上位の名字は東京とほとんど変わらないが、県北部や秩父地区ではまだ埼玉県本来の名字を多く残している。

そうしたなか目立つのは8位の新井。新井は県北部に多く、ベッドタウン化が進む前の古い資料では、鈴木に次いで県内第2位だったともされ、荒井ととともに、埼玉県から群馬県にかけての利根川流域にたいへん多い。

次いで32位の栗原が特徴。栗原も埼玉県と群馬県に多い名字で、埼玉県の32位という順位は群馬県の33位を上回って全国一。なお、県内では「くりばら」と濁ることも多い。

41位以下では、54位根岸、56位田島、58位浅見、63位高野、71位吉野、76位黒沢、85位長島などがベスト100に入っているのが特徴。このうち、浅見は埼玉県を代表する名字の一つだが、それ以外はいずれも埼玉県独特というわけではない。

名字ランキング（上位40位）

1	鈴木	11	吉田	21	石井	31	岡田
2	高橋	12	伊藤	22	石川	32	栗原
3	佐藤	13	金子	23	山本	33	関口
4	小林	14	清水	24	内田	34	青木
5	斎藤	15	松本	25	橋本	35	野口
6	田中	16	山崎	26	中島	36	斉藤
7	渡辺	17	木村	27	小川	37	森田
8	新井	18	山田	28	井上	38	小島(こじま)
9	中村	19	関根	29	佐々木	39	遠藤
10	加藤	20	山口	30	長谷川	40	池田

根岸と田島は群馬県と埼玉県の県境の両側に集中している名字で、旧児玉町（本庄市）では根岸が最多だった。吉野は埼玉県から千葉県にかけて広がる名字で、旧南河原村（行田市）で最多である。

高野は関東甲信越一帯に広がる名字で、埼玉県北部では「こうの」と読むことも多い。県全体では「こうの」は1割以下だが、深谷市では高野の半数近くが「こうの」である。

黒沢は関東から東北にかけての名字で、県内では秩父地方に激しく集中している。長島は人口比では埼玉県が全国一高く、ベスト100に入っているのも全国で埼玉県のみだが、分布としては関西から静岡県にかけて広く分布しており、埼玉県独特というわけではない。

101位以下では、柴崎が人口比でも実数でも全国一。県内では西部から北部にかけて広がっており、とくに深谷市や寄居町に集中している。それ以外では、柿沼、並木が200位以内に入っているのも特徴。柿沼は県北部、並木は県南部に多く、並木は新座市・所沢市と、東京都の清瀬市・青梅市の4市に集中している。

地域差の少ない埼玉県だが、秩父地方には独特の名字も多い。これは、埼玉県のなかでは交通の便が悪く、都市化が進んでいないことや、もともと武蔵七党の一族が広がっていたことなどが理由である。主なものには、秩父市の浅海、浅賀、荒船、千島、引間、小鹿野町の出浦、強矢、長瀞町の染野、中畝、皆野町の設楽、太幡、四方田、横瀬町の赤岩などがある。

また、県北部では、本庄市の小茂田、境野、寄居町の鳥塚、上里町の入、嵐山町の強瀬、権田なども独特。

●「あさみ」「あざみ」と読む名字

ベスト100の中では、58位の浅見が唯一埼玉県独特の名字といえる。秩父地方を中心に、奥多摩から群馬県南部にかけての地域に、全国の浅見さんの約半数が在住している。

この「あさみ」という名字には漢字のバリエーションが多い。ルーツは本庄市にある阿佐美という地名で、ここには武蔵七党の一つ、児玉党に属した阿佐美一族がいた。阿佐美氏は鎌倉幕府の御家人となって関東西部に広がり、いろいろな漢字を書くようになった。

現在では浅見と書くものが圧倒的に多く、旧神泉村（神川町）では村民の1割以上が浅見さんだった。また、横瀬町では最多となっているほか、

旧名栗村（飯能市）にも多い。浅見に次いで多いのが本来の書き方である阿佐美で、県北部の神里町から群馬県前橋市にかけて多い。以下、阿左美、阿左見、阿佐見の順に多く、他にも朝見、浅味とも書く。読み方も「あざみ」と濁ることもあり、漢字も薊や莇、生明に変化したものもある。

● 熊谷氏（くまがい）

埼玉県内の地名をルーツとする一族は多いが、一番有名なのは熊谷一族だろう。

熊谷氏は武蔵国大里郡熊谷郷（熊谷市）（くまがや）がルーツで桓武平氏の一族。平維方の二男盛方は北面の武士だったが、罪を得て誅（ちゅう）せられ、子直貞が武蔵国熊谷に逃れて熊谷氏を称したのが祖。熊谷直実は源頼朝の挙兵に従い、源平合戦では西国を転戦した。なかでも、一の谷合戦の際に平敦盛（あつもり）を討ち取る場面は、『平家物語』の「敦盛最期」で有名で、能など多くの演劇でも取り上げられている。

鎌倉時代になると各地に所領を賜り、一族は各地に広がった。なかでも陸奥気仙沼・安芸・近江・三河の熊谷氏が著名で、現在でも宮城県東部には熊谷がきわめて多い。また、鳩居堂を創業した熊谷家など、各地の熊谷家はこの末裔と伝えている。現在は東北に多く、県内では200位以下。

● 武蔵七党

埼玉県には名字のルーツとなった地名が多い。これは、平安時代末期から関東地方に多くの武士が生まれ、彼らが自らの支配する土地の地名を名字として名乗ったからだ。そのなかでも、とくに武蔵七党といわれた武士団が著名で、県内各地に広がっていた。

武蔵七党のうち、最も広がったのが古代豪族有道氏の子孫である児玉党で、本拠地は武蔵国児玉郡児玉郷（本庄市）。この児玉郷、平成の大合併で本庄市の一部になってしまったが、それまでは埼玉県児玉郡児玉町児玉という、いかにも児玉さんのルーツといった地名だった。実際、児玉は全国順位224位というメジャーな名字ながら、全国の児玉さんのルーツはほぼこの地に行きつくといわれている。

一族には、庄（しょう）、四方田（しほうでん）、塩谷、富田、阿佐美、浅羽、小代（しょうだい）、真下、生越（おごせ）、小見野、粟生田（あおうだ）、吉島、山名、矢島、竹沢、秩父、稲島、大類、大浜、小幡、奥平、大渕、倉賀野などがある。

児玉党と並んで多くの子孫が出ているのが丹党である。古代豪族多治比

氏の末裔で丹治氏を称し、一族は丹治を省略して丹党と呼ばれた。

丹党の名字には、中村、竹淵、塩屋、大河原、黒谷、岡田、小鹿野、坂田、大窪、横瀬、織原、秩父、勅使河原、堀口、青木、新里、由良、安保、長浜、滝瀬、志水、加治、白鳥、岩田、井戸、野上などがある。

丹党と同じく武蔵西部に広がった猪俣党も末裔が多い。小野妹子や小野道風で知られる朝廷貴族の小野氏の一族が、武蔵の地方官僚となってそのまま住みつき、猪俣氏を名乗ったのが祖という。

源平合戦では猪俣範綱や、一族の岡部忠澄が活躍した。忠澄は一の谷合戦で、平忠度を討ち取ったことで有名。岡部氏は戦国時代まで武蔵の有力氏族として続き、江戸時代には1,500石の旗本となった。

猪俣党には人見、甘糟、藤田、内島、蓮沼、横瀬などの諸氏がある。

村山党の本拠地は武蔵国多摩郡村山で現在では東京都だが、一族には、大井、宮寺、金子、難波田、多賀谷、須黒、仙波など埼玉県域を本拠とした氏族も多い。

このうち、武蔵国入間郡金子郷（入間市金子）をルーツとする金子氏は全国に広がっている。中世、伊予国や安芸国にあった金子氏もこの末裔と称しているなど、全国の金子氏は村山党金子氏を祖とするというものが多い。また、多賀谷氏の末裔は戦国時代まで有力氏族として続き、豊臣秀吉のもとでは常陸下妻で6万石を領した大名であった。

この他、埼玉県東部を本拠とした野与党からは、多名、萱間、多賀谷、笠原、西脇、白岡、渋江、柏崎、戸田、高柳、八条、野島などが生まれている。

◆埼玉県ならではの名字

◎遊馬（あそま）

埼玉県の名字で、全国の7割が埼玉県にある。さいたま市と草加市に地名があり、現在もさいたま市に集中している。とくに岩槻区に多い。

◎越阪部（おさかべ）

所沢市の名字。全国の約8割が所沢市にあるという所沢市独特の名字で、とくに牛沼地区に集中している。刑部から漢字が変化したものか。越坂部とも書く。

◎強矢（すねや）

全国の8割弱が埼玉県にあり、その大半が秩父市と小鹿野町に集中して

いるという、埼玉県を代表する独特の名字の一つ。とくに小鹿野町に多い。秩父市では強谷とも書く。
◎代(だい)
　埼玉県に多い名字。全国の約半数が埼玉県にあり、熊谷市・行田市・鴻巣市に集中している。武蔵国大里郡代村（熊谷市代）がルーツだが、代村は古くは台村とも書き、名字も「台」から変化したものもあるとみられる。「台」も関東地方に多く、とくに埼玉県北部の羽生市や加須市に集中している。「台」とは自然堤防上の集落を意味する地形由来の名字で、埼玉県内には台村という地名が複数あり、これらをルーツとするものもある。なお、東京では古語に由来する「うてな」とも読む。
◎昼間(ひるま)
　県南部の昼間という名字は、旧字体を使用する晝間と合わせると200世帯以上もあり、県内に限定すればそれほど珍しい名字とはいえない。この名字は徳川家康から拝領したものである。家康が関東に入国して夜に川を渡ろうとした際、村人が松明を持って集まり、渡河を助けたという。それに感激した家康が、集まった村人に、昼間のように明るかった、として昼間という名字を与えたのが始まり。特定の個人に与えた名字はそれほど多くはならないが、村人全員に与えたため、昼間さんの子孫は多い。また、比留間や蛭間、肥留間に変化したものもある。
◎宮根(みやね)
　埼玉県に多い名字で鶴ヶ島市付近に集中している。本来は神社の近くに住む宮本一族だったが、宮本という武家が赴任してきたため、同じ意味の宮根に変えたと伝える。この他、関西から中国地方にかけても点在する。

◆埼玉県にルーツのある名字
◎埼玉(さいたま)
　きわめて珍しい名字で、ルーツはもちろん埼玉県にあるが、県名に由来するのではなく、行田市にある埼玉という小さな地名である。この近くには鉄剣が出土したことで有名な稲荷山古墳をはじめ、数々の古墳群があるなど古代に栄えていた地で、ここに住んだ人が名乗ったものである。
◎勅使河原(てしがわら)
　漢字4文字の名字で最も数の多い勅使河原のルーツが県内にある。武蔵国賀美郡勅使河原（児玉郡上里町勅使河原）がルーツで、丹党の出。勅使

河原有直は源頼朝に従い、南北朝時代、直重は南朝に属し新田義貞に従った。現在は仙台市には多い。なお、4文字名字で2番目に多いのも勅使河原で、ルーツは同じである。

◎四方田(よもだ)

関東地方西部の名字。全国の4割以上が埼玉県にあり、秩父地方に集中している。武蔵国児玉郡四方田村（本庄市四方田）がルーツで、武蔵七党児玉党の四方田氏の末裔。

◆珍しい名字
◎道祖土(さいど)

埼玉県の名字で、比企郡川島町周辺に多い。道祖神は村の境目にあって、村外からの疫病や悪霊の襲来を防ぐもの。現在は「どうそしん」と音読みするが、本来は「さいのかみ」といった。また、道祖神の祭りである左義長も「さいとやき」といわれ、「道祖土焼」の漢字をあてた。ここから、道祖土という名字が生まれたとみられる。

◎左衛門三郎(さえもんさぶろう)

漢字5文字の名字は、公家の子孫の勘解由小路と合わせて2つだけしか現存しない。読み方は「さえもんさぶろう」で、「左衛門府に勤めていた三郎さんの末裔」という意味の名字だとみられる。

◎廿浦(つづうら)

蓮田市の名字で、これで「つづうら」と読む難読名字。「廿」という漢字は「20」という意味で、古くは20を「つづ」といったことに由来している。

◎舎利弗(とどろき)

寄居町や深谷市には舎利弗と書いて「とどろき」と読む名字がある。漢字表記と読み方が全く対応していない不思議な名字といえる。舎利弗とは釈迦の高弟で、通常は「しゃりほつ」と読む。寄居町には轟も多く、轟からの名字を変えたものだろう。

〈難読名字クイズ解答〉
①あざみ／②あすま／③かさひ／④かちだ／⑤こわせ／⑥ごんじょう／⑦さいど／⑧じきどう／⑨ためがい／⑩ちぎら／⑪つづら／⑫てばかり／⑬とどろき／⑭のぶなが／⑮ようゆう

⑫ 千葉県

〈難読名字クイズ〉
①伊大知／②著蘓瀬／③生貫／④越後貫／⑤古神子／⑥砂明利／⑦住母家／⑧善茂作／⑨華表／⑩南波佐間／⑪行木／⑫葉計／⑬文違／⑭生城山／⑮宗意

◆地域の特徴

千葉県も最多の名字は鈴木。人口に占める割合は2.5％と関東では茨城県に次いで高く、2位の高橋以下を大きく引き離している。ランキング上位は東京とほとんど同じで、違うのは8位の石井くらい。石井は沖縄以外に広く分布しているが、関東地方に最も多く、千葉県の第8位という順位は全国で最も高い順位となっている。

県西部の浦安市や市川市はもちろん、最近では外房の茂原市や一宮町付近までベッドタウン化してきたため、上位40位には千葉県独特の名字は全くない。おそらく、元から千葉県に住んでいる人よりも、戦後他県から移り住んで来た人の方が多いのではないだろうか。

そうしたなかで、千葉県に集中しているといえるのが、14位の小川。小川は文字通り小さな川に因む地形由来の名字で、沖縄県を除く46都道府県で200位以内に入っているなど、全国に広く分布している。全国順位も31位と上位なのだが、県順位で14位というのは全国最高。20位以内に入っ

名字ランキング（上位40位）

1	鈴木	11	加藤	21	長谷川	31	金子
2	高橋	12	林	22	斉藤	32	井上
3	佐藤	13	吉田	23	佐々木	33	岡田
4	渡辺	14	小川	24	池田	34	吉野
5	伊藤	15	山本	25	平野	35	石橋
6	斎藤	16	山口	26	遠藤	36	大塚
7	田中	17	山田	27	森	37	阿部
8	石井	18	山崎	28	石川	38	橋本
9	中村	19	松本	29	清水	39	大野
10	小林	20	木村	30	佐久間	40	高木

ているのも、他には広島県（19位）のみである。人口比でみても全国一で、山武市など外房の北部に集中している。

30位佐久間、34位吉野、35位石橋あたりは、ちょっと異色だが、吉野は千葉県から埼玉県にかけて多く、佐久間は福島県、石橋は福岡県が全国最多。それでも、御宿町では吉野は人口の5％を占める最多で、旧岬町（いすみ市）でも最多だった。また、旧蓮沼村（山武市）では石橋が人口の9％を占めて圧倒的な最多だった。

41位以下になると、いくつか千葉県らしい名字が出てくる。その代表は54位加瀬。加瀬は全国の6割弱が千葉県にあるという千葉県を代表する名字の一つ。外房の旭市では市内で一番多い名字で、横芝光町から銚子市にかけての間に集中している。

65位の宮内は利根川を挟んで銚子市と茨城県の神栖市に集中しており、74位の椎名も千葉北部から茨城南部にかけて多い。

一方、78位鶴岡は内房に多く、やはり千葉県に全国の4割強が住んでいる。100位の岩井は印旛地区に激しく集中している名字で、印旛村では最多。全国的には岐阜県の99位が最多で、千葉県の100位は2番目に高い順位となっている。

101位以下になると一挙に千葉独特の名字が登場する。川名、石毛、越川、向後、木内、鵜沢、小出、小高、篠塚、深山、松丸、香取などはいずれも千葉らしい名字。また、染谷、菅谷など、茨城県と共通する名字も多い。

● 地域による違い

県西部は東京のベッドタウン化しているため、特徴は乏しい。しいていえば、浦安市に宇田川が多いが、これはむしろ東京都の名字である。しかし、それ以外の地域ではまだ本来の名字も多い。

県北部の香取・印旛地区では、篠塚、高木、岩井、香取、飯田が多い。とくに香取はここが発祥地で、飯田は旧下総町（成田市）、篠塚は旧小見川町（香取市）で最多だった。

内房地区では鶴岡が多く、次いで根本、小出、平野、佐久間などが多い。鶴岡は市原市から長生郡にかけて多く長柄町では最多。また、漢字を省略して寉岡と書くことも多い。小出は市原市、平野は富津市に多い。この他、泉水、時田・鴇田、鳥海（とりうみ）なども、この地域の名字。

外房地区では、宮内、高木、椎名、加瀬、石毛、向後が多く、飯田、吉野、

関、大木、鵜沢、越川も多い。現在、千葉県の特徴となっている名字の大半は、実は外房地区の名字である。とくに宮内は銚子市、加瀬は旭市、向後は旧飯岡町（旭市）で最多で、高木は旧干潟町、椎名、越川は横芝光町、大木は匝瑳市と横芝光町に集中している。また、向後と鵜沢は、ともに全国の過半数が千葉県に集中している。匝瑳市に集中している及川は「おいかわ」ではなく、「およかわ」と読む。茂原市の深山も「みやま」だが、千葉県以外では「ふかやま」が多い。

房総半島最南端の安房地区では、川名が旧富山町（南房総市）で最多だったなど安房地区一帯に激しく集中している。その他では庄司や安西が多いのも特徴。また、独特の名字としては、館山市の唐鎌、苅込、三平、南房総市の大古、神作、笹子、鋸南町の生貝、菊間、笹生などがある。

● **銚子市の名字**

外房には千葉県独特の名字が多いが、なかでも銚子市は周辺の自治体とも違う全く独自の名字分布である。

最多は県順位65位の宮内で、しかも圧倒的な最多となっている。2位には全県で最多の鈴木が入るが、それでも宮内の半分強しかない。そして、3位に加瀬、4位山口、5位石毛と、県のランキングとは全く違う名字が上位に並んでいる。

さらに10位には向後が入り、11位岩瀬、13位椎名、14位名雪と続く。このうち椎名は外房に広く分布しているが、向後は銚子市と隣の旭市に全県の半分があり、名雪は全国の半数近くが銚子市にあるという独特の名字である。この他、白土や滑川も多い。

● **千葉一族**

都道府県名と同じ名字は多いが、その多くは県名とは直接関係しない。県名名字のベスト3は山口、石川、宮崎だが、山口は山の入り口という意味の地形由来のため全国にルーツがある。石川も各地に地名があり、石川県に由来するものはむしろ少ない。宮崎も宮＝神社のある山の先端という意味で、そのルーツとなった場所は多い。

しかし、千葉という名字のルーツは千葉県に限定される。ただし、由来となった場所は千葉県ではなく、今の千葉市にかつてあった千葉荘という地名。名字のルーツは小さな地名であることが多い。

千葉氏は武家となった桓武平氏を代表する氏族である。平安時代末期に

平良文の子孫が千葉荘に住んで千葉を名乗ったのが祖で、以後千葉県北部一帯に勢力を広げ、東、武石、大須賀、国分、原、鏑木、木内、臼井、円城寺、椎名、粟飯原など県内各地の地名を名字とした一族を多数出した。

源頼朝が平家打倒を目指して旗揚げした際にも千葉一族は大軍を率いて参加、鎌倉幕府でも重要な地位につき、各地に領地を賜って全国に散らばっていった。

とくに、東北地方には広大な領地を貰ったことから、大挙して一族が移住していった。それでも、あくまで千葉が本拠地で、東北は分家にすぎなかったが、室町時代に本家が滅亡したため、千葉一族の中心は東北に移ってしまった。

● 香取神宮と香取氏

県北部の香取市周辺には香取という名字がきわめて多い。全国の香取さんの6割近くが千葉県にあり、その半数以上は香取市に住んでいる。ルーツはもちろん香取という地名で、メジャーな名字にもかかわらず、今でもルーツの場所にこれだけ集中しているのは珍しい。

香取市には香取神宮という古い神社がある。江戸時代以前、神宮といわれる神社は、伊勢神宮、鹿島神宮とこの香取神宮の3つしかなく、その地位の高さがわかる。この香取神宮の大宮司を務めるのが香取家で、香取一族の本家といえる。

同家に伝わっている系図によると、香取氏の先祖は経津主大神であるという。経津主大神とは、神武天皇の天孫降臨より前に、天照大神の命令で高天原から地上に派遣され、大国主命と交渉して出雲国を譲ってもらったという神様だから、その歴史の古さがわかる。以来、代々香取神宮の神官を務め、一族は香取神宮周辺に広がった。

● 鋸南町と源頼朝

平家打倒を旗印とし、北条氏の後ろ盾を得て挙兵した源頼朝だが、石橋山合戦で平家方に敗れてしまう。ここから船で房総半島に逃れた頼朝は、千葉県内で勢力を盛り返して平家を破った。

このとき頼朝が上陸した場所は現在の鋸南町竜島地区といわれ、ここには頼朝から名字を賜ったと伝える家が多数ある。戦いに敗れて逃れてきた頼朝に対し、地元の住民が魚介類を献上すると、珍しい貝を献上した者に「生貝」、立派な魚を献上したものには「鰭崎」という名字を与えた。この

他にも次々と多くの名字を下賜し、なかでも、松山・菊間・柴本・中山・久保田・鰭崎・生貝は「竜島の七姓」といわれている。

● **五十音順の最初と最後**

日本人の名字を五十音順に並べたときに、一番最初の名字と一番最後にくる名字が、いずれも千葉県内にある。

関西には鴉と書いて「あ」と読む名字があるが、これは中国由来。日本由来の名字としては「あい」が最初だ。「あい」と読む名字には、阿井、相、藍、安威、会、愛などいろいろな書き方がある。このうち、相と藍は千葉県に多い。ともに外房地区の名字で、茂原市付近に集中している。

一方、五十音最後の名字は「わ」で始まるもの。日本には「ん」で始まる名字はなく、五十音最後の名字は内房の木更津市から市原市にかけてみられる分目である。これで「わんめ」と読むかなりの難読名字。市原市の分目という地名がルーツで、「わかれめ」から読みが変化したものだろう。

◆ **千葉県ならではの名字**

◎伊能
いのう

伊能忠敬で有名な伊能という名字は千葉県独特のもの。ルーツは下総国香取郡大須賀荘伊能郷（成田市）で、豊後の緒方氏の一族という。江戸時代の請西藩の槍術指南に伊能氏があったほか、大須賀神社の神官にも伊能氏があるなど、この地域一帯に広がっていた。現在も香取市に集中している。

◎椎名
しいな

千葉県を代表する名字の一つ。ルーツは下総国千葉郡千葉荘椎名郷（千葉市緑区椎名崎町付近）で千葉氏の一族。千葉常胤の弟胤光が椎名五郎を称したのが祖とされ、保元の乱では胤光の長男胤高が源義朝に従っている。のち千葉氏に従って匝瑳郡にも所領を得、一族は九十九里沿岸を中心に広がった。現在も横芝光町から銚子市にかけて多い。戦国時代は北条氏に仕え、小田原落城で嫡流は滅亡した。

◎清宮
せいみや

佐倉市を中心に千葉市から成田市を経て、県境を越えて茨城県の鹿行地区にまで広がっている名字で、この地域の清宮は95％以上が「せいみや」と読む。千葉県に次いで多い埼玉県や東京都では「きよみや」の方が多く、「せいみや」と読む清宮は千葉県独特のものである。

◎野老(ところ)

東金市と大網白里市に集中している名字。「ところ」とはヤマイモに似た野生の植物で食用になるが、苦いのでとろろにはせず焼いて食べた。髭根を老人の髭に見立て、「野老」という漢字をあてたものである。

◆千葉県にルーツのある名字
◎中台(なかだい)

全国の7割近くが千葉県にあり、千葉市から船橋市にかけて集中している。庄内藩士の中台家も上総国武射郡中台(山武郡横芝光町)がルーツで、桓武平氏臼井氏の一族。慶長8(1603)年に式右衛門が酒井家次に仕え、以後庄内藩士となった。

◎初芝(はつしば)

全国の8割近くが千葉県にある千葉独特の名字。千葉市に多く、とくに中央区・緑区・若葉区の3区に集中している。上総国長柄郡初柴村(千葉県長生郡長柄町針ヶ谷)がルーツ。

◎丸(まる)

全国の4割以上が千葉県にあり、とくに県南部に集中している。ルーツは安房国朝夷郡丸(南房総市丸)で桓武平氏という。治承4(1180)年信俊は源頼朝に従い、鎌倉幕府の御家人となった。のち安西氏と争い没落した。

◆珍しい名字
◎砂明利(すなめり)

千葉県北部の名字で、芝山町に集中している。スナメリとはイルカの一種で「砂滑」とも書き、千葉県の銚子沖などでみられる。もともと「スナメリ」という言葉は千葉から広まったともいわれ、関係があるか。

◎生城山(ふきの)

県内の珍しい名字の中でも、とくに不思議なのが長南町に集中している生城山である。これで「ふきの」と読み、漢字と読み方が全く対応していない。ルーツはわからないが、このあたりには吹野という名字も多いことから、おそらく吹野一族が漢字を生城山と変えたものであろう。

〈難読名字クイズ解答〉
①いおち／②いもせ／③うぶぬき／④おごぬき／⑤こかご／⑥すなめり／⑦すもげ／⑧ぜんもさ／⑨とりい／⑩なばさま／⑪なめき／⑫ははばかり／⑬ひじかい／⑭ふきの／⑮もとい

⑬ 東京都

〈難読名字クイズ〉
①十六沢／②伊臣／③入内島／④井一／⑤大嵩崎／⑥冠城／⑦神々廻／⑧首代／⑨曽合／⑩東偽／⑪場生松／⑫蛤谷／⑬茨田／⑭松日楽／⑮名鏡

◆地域の特徴

　東京都には全国の人口の約1割が住み、その出身地も北海道から沖縄まで各地に及ぶ。したがって、現在の東京都の名字ランキングは全国ランキングとほとんど変わらないが、1つだけ大きく違う点がある。それは、全国ランキングでは1位佐藤、2位鈴木なのに対し、東京では全国順位とは逆に鈴木が佐藤を抑えて1位となっていることだ。

　鈴木と佐藤はともに東日本に多い名字だが、佐藤が東北に集中しているのに対し、鈴木は東海から関東に集中している。したがって、東京だけではなく、関東では鈴木の方が佐藤より多くなっている。

　しかし、もう少し細かくみると、23区では鈴木が佐藤よりかなり多いものの、多摩地区では佐藤が最多となっている市も多い。とくに八王子市や町田市といった、ベッドタウンとして人口が急増した市では佐藤の方がかなり多くなっている。

　これは、本来江戸とその周辺では鈴木が圧倒的に多かったが、戦後、東

名字ランキング（上位40位）

1	鈴木	11	吉田	21	石川	31	長谷川
2	佐藤	12	山本	22	林	32	遠藤
3	高橋	13	山田	23	松本	33	森
4	田中	14	清水	24	小川	34	斉藤
5	小林	15	佐々木	25	阿部	35	岡田
6	渡辺	16	木村	26	池田	36	近藤
7	伊藤	17	石井	27	橋本	37	後藤
8	中村	18	山口	28	金子	38	内田
9	加藤	19	井上	29	青木	39	田村
10	斎藤	20	山崎	30	中島	40	坂本

北地方などから多くの人が流入してくるにつれて佐藤さんの比率が高まり、多摩地区では佐藤が鈴木を追い越したのだと考えられる。

3位～10位以下は関西に多い山本に代わって加藤が9位に入っているだけで、全国のベスト10とほぼ同じである。あえて特徴をあげるならば、清水と石井が20位以内に入っていることぐらいだろうが、清水は山梨では第4位、石井も千葉ではベスト10に入っているなど、順位は東京より上。もちろん人口が多いため、実数は東京が最多という名字は多いが、人口比で東京が最多という名字はベスト100までみても1つもない。

23区や多摩東部では、自治体による名字の地域差はないが、多摩西部では佐藤や鈴木以外の名字が最多となっている市町村もある。たとえば、武蔵村山市では高橋、青梅市・あきるの市・日の出町では田中、桧原村では小林が一番多い。

また、伊豆諸島や小笠原諸島では菊池が多く、八丈町や小笠原町では最多。とくに八丈島や青ヶ島村では島民の1割以上が菊池である。

● **独特の名字**

奥多摩町では原島が一番多い。原島の全国順位は1,500位前後で、東京都全体でも300位以下だが、奥多摩から立川市にかけての地域ではかなり多い。奥多摩町では最多名字、青梅市でもベスト10に入っており、ここを中心に、神奈川西部・埼玉西部・群馬南部に全国の8割以上が集中している。

原島一族は第28代宣化天皇の子孫といわれ、ルーツは埼玉県熊谷市の地名。室町時代に奥多摩に移って奥多摩地方を開発したといい、奥多摩を中心として広がっていった。

この他にも、多摩西部には今でも独特の名字が多数残っており、主なものには、武蔵村山市の比留間、乙幡、青梅市の榎戸、久下、羽村市の羽村、奥多摩町の小峰、村木、日出町の木住野・来住野などがある。

一方、23区内を代表する名字が宇田川で、渋谷区から港区にかけて流れる宇田川に由来するとみられる。室町時代後期頃から歴史に登場し、北条氏に従う在地武士である一方、品川を拠点とした商人でもあり、さらに品川神社の神官も務めていた。北条氏滅亡後、一族は都内各地に散らばって帰農した。渋谷の宇田川町や、港区にあった宇田川町（東新橋付近）も宇田川家が名主を務めたことに由来している。とくに、葛西地区に移った宇田川一族は広大な新田を開墾、江戸川区に残る宇田川家長屋門は区指定文

化財である。江戸時代中期以降、次々と自然科学系の学者を輩出した津山藩医の宇田川家も武蔵国足立郡淵江村（足立区）で帰農した品川宇田川家の一族である。

● 名字由来の地名

名字は地名に由来するものが多いが、東京では名字に由来する地名も多い。というのも、徳川家康が江戸に入部する以前は、江戸は人があまり住んでいない原野で地名も少なかった。そこに家康が大都市・江戸を建設したことから、地名が足りなくなったのだ。そこで次々と新しい地名が付けられたが、その際に名字に因むものも多くつくられた。

港区青山は美濃郡上藩主の青山家に因んでいる。徳川家康の家臣だった青山忠成が鷹狩りの供をした際、家康から「見えるかぎりの土地を与える」といわれ、忠成は馬を走らせて赤坂から渋谷に至る土地を拝領したという。そのため、この地一帯は青山と呼ばれるようになった。

新宿駅から東側にかけての地域は、かつて内藤新宿といった。この内藤とは、信濃高遠藩主の内藤家のことである。内藤清成も家康の鷹狩りの供をした際に、馬が一息で駆けた土地を与えよう、といわれた。清成は馬に乗ると、南は千駄ヶ谷、北は大久保、西は代々木、東は四谷という広い地域を駆け抜け、約束通りこの広大な土地を拝領した。

元禄年間に内藤家下屋敷の北側に新しい宿場ができた際「内藤家の前にできた新しい宿場」ということで、この宿場は内藤新宿といわれるようになり、やがて「内藤」がはずれて新宿となった。新宿御苑は内藤家の屋敷跡で、新宿御苑東側には今でも内藤町という地名がある。

◆東京都ならではの名字

◎乙幡（おっぱた）

多摩地区の名字。武蔵村山市には100世帯ほど集中しており、周辺の東大和市・立川市・昭島市・福生市に全国の8割近くがある。武蔵村山市の旧家の乙幡家は北条氏の遺臣といい、武蔵国比企郡越畑村（比企郡乙幡村ならの）（埼玉県嵐山町）がルーツとみられる。

◎河辺（かべ）

青梅市には河辺という名字がある。別に珍しくはないが、青梅の河辺は「かわべ」ではなく「かべ」と読む。これは、青梅市に河辺と書いて「かべ」と読む地名があるのが理由である。同市の河辺も河辺地区に多い。

◎瀬堀(せぼり)

江戸後期に小笠原の島主であった米国人セーボレーは、小笠原の日本領有決定とともに日本に帰化し、セーボレーに漢字をあてて瀬堀を名字とした。

◆東京都にルーツのある名字
◎豊島(としま)

豊島氏は桓武平氏の一族で、武蔵国豊島郡（23区北西部）に長く大きな勢力を持っていた。庶流の数も多く、板橋、志村、滝野川など、板橋区付近の地名を名乗っている。

◎平山(ひらやま)

武蔵国多摩郡平山郷（日野市）をルーツとする名字。源頼朝に仕えた平山季重は宇治川合戦や一の谷合戦で名をあげた。戦国時代、子孫は桧原城に拠り、北条氏に従っていた。天正18（1590）年北条氏の滅亡の際に落城している。

◎目黒(めぐろ)

目黒氏は武蔵七党の一つ児玉党の一員で、鎌倉時代には幕府の御家人となり、『吾妻鏡』にも目黒弥五郎・小太郎の名がみえる。文安元（1444）年には国平が陸奥国に下向して伊達持宗に仕え、以後一族は東北から新潟県にかけて広がった。

◆珍しい名字
◎十六沢(いざさわ)

板橋区から埼玉県新座市にかけての名字。十六夜と書いて「いざよい」と読むことから、「十六」の部分を「いざ」と読んだことに由来する。

◎天明(てんみょう)

大田区鵜の木に集中している天明という名字は、年号の「天明(てんめい)」ではなく、栃木県にあった日光例幣使街道の天明宿(てんみょう)に由来するため「てんみょう」と読む。天明宿にいた天明鍛冶の一族が中世に鵜の木に移り住んだのが祖で、江戸時代は名主を務めた。

〈難読名字クイズ解答〉
①いざさわ／②いとみ／③いなじま／④いのいち／⑤おおつき／⑥かぶらき／⑦ししば／⑧しゅだい／⑨そあい／⑩とうぎ／⑪ばしょうまつ／⑫はまや／⑬ばらた／⑭まつひら／⑮めいきょう

⑭ 神奈川県

〈難読名字クイズ〉
①安居院／②芥生／③鮑子／④外郎／⑤羅田／⑥巣籠／⑦鼠入／⑧田二見／⑨一寸木／⑩長面川／⑪奈流芳／⑫梅干野／⑬三廻部／⑭短岡／⑮八七橋

◆地域の特徴

　神奈川県は、県の大半の地域が東京のベッドタウン化しているため、ベスト10に登場する名字は順位こそ若干違うものの東京都と全く同じ。11位以下も40位までに独特の名字は全くない。

　42位の小沢は関東地方では最も高い順位だが、山梨県では17位。この他にも、志村が200位までに入っているなど、山梨県の影響は大きい。とくに県西部の旧家では、武田家が滅んだ際に甲斐から逃れてきて土着したと伝える家も多い。

　100位以内で他に神奈川県らしい名字としては55位の小泉くらい。小泉は東京では100位以下で神奈川県とは大きく順位が違っているが、小泉という名字のルーツは文字通り小さな泉で東日本に広く分布している。

　101位以下では柏木が特徴。全国的にみても、柏木が200位以内に入っているのは神奈川県と和歌山県だけで、県内では平塚市から湯河原町にかけての間に集中している。この名字は県境を越えて静岡県の富士宮市付近

名字ランキング（上位40位）

1	鈴木	11	山田	21	青木	31	林
2	佐藤	12	山本	22	石川	32	橋本
3	高橋	13	山口	23	松本	33	中島
4	渡辺	14	石井	24	山崎	34	内田
5	小林	15	吉田	25	森	35	原
6	田中	16	井上	26	遠藤	36	和田
7	加藤	17	佐々木	27	長谷川	37	小島（こじま）
8	斎藤	18	金子	28	小川	38	杉山
9	中村	19	木村	29	阿部	39	近藤
10	伊藤	20	清水	30	池田	40	後藤

まで多く、戦国時代の伊豆の戦国大名葛山氏の家臣にも柏木氏がいたほか、江戸時代には浅間神社の神官にいたなど、伊豆から相模西部にかけて広がった名族の末裔である。

石渡も神奈川県の三浦半島付近に多い名字で、とくに横須賀市と逗子市に集中している。神奈川県以外では東京や千葉県にはある程度あるものの、その他の県では少ない。読み方には「いしわた」と「いしわたり」があり、県内では9割が「いしわた」と読むのに対し、他県では「いしわたり」の方が多い。

さらにその下の201位以下をみると、新倉が独特。新倉は全国の約55％が神奈川県にあるという独特の名字で、県内では横須賀市から平塚市の間に集中している。

清田は県内で読み方が分かれている。平塚市付近では「せいた」と読むのに対して、それ以外では「きよた」が多い。なお、全国的には8割が「きよた」である。

● 地域による違い

県全体の名字ランキングだけではなく、東京に近い市でも特徴はないが、都心から遠く、ベッドタウンとはなっていない地域では、地元本来の名字も多い。

とくに、小田原市から足柄上郡・下郡にかけての市町村では、各自治体によってそれぞれ地元の名字が集中している。この地域全体に多いのが露木、二見、瀬戸の3つ。瀬戸は山北町で最多となっているほか、露木は全国の過半数がこの地域にある。

この他、小田原市・開成町の府川、南足柄市の生沼（おいぬま）、湯河原町の力石（りきいし）、室伏、真鶴町の御守（おんもり）、松田町の鍵和田、渋谷、山北町の荻野、中戸川、箱根町の勝俣、中井町の城所（きどころ）、重田、曽我、大井町の夏苅などが特徴である。

また、現在では政令指定都市となった相模原市に吸収されてしまったが、旧津久井郡地区も独特の名字が多かった。旧相模湖町の江藤、榎本、旧藤野町の倉田、森久保、城山町の八木、旧津久井町の小野沢、菊地原、小室などがあり、このうち榎本と八木は旧相模湖町と旧城山町で最多となっていた。

● 横山党の名字

関東西部に広がっていた平安時代の武士団、武蔵七党のうち、横山党は

今の神奈川県域を中心に繁栄した。横山党は古代豪族小野氏の末裔で、本拠地は今の東京都八王子市元横山町。一族はここを中心に、神奈川県厚木市付近にかけて広がっていた。横山という名字のルーツは各地にあると思われるが、武家の横山家は横山党の末裔という家が多い。

横山党の一族は数が多く、平子、石川、椚田、平山、田名、野平、藍原、山崎、鳴瀬、小倉、菅生、大貫、糟谷、由木、室伏、大串、古市、田屋、愛甲、古庄などが横山党の名字である。

これらの横山党の一族のうち、最も栄えたのが海老名一族である。ルーツは相模国高座郡海老名（海老名市）で、村上源氏の源有兼が横山党と姻戚関係を結んで同党の季兼を養子とした。季兼は海老名に住んで海老名氏を称したことから、海老名氏は村上源氏の子孫といわれることもある。

季兼の子季定は源義朝・頼朝に従って功を挙げ、以後室町時代まで海老名郷を領した。やがて宗家の上海老名家と分家の下海老名家に分かれ、一族は播磨や因幡にも広がった。

季兼の子義忠は相模国愛甲郡本間（厚木市）に住んで本間氏となった。本間氏は承久の乱後に佐渡国の地頭職を得、のち一族が下向して佐渡本間氏となった。鎌倉時代末期には佐渡守護代を務め、以後本間氏は佐渡各地に広がり、戦国時代に上杉謙信によって滅ぼされるまで佐渡を支配した。

● 三浦一族の名字

三浦氏は三浦半島をルーツとする。桓武平氏の一族で、源頼朝が挙兵したときにもいちはやく味方し、まだ実力の伴っていなかった頼朝を、一族あげて支援した。そのため、鎌倉幕府の成立後は幕府内で重要な位置につき、以後室町時代まで相模国東部に大きな勢力を持ち続けた。

一族は全国各地に所領を得て移り住み、戦国時代の美作国の戦国大名の三浦氏や、江戸時代の美作勝山藩主の三浦家など、各地の三浦氏は相模三浦氏の末裔というものが多い。

三浦一族の分家も、周辺の地名を名字したものが多く、津久井、芦名、岡崎、杉本、和田、朝比奈、高井、佐原、多々良、佐久間、土屋、二宮、平塚、糸久、土橋、横須賀などがあり、和田氏は越後、芦名氏は会津に転じて大名となった。

● 渋谷一族

渋谷一族も桓武平氏で、ルーツは相模国高座郡渋谷荘（大和市）である。

河崎重家の子重国が渋谷氏を称して源頼朝に仕えたのが祖。一族の渋谷金王丸は現在の東京・渋谷の地を領地としてもらったことから、ここが渋谷という地名になったとされる。また、渋谷駅東側の金王坂も、渋谷金王丸の名前に由来している。

鎌倉時代、渋谷一族は鎌倉幕府から薩摩に領地をもらって下向、同地で薩摩渋谷氏として栄えた。一族からは、東郷氏、祁答院氏、鶴田氏、入来院氏、高城氏などが出た。

● **源頼朝から拝領した名字**

源頼朝は房総半島で多くの名字を与えているが、石橋山合戦に敗れて房総に渡る前の相模でもいくつかの名字を与えている。

その代表が真鶴の青木である。青木という名字は各地にルーツがある地名由来の名字だが、真鶴の青木は地名とは別の由来を伝えている。石橋山合戦で敗れた頼朝は、真鶴山中の「ししどの岩屋」に身を隠した。しかし、そのままでは敵に見つかるため、住民がアオキの木を入り口に置いてカモフラージュしたことから、頼朝から青木という名字を賜ったという。

また、真鶴町の御守は、隠れていた頼朝の見張りをしたことで御守の名字を賜ったと伝える。

◆ **神奈川県ならではの名字**

◎勝俣

県西部の小田原や箱根では、静岡東部と共通する名字が多く、その代表が勝俣である。「かつまた」と書く名字には漢字表記がいろいろあるが、静岡県側では勝又が一番多く、神奈川県側では勝俣が最多。とくに箱根町では町で一番多い名字が勝俣である。ルーツは静岡県榛原町の地名で、もともとは勝田と書いて「かつまた」と読んだ。のちに戦に敗れて箱根周辺に移り住んだといい、勝俣・勝又・勝亦と漢字を変えて土着した。

◎新堀

新堀は関東地方に集中している名字だが、茨城県や埼玉県では圧倒的に「にいほり」と読むのに対し、神奈川県では85％が「しんぼり」である。県内では川崎市と横浜市北部に多い。

◎比留川

神奈川県独特の名字。全国の8割以上が神奈川県にある。戦国末期、北条氏の滅亡後に家臣の一部が相模国高座郡深谷村（綾瀬市）に土着、川の

名前をとって蛭川氏を称した。その後、一部が比留川と改称したという。現在でも綾瀬市に多い。

◆神奈川県にルーツのある名字
◎愛甲(あいこう)

相模国愛甲郡愛甲荘(厚木市愛甲)がルーツで、武蔵七党横山党の一族。平安末期に島津忠久に従って大隅国(鹿児島県)に移った一族があり、現在も神奈川県と、鹿児島県から宮崎県・熊本県の南部にかけての2地域に多くみられる。

◎名越(なごし)

相模国鎌倉郡名越(鎌倉市)をルーツとする名字。桓武平氏北条氏の一族。北条義時の子朝時が名越氏を称したのが祖で、一族は評定衆、引付衆に列した。北条氏とともに滅亡している。

◎二階堂(にかいどう)

相模国鎌倉郡二階堂(鎌倉市二階堂)をルーツとする名字。藤原南家の一族で鎌倉幕府の官僚だった工藤行政は、鎌倉の永福寺の近くに住んでいた。この永福寺、3つの堂のうちの1つが2階建ての巨大なものだったことから二階堂と呼ばれ、やがて永福寺付近の地名も二階堂となった。そして、この地に住んだ行政も、二階堂を名字として名乗るようになったのが由来である。子孫は代々政所執事を世襲し、幕府内で北条氏に次ぐ勢力を得た。

◎波多野(はたの)

相模国余綾郡波多野(秦野市)がルーツで藤原北家秀郷流。藤原公光の子経範が波多野氏を称したのが祖。秀遠は鳥羽天皇、遠義は崇徳天皇に仕え、遠義以降庶子家を分出して相模国西部に勢力を広げた。義通の妹は源義朝の子朝長を育てたことでも知られる。鎌倉時代は御家人となり、全国に広がった。

◎府川(ふかわ)

全国の7割近くが神奈川県にある。相模国足柄下郡府川(小田原市)がルーツで、現在も小田原市に集中しているほか、平塚市や足柄上郡開成町、秦野市などにも多い。

◎和田(わだ)

和田のルーツは各地にあるが、相模国三浦郡和田(三浦市初声町和田)をルーツとする一族が最も著名で、この子孫と伝える家が多い。桓武平氏

で、三浦義宗の子義盛・宗美・義茂が和田氏を称したのが祖。義盛は源頼朝に従って鎌倉幕府の有力御家人となるが、建保元 (1213) 年北条氏と争って敗れ一族のほとんどが自刃、滅亡した (和田合戦)。しかし、和田重茂は北条氏方につき、のちに三浦一族の総領家となって、各地に勢力を広げた。

◆珍しい名字

◎外郎(ういろう)

小田原市の旧家。中国の元朝から渡来した陳宗敬が祖で、子孫が外郎を家名とした。代々医家で、丸薬をつくっており、のち後北条氏に仕えて、外郎は小田原名物となった。

◎鍵渡(かぎわたり)

海老名市に旧家の鍵渡家がある。かつて相模川の渡船場の鍵を保管し、必要に応じて船頭に鍵を渡したことに由来するという。

◎軍多利(ぐんだり)

藤野町の石楯尾神社の神官に軍多利家がある。密教の五大明王の一つ軍荼利夜叉明王に由来する。

◎三廻部(みくるべ)

相模国足柄上郡三廻部村 (秦野市) がルーツ。現在は海老名市と小田原市に集中している。

〈難読名字クイズ解答〉
①あぐい／②あざみ／③あびこ／④ういろう／⑤きぬた／⑥すごもり／⑦そいり／⑧たじみ／⑨ちょっき／⑩なめかわ／⑪なるか／⑫ほやの／⑬みくるべ／⑭みじおか／⑮やなはし

15 新潟県

〈難読名字クイズ〉
①腮尾／②五十山田／③飯酒盃／④新谷松／⑤木歩士／⑥神主／⑦牛腸／⑧残熊／⑨店橋／⑩湊元／⑪苆戸／⑫外立／⑬坂大／⑭三九二／⑮弓納持

◆地域の特徴

新潟県は最多の佐藤以下、渡辺、小林、高橋の4つの名字が飛び抜けて多い。4位の高橋でも人口比で2％以上もあり、5位鈴木は高橋の半分強にすぎない。

6位には斉藤が入る。この名字は東西で斎藤と斉藤に書き方が分かれるのだが、なぜか東西の境目が他とは違う。一般的に、名字の上での東西の境目は、日本海側では新潟県と富山県の間にある。これは、この間に親不知・子不知と呼ばれる難所があり、人の交流が少なかったからだろう。

ところが、「さいとう」に関しては、新潟県と長野県までが斉藤の多い西日本型で、それ以東が斎藤の多い東日本型となっており、東西の境界が東にずれている。しかも、新潟県は日本一斉藤の多い県でもある。なお、斎藤も少ないわけではなく、30位に入っている。

8位の長谷川と10位の五十嵐は、いずれも東日本一帯に広がっている名字だが、ともに新潟県が全国最多。とくに五十嵐はルーツも新潟県内にあ

名字ランキング（上位40位）

1	佐藤	11	田中	21	星野	31	樋口
2	渡辺	12	伊藤	22	近藤	32	坂井
3	小林	13	本間	23	山本	33	山口
4	高橋	14	丸山	24	田村	34	木村
5	鈴木	15	中村	25	清水	35	村山
6	斉藤	16	加藤	26	今井	36	田辺
7	阿部	17	吉田	27	高野	37	藤田
8	長谷川	18	金子	28	遠藤	38	内山
9	山田	19	山崎	29	小川	39	石田
10	五十嵐	20	池田	30	斎藤	40	土田

り、新潟県を代表する名字といえる。

　この他、27位高野、31位樋口、40位土田も人口比では新潟県が最も高い。

　樋口の「樋」は水を流す仕組みのことである。樋には、地面より高いところに水路をつくって流す「かけひ（筧）」と、地面の中に水を流す「うずみひ（埋樋）」の2種類がある。いずれの場合も大元は川や湖から水を取るわけだが、この取水口が樋口である。こうした樋口が地名となり、そこに住んだ人が樋口を名乗ったのが祖であるという。取水口は全国にあったため、樋口も全国に広く分布しているが、四国や山陰、沖縄には少なく、新潟県と福岡県にとくに多い。県内では十日町市や五泉市に集中している。

　土田も各地の地名がルーツで全国に広がっているが、県単位で50位以内に入っているのは新潟県のみ。県内では長岡市や三条市に集中している。

　41位以下では、68位上村、73位熊倉、78位笹川、80位風間、88位皆川、94位小柳、97位新保が特徴。

　68位の上村は「かみむら」である。上村という名字は新潟県と熊本県に集中している名字で、新潟県が「かみむら」、熊本県が「うえむら」と読み方がきっぱり分かれている。県内では98％以上が「かみむら」である。

　94位に入っている小柳も、他県では圧倒的に「こやなぎ」だが、新潟県では「おやなぎ」と読むことが多い。とくに他県からも人が移り住んで来る新潟市周辺を除くと、圧倒的に「おやなぎ」である。

　101位以下では、渡部、南雲、諸橋、目黒、清野（せいの）、小熊、坂上（さかうえ）、小野塚、品田、若月、涌井、小黒が独特。

　渡部は、福島県、山形県、愛媛県にも多いが、この3県ではほとんどが「わたなべ」と読み、全国的にみても圧倒的に「わたなべ」さんが多い。しかし、新潟県では「わたなべ」「わたべ」ともに多く、「わたべ」が過半数である。

　諸橋は全国の過半数が県内にあり、長岡市付近に集中している。

● 地域による違い

　新潟市周辺では圧倒的に佐藤が多く、次いで、渡辺、小林、高橋が多い。旧味方村では笹川が最多だった。

　新潟市以北の下越では渡辺が増え、新発田市、阿賀野市、聖篭町では渡辺が最多。さらに北上して村上市になると再び佐藤が最多となる。この付近では大滝や富樫なども多く、山形県との結びつきが強い。

　なお、離島の粟島浦村では本保、脇川、松浦の3つの名字で占められて

いる。

　下越でも新潟市以南では佐藤、小林、高橋が多く、加茂市では小柳が最多。この他、熊倉や番場なども多い。

　中越地区でも、長岡市、小千谷市、魚沼市、出雲崎町などの最多は佐藤だが、小林、丸山など長野県をルーツとする名字も多い。柏崎市では小林が最多で、旧和島村（長岡市）では最多が早川で2位が久住という独特の分布となっていた。

　南魚沼地区では長野北部と共通する名字が多い。また、最多の名字も、旧六日町では上村、旧大和町では関、津南町では桑原など、自治体ごとに違っていた。旧塩沢町の貝瀬、笛木、旧川西町の登坂、旧津南町の藤ノ木などが独特。

　上越地区でも佐藤と渡辺が多いものの、富山県と接するため田中、山本、中村といった西日本型の名字も増えてくる。現在の上越市の最多は佐藤だが、合併前の旧上越市では小林が最多である。妙高市も現在の最多は岡田だが、合併前の新井市では丸山が最多だったなど、合併前の旧自治体ごとに名字分布がかなり違っており、旧松代町では柳、旧大島村では岩野と独特の名字が最多となっていた。

　佐渡は独特の分布となっている。鎌倉時代、佐渡は執権北条氏の支配地で、実際には守護代の本間氏が支配していた。以後、本間氏は島内隅々まで広がり、現在でも2位中川の2倍以上という圧倒的な最多名字である。合併前も旧10市町村のうち7市町村で本間が最多となっていた。2位は中川で、以下3位金子、4位山本と続く。

● **五十嵐**

　10位の五十嵐は新潟県生まれの名字である。ルーツは越後国沼垂郡五十嵐で、平成の大合併で三条市の一部となるまでは南蒲原郡下田村だった。この付近は、第11代垂仁天皇の皇子である五十日足彦命が開拓したと伝え、近くにある五十嵐神社は五十日足彦命をまつったものだ。五十日足彦命の子孫は、五十嵐を名字として代々蒲原郡を支配した。鎌倉時代には幕府の御家人となり、以後、直系は代々小豊次を名乗っている。

　なお、五十日足彦命が祖であるため、県内では五十嵐は「いからし」と濁らないのが基本。しかし、新潟県以外では濁って「いがらし」と読むのが一般的。

● 小和田家

　皇后陛下の実家小和田家は越後村上藩士の子孫である。ただし、江戸中期から藩士であったことは確認されているものの、そのルーツは明らかではない。

　新潟県には小和田という名字は少ない。しかし、村上藩主の内藤家は村上に来る前は駿河田中藩（静岡県藤枝市）の藩主であったほか、江戸初期には伊豆韮山にいたこともある。静岡県には小和田という名字が多いことから、小和田家は内藤家とともに静岡県から移ってきたと考えられる。

　新潟県立高田高校校長を務めた小和田毅夫が出て以降の小和田家の活躍はすさまじく、官僚や学者を輩出している。

◆新潟県ならではの名字
◎捧（ささげ）

　全国の過半数が県内在住という、新潟独特の名字。ルーツは信濃国筑摩郡捧荘（長野県松本市）。燕市を中心に三条市や加茂市に集中している。

◎田巻（たまき）

　新潟市周辺に集中している名字。とくに南蒲原郡田上町に多く、同地には千町歩地主である豪農田巻家が2家あった。代々三郎兵ヱを名乗る本田巻と、七郎兵ヱを名乗る原田巻の2家で、ともに五十嵐氏の一族と伝える。

◎直江（なおえ）

　上杉謙信の子景勝の重臣として活躍した直江兼続の出た直江家は、藤原京家の末裔と伝えている。藤原四家のうち、北家は公家を独占し、南家の末裔は武家として広がった。また、式家は奈良時代に朝廷で活躍したが、京家だけは全く栄えることができなかった。子孫も少なく、京家の末裔という家は珍しい。

◆新潟県にルーツのある名字
◎色部（いろべ）

　岩船郡色部（村上市）がルーツで桓武平氏秩父氏の庶流。秩父季長が富士川合戦で功を挙げて小泉荘の地頭となったのが祖で、同荘加納を分与された庶子為長の長男公長の末裔。代々平林城に拠り、揚北衆と呼ばれた。のち上杉氏に仕え、江戸時代は米沢藩家老となった。現在県内にはほとんどいない。

◎柿崎（かきざき）

頸城郡柿崎（上越市柿崎区）がルーツで、清和源氏新田氏の末裔という。柿崎城に拠って、代々上杉氏に仕えた。戦国時代、景家は上杉謙信の重臣として活躍したが、天正3（1575）年織田信長への内通を疑われて滅亡した。その後、御館の乱の際に、憲家が景勝に味方して再興し、江戸時代は米沢藩士となった。現在は東北・北海道に多く、県内には少ない。

◎北条（きたじょう）

北条は一般的には「ほうじょう」と読むが、越後国刈羽郡佐橋荘北条（柏崎市）をルーツとする北条氏は「きたじょう」と読んだ。越後毛利氏の一族で、上杉謙信に属した北条高広が著名。高広はのちに北条氏に転じ、謙信の後継者争いである御館の乱では北条氏出身の上杉景虎方についた。景虎が敗れた後は武田氏に従い、武田氏滅亡後は滝川一益に属した。

◎竹俣（たけのまた）

宇多源氏加地氏の一族で、越後国蒲原郡竹俣（新発田市）がルーツ。竹俣城に拠って代々長尾氏に仕えた。江戸時代は米沢藩家老となった。上杉治憲（鷹山）に登用されて家老となり、莅戸善政らとともに藩政改革を推進した竹俣当綱（まさつな）が著名。晩年は失脚したが、長男厚綱が跡を継いで家老となり、改革を続行した。現在は県内には少なく、新発田市にある。

◎莅戸（のぞきど）

越後国頸城郡莅戸（妙高市）をルーツとする名字。代々上杉氏に仕え、江戸時代は米沢藩士となった。江戸中期に上杉鷹山のもとで藩政の改革にあたった莅戸善政（太華）が著名。県内では上越市にある。

◆珍しい名字

◎伊勢亀（いせかめ）

新潟市の名字。源義経の家臣だった伊勢三郎と亀井六郎の子孫という。両家の末裔がのちに一緒になり、「伊勢亀」という名字となったと伝える。

◎桂馬（けいま）

長岡市寺泊にある名字。明治維新後、戸籍に登録する際に、将棋が強かったことから寺の住職に付けてもらったものという。

◎解良（けら）

新潟県独特の名字で、燕市の旧分水町牧ヶ花に旧家の解良家がある。上杉謙信の家臣山岸右衛門に仕えていた解良新八郎は、上杉家の会津移封の

際に帰農して牧ヶ花村を開発、のち庄屋となった。

◎牛腸(ごちょう)

新潟県を代表する珍しい名字の一つ。加茂市や見附市などを中心に分布する。県内にいくつか書き方のある「ごちょう」の名字の中では最も多い。由来についてはいくつか説があるが、信濃善光寺の名家・後庁家に関係があるか。

◎反り目(そりめ)

津南町付近に多い名字。全国的にみても、ひらがなの入る名字は珍しい。なお、「り」はひらがなの「り」を使う家と、カタカナの「リ」を書く家がある。

◎蝶名林(ちょうなばやし)

新潟県を代表する珍しい名字の一つ。蒲原郡蝶名林村(三条市)がルーツで、現在でも三条市に集中している。同市には蝶間林(ちょうまばやし)や仲納林(ちゅうなばやし)もある。

〈難読名字クイズ解答〉
①あぎお／②いかいだ／③いさはい／④おやまつ／⑤きぶし／⑥こうず／⑦ごちょう／⑧ざんま／⑨たなはし／⑩つもと／⑪のぞきど／⑫はしだて／⑬ばんだい／⑭みくに／⑮ゆみなもち

16 富山県

〈難読名字クイズ〉
①四十物／②篇原／③内生蔵／④槻／⑤摺出寺／⑥漁／⑦素麺／⑧旅／⑨燕昇司／⑩筒口／⑪合歓垣／⑫沙魚川／⑬場家／⑭真草嶺／⑮四月朔日

◆地域の特徴

　富山県の最多の名字は西日本一帯に広がる山本。ここから西が西日本型の名字分布となる。2位に林が入るのが富山県の特徴の一つ。林は沖縄以外に広く分布しているが、県単位で2位というのは全国一高く、人口比でも岐阜県に次いで2番目に高い。

　以下、3位吉田、4位中村、5位山田、6位山崎、7位田中、8位中川と続き、一見したところでは近畿地方とあまり変わらない。10位に酒井が入っているが、ベスト10に酒井が入っているのは全国で富山県のみ。

　以下、40位までには独特の名字はないが、16位松井や20位沢田は全国最高順位である。松井は滑川市と上市町に集中しており、とくに滑川市で最多の名字となっている。

　41位以下になると独特の名字も登場する。43位の佐伯は「さえき」で、45位の堀田は「ほりた」と読む。堀田は全国的には「ほった」と読むことが多く、「ほりた」が多いのは富山県ならでは。52位石黒、74位島、80位若

名字ランキング（上位40位）

1	山本	11	高田	21	上田	31	谷口
2	林	12	中田	22	加藤	32	中山
3	吉田	13	前田	23	松本	33	高木
4	中村	14	中島	24	小林	34	森田
5	山田	15	高橋	25	渡辺	35	長谷川
6	山崎	16	松井	26	池田	36	藤田
7	田中	17	山口	27	島田	37	石田
8	中川	18	藤井	28	松田	38	竹内
9	清水	19	森	29	橋本	39	野村
10	酒井	20	沢田	30	山下	40	西田

林なども珍しい名字ではないが、比較的富山県に多い名字である。

101位以下では、金山、金森、土肥、能登、柳瀬、東海が特徴。能登と東海は富山県独特の名字で、東海は氷見市に激しく集中している。土肥は他県では「どひ」が多いが、富山県では96％が「どい」と読む。また、金森と柳瀬は各地に多いが人口比ではいずれも富山県で最多である。

富山県の名字の特徴は隣の石川県の名字とたいへん似ていることである。一番多い名字が山本であるのをはじめ、ベスト10のうち8つが同じ。富山県のベスト10のうち、石川県でベスト10に入っていないのは、8位の清水と10位の酒井のみ。上位40をみても重複しているものが多い。

江戸時代、前田家は加賀・能登・越中の3国を支配し100万石以上を領していた。寛永16（1639）年、加賀藩第2代藩主前田利常は、隠居するにあたって二男利次に10万石を分知して富山藩が成立した。富山藩士のほとんどは加賀藩士から転じたり、分家したりしたもので、基本的に名字は同じであった。また、富山藩成立後も、射水郡・砺波郡・新川郡東部は加賀藩領のままだったことから、現在でも富山県の名字と石川県の名字は非常に似たものとなっている。

●**地域による違い**

富山県は県中央部にある呉羽丘陵を境に、東部の呉東と西部の呉西に分けることができる。

呉東地区では富山市と黒部市では山本が最多だが、他は滑川市が松井、魚津市が関口、立山町が佐伯、上市町が酒井、舟橋村が松田、入善町が上田、朝日町が水島と全くばらばら。

実は富山市も合併前の旧富山市では中村が最多だったほか、黒部市も合併前は旧黒部市が能登、旧宇奈月町が佐々木と最多が違っていた。とくに能登は全県の半数が旧黒部市に集中している。この他、滑川市の石倉、入善町の五十里、朝日町の佐渡、舟橋村の多鍋などが独特。また、黒部市と入善町に集中している松平は「まつだいら」ではなく「まつひら」と読む。

呉西地区も高岡市と砺波市で林、射水市で山崎、氷見市で東海、小矢部市で沼田が最多とかなり違う。さらに、合併以前にあった19市町村の最多は山本が3町村、林、山崎、吉田が2市町村で最多となっている以外はすべて違っており、下村では島倉、利賀村では野原と独特の名字が最多となっていた。

なかでも射水市となった旧新湊市では、最多が釣であるほか、珍しい名字が集中していることで知られる。

● **古代氏族の末裔**

石川県から移り住んだ氏族が多い一方、富山県は古代から有力豪族の栄えた地域でもあった。

古代越中国では、砺波郡には利波臣氏（となみのおみ）が、射水郡には射水臣氏（いみずのおみ）がいた。いずれも孝元天皇の子孫で、麻都臣と波利古臣の兄弟が、それぞれ射水臣氏と利波臣氏になったと伝える。このうち、利波臣氏の末裔は石黒氏となり、富山県を代表する氏族となった。

立山の佐伯氏も古い氏族である。古代豪族の佐伯氏の一族である有若が、飛鳥時代に立山に入り、その子頼若が立山を開山したと伝える。佐伯氏は中央よりも地方に下って栄えた氏族で、富山県は全国でも有数の佐伯の多い県である。また、「佐伯」には「さえき」と「さいき」という2つの読み方があるが、富山県は本来の読み方である「さえき」が圧倒的に多い。

● **名字における東西の境目**

富山県の名字の最大の特徴は日本の名字の東西の境目にある、ということだろう。日本の文化には東西で異なるものが多く、その境界線は、おおむね北陸と東海の真ん中付近を結ぶラインとなっている。

名字の場合、太平洋側ではきっぱりとした境目はなく、三重県の中央部付近で徐々に西日本型から東日本型に変化していくが、日本海側では、富山県と新潟県の県境できっぱりと変化している。

各県の上位の名字をみると、新潟県では佐藤、渡辺、小林、高橋、鈴木が上位を占める典型的な東日本型であるのに対し、富山県のベスト5は山本、林、吉田、中村、山田と完全な西日本型。この間に東西の境目があるのは一目瞭然だ。

名字は人に付属しており、人が動けば名字も動き、人の移動の少ない場所では名字の移動もない。そのため、都市部では名字のバラエティが多く、山間部や半島、島嶼では名字の種類が少なかったり、独特の名字が多かったりすることが多い。そして、人の往来の多い地域同士では同じような名字が多く、反対に行き来の少ない地域同士では共通する名字が少なくなる。

富山県と新潟県の境には、親不知・子不知という難所がある。北アルプスから続く山塊がそのまま日本海に落ち込むところで平地は全くない。今

でこそ、鉄道や道路であっさりと越えることができるが、かつては道もなく、ここを通るのは命がけという難所であった。したがって、人の行き来は少なく、この両側で名字の構成が大きく違っているのだ。

● 新湊の名字

　日本海に面した新湊地区は、かつて新湊市という独立した市だったが、平成の大合併で周辺町村と合併して射水市となった。ここは珍しい名字が多いことで全国的に有名で、テレビなどで取り上げられることも多い。

　新湊は高岡の外港として栄えた港町で、江戸時代から商人の町であった。北前船が寄港するこの地区には、様々な物産を扱う商家が立ち並び、その多くは「〜屋」という屋号を称していた。

　明治になって戸籍に名字を登録する際に、同じように商家の多かった秋田市や大阪府の岸和田市などでは、「屋」を「谷」に変えて名字としたが、新湊では屋号から「屋」をはずしたものを名字とした。その結果、新湊には飴、石灰、糸、壁、米、酢、風呂など、物の名前そのものという名字が続出した。米という名字は他県では「よね」と読むことが多いが、新湊では「こめ」。金という名字もあるが、これも「きん」や「こん」ではなく、「かね」と読む。

　また、漁業関係の名字も多い。旧新湊市で一番多かった名字が釣だったのをはじめ、網、魚、海老、水門、灘、波といった名字がある。

　さらに、鵜、牛、菊、草、鹿といった動植物名や、裏、大工、能、機、分家、横丁といった、職業や場所を示す言葉もそのまま名字となった。

◆ 富山県ならではの名字

◎四十物（あいもの）

　富山県を中心として、日本海側には四十物という名字が点在している。これで「あいもの」と読むかなりの難読名字。「あいもの」とは、乾物となま物の中間のものを指すが、なぜ「四十物」という漢字をあてるかにはいくつか説があり、「あいもの」には40種類あったという説が有力。江戸時代、こうした「あいもの」を扱った商人が四十物屋と名乗り、のちに名字となった。また、ここから「四十」の部分だけを「あい」と読ませるようになり、四十川、四十住、四十田、四十谷といった名字も生まれている。

◎赤祖父（あかそふ）

　新川郡に旧家赤祖父家がある。平安時代の官人赤染時用の子孫と伝え、

のち赤祖父と改称して越後に移ったという。戦国時代に越中に移り、奥田荘（富山市）に住んだ。江戸時代は加賀藩の十村役となり、のち富山藩十村役に転じた。富山市米田の赤祖父家は分家で、明治初年に富山藩が千歳御殿の門を売却した際に4代目の牛之助が購入して同家の門とし、現在では現存する唯一の富山城の遺構である。現在も富山市に多い。

◎角川(かどかわ)

富山県独特の名字で、魚津市を流れる角川に由来する。現在も富山市から魚津市にかけて分布する。中新川郡水橋町（富山市）で米穀問屋を営んだ角川家は清和源氏新田氏の末裔と伝え、角川書店創業者の角山源義は同家の生まれである。なお、全国的には「つのかわ」と読むことが一番多い。

◎轡田(くつわだ)

婦負郡鵜坂村轡田（富山市婦中町）がルーツで清和源氏という。大村城（富山市）に拠り、東岩瀬・水橋付近に力を持っていたが、天文年間に神保氏の被官になったとみられる。富山市・魚津市・上市町に集中している。

◎巣張(すばり)

新川郡柿沢村（上市町）の本陣に巣張家がある。高倉天皇に仕えた野崎政家の子孫で、戦国時代は平榎城（富山市）に拠っていたという。上杉謙信に敗れて落城し、江戸時代には代々理右衛門を名乗って柿沢村で本陣を務めた。

◎中陳(なかじん)

中陳という名字は誤植と思われやすい。「陳」の読み方は「ちん」である。本来、「じん」という漢字は「陣」と書くのだが、実は戸籍にはこうした書き誤りも多い。明治初期に作成された戸籍の原本は毛筆での手書きなので、似た漢字の間違いや、点の数や場所が違う不思議な漢字も意外と多い。

◎本江(ほんごう)

富山県から石川県にかけての名字で、とくに高岡市と射水市に多い。約9割が「ほんごう」と読み、1割ほどが「もとえ」である。射水市本江など、県内にはいくつかの「本江」地名があるが、「本郷」から変化したものともいわれる。

◆富山県にルーツのある名字

◎蜷川(にながわ)

富山市から滑川市にかけての名字で、新川郡太田荘蜷川村（富山市蜷川）

がルーツ。古代豪族物部氏の末裔で、親直は源頼朝に従って越中国で礪波・新川の2郡を領したという。親朝の時足利尊氏に仕え、代々政所執事を歴任した。なかでも親元は八代将軍義政に仕え、その日記「蜷川親元日記」は応仁の乱前後の貴重な史料である。親長は幕府の衰亡のため長宗我部氏を頼って土佐に下向。関ヶ原合戦後、西軍に属した長宗我部氏は改易となり、居城浦戸城の接収に功を挙げて江戸時代は旗本となった。

◆珍しい名字
◎十二町(じゅうにちょう)

　富山県独特の名字。富山市から氷見市にかけて分布する。氷見市の地名がルーツ。この付近には十二という名字も多い。

◎摺出寺(すてでじ)

　富山県独特の名字で、射水市に集中している。同市内の旧下村に地名があるが、名字は旧新湊市に多い。また、地名は「すりでじ」だが、名字には「すりでじ」と「すでじ」の2種類があり、「すでじ」の方が多いか。

◎笂島(そうけじま)

　富山市の旧八尾町にある難読名字。「そうけ」とはこの地方で盛んだった養蚕用に使う竹で編んだ笊(ざる)のことで、明治初期に戸籍に登録する際に「笂」という漢字をつくって登録したという。

◎新タ(にった)

　「タ」は漢字の「夕」ではなく、カタカナの「タ」で、これで「にった」と読む。カタカナを使った名字は少なく、その多くは「池ヶ谷」「浮ヶ谷」など「ヶ」「ケ」を使う。「ヶ」「ケ」以外のカタカナを使ったものはかなり珍しい。

◎本庶(ほんじょ)

　富山市にある名字。越中国婦負郡本庄村（富山市）は本所村とも書かれており、読み方は「ほんじょ」であったと考えられる。これをルーツとする「本所」から漢字が変化したものか。

〈難読名字クイズ解答〉
①あいもの／②あみはら／③うちうぞう／④けやき／⑤すでじ／⑥すなどり／⑦そうめん／⑧たや／⑨つばくろしょうじ／⑩どぐち／⑪ねむがき／⑫はせがわ／⑬ばっけ／⑭まそれ／⑮わたぬき

17 石川県

〈難読名字クイズ〉
①按察／②王生／③瓱／④蚊爪／⑤水鶏口／⑥四十万谷／⑦門廻／⑧直下／⑨土定／⑩下山／⑪働／⑫鴻／⑬面／⑭和布浦／⑮甥杉

◆地域の特徴

　石川県では、最多の山本と2位の中村が飛び抜けて多く、ともに能登半島の先端の珠洲市にやや少ないだけで全県にまんべんなく広がっている。

　この2つに続いては3位田中、4位吉田、5位山田と続いており、典型的な西日本型の名字構成である。

　石川県のランキングの特徴は方位由来の名字が多いことである。40位までをみても、7位中川、14位中田、15位南、18位北村、21位西田、23位東（ひがし）、24位前田、26位北川、31位西村、32位中野、40位中山と11個も入っている。さらに中村や中島のように、地名由来とも方位由来ともとれる名字もあり、メジャーな名字のうちの実に3割が方位方角に関係する名字である。

　方位由来の名字は全国に広く分布しているため、石川県のランキング上位には独特の名字はみあたらない。しいてあげれば36位の山岸だろう。県単位で36位というのは全国一高い順位だが、山岸は北陸信越地区一帯に広

名字ランキング（上位40位）

1	山本	11	橋本	21	西田	31	西村
2	中村	12	山口	22	松田	32	中野
3	田中	13	清水	23	東（ひがし）	33	高田
4	吉田	14	中田	24	前田	34	中島
5	山田	15	南	25	小林	35	上田
6	林	16	池田	26	北川	36	山岸
7	中川	17	森	27	高橋	37	村田
8	松本	18	北村	28	加藤	38	木村
9	山下	19	宮本	29	坂本	39	藤田
10	山崎	20	谷口	30	岡田	40	中山

がっているほか、人口比でも実数でも長野県のほうが上で、石川県独特とはいいがたい。県内では能登半島に多い。

41位以下になると、少しずつ独特の名字も登場する。その代表は57位の谷内(やち)で、他にも80位坂下、91位喜多、93位表などが独特。

表という名字の全国順位は2,000位に近く、全国の表さんの3割弱が石川県に在住している。方位由来の名字の一種で、奥に対する場所を指すと考えられる。他県では前を使うことが多いが、旧七塚町付近では表という言葉を使用した。県内ではとくに加賀地方北部に多く、旧七塚町(かほく市)では町内の最多となっていた。

101位以下では、西出、干場、中出、新保、高(たか)、出村、寺西、越田、越野、道下、上出(かみで)が特徴。

高は、『仮名手本忠臣蔵』にも登場する高師直で有名なように、石川県以外では圧倒的に「こう」と読むが、石川県では99%が「たか」である。

● **地域による違い**

金沢市を中心とする加賀北部では中村が圧倒的に多く、次いで山本が多い。その他では、田中、吉田、中川、林が多く、県全体のランキングに近い。独特の名字としては、旧七塚町で表が最多だったほか、旧宇ノ気町の小池田、旧七塚町の油野、内潟、旧高松町の架谷などがある。

小松市を中心とする加賀南部では、小松市で山本、加賀市で田中が最多。この他、吉田、中村、中田が多いなど、方位由来の名字がきわめて多いのが特徴である。

旧鳥越村(白山市)で東藤が最多となっていたほか、特徴的な名字には山中町の上出、下出などがある。

口能登地区では七尾市、羽咋市ともに山本が最多となっているなど、山本が全的に広がっている。松本や中村、松田も多いほか、旧富来町や旧能登島町では坂本が最多だった。独特の名字としては、旧押水町の定免、赤池、旧富来町の干場、旧鹿西町の丹後、旧鳥屋町の出雲などがある。

奥能登地区でも山本は多いが、輪島市では谷内、珠洲市では田中が最多。輪島市の坂下、珠洲市の新出などが独特。

● **能美市下開発地区と東西南北**

能美市の下開発地区は、東西南北の名字が今でもみごとに揃っていることで全国的に有名で、テレビなどで取り上げられることも多い。

ここでは、集落の中央にある庄屋の杉本家を中心に、東側の家は「東」、西側の家は「西」、南側の家は「南」、北側の家は「北」を名字としており、杉本家の近くには「中」という名字もある。杉本家と周辺の家の間にはとくに本家分家関係はないといい、集落の中央である杉本家からみた方角がそのまま名字となっている。

　ここ以外にも、三重県御浜町など、集落単位で方位由来の名字を採用した地区はいくつか知られており、こうした場所は全国各地にあったはずだが、他所への流出や、あるいは宅地開発による流入のため、これほどはっきりした痕跡を探すのは難しい。

● **新田に因む名字**

　石川県南部の名字の特徴になっているのが、下に「出」の付く名字である。江戸時代、日本の経済は米を中心として回っていた。米の増産はそのまま藩の経済力に結びつくため、各地で新田開発が次々と行われた。江戸時代中期以降は、農機具の発展に加えて、組織的な開墾が奨励されたことから、各地で飛躍的に水田化が進んでいる。

　こうして新たに開発された水田は「○○新田」と呼ばれ、元からあった集落から分村して新しい村が生まれた。こうしてできた集落には、地域によっては独特の呼び方をするところも多い。

　県内では、加賀南部の加賀市や小松市に「○出」という名字が集中している。「出」とは、元からあった集落から分村して出ていった、という意味である。新たに開墾した土地は、本来の土地の周辺部にある。したがって、元からの集落から見た方角を付けた、東出・西出・北出・南出が多く、中出は少ない。

◆ **石川県ならではの名字**

◎鰄目(えのめ)

　能登国鹿島郡鰄目村（能登島町）がルーツで、室町時代に鰄目氏がいたことが知られる。現在では「よのめ」とも読む。

◎香林坊(こうりんぼう)

　金沢城下（金沢市）の町年寄家。祖向田兵衛は越前朝倉家に仕えていたが、その没落後加賀国石川郡倉谷村に移り、さらに天正8（1580）年に金沢に出て薬種商となった。ここに、比叡山の役僧であった香林坊が還俗して入婿となり、以後香林坊を称した。目薬をもって前田家に出入りし、2代

目喜兵衛の時に町年寄となる。なお、家業は目薬から金物商、質屋などと転々とした。

◎舞田（まいた）

　江戸時代、家来は主君と同じ名字は名乗らない、という暗黙のルールがあった。そのため、自分と同じ名字の殿様があとからやって来ると、家来の側で遠慮して名字を変更した。加賀では前田家が加賀藩の藩主となったことから、元からいた前田家では名字を似た読み方の舞田などに変更したとされる。

◎谷内（やち）

　能登半島に多い名字。谷内という名字は全国にあるが、他県では「たにうち」と読むのが主流である（山梨県の一部では「やない」）のに対し、能登半島を中心に石川県と富山県の西部では「やち」の方が多い。古来、大和言葉では湿地帯のことを「やち」「やつ」などといった。こうした場所は稲作に適していたことから、各地に地名となって残っている。そして、この「やち」にあとから漢字をあてた際に、地方によっていろいろな漢字をあてたが、能登半島では「谷内」をあてたことに由来する。谷内上、谷内口、谷内坂、谷内田、谷内山、あるいは上谷内、下谷内、西谷内など、「やち」系ともいうべき名字群が生まれている。

◆石川県にルーツのある名字

◎大桑（おおくわ）

　加賀国石川郡大桑荘（金沢市）がルーツで藤原北家の加賀斎藤氏の一族。大桑荘の開発領主で、林光家の子の利光が大桑三郎を称したのが祖。南北朝時代には上林郷（野々市市）の地頭となっている。現在でも金沢市周辺に多い。

◎長（ちょう）

　能登の豪族に長氏があった。清和源氏で大和国の長谷部氏の末裔。長谷部信連は、以仁王の挙兵の際に王を園城寺に逃したことで平家に捕らえられ鳥取県日野町に流された。平家滅亡後、源頼朝から能登国珠洲郡大屋荘（すず）の地頭に補されて移り住み、子孫が長谷部を短くして、「長」と名乗ったものである。室町時代に能登畠山氏の守護代として穴水城で能登の実権を握り、戦国時代まで能登を代表する武家だったが、上杉謙信に敗れて落城した。その後は織田信長に従い、江戸時代は加賀藩家老として3万3000石を

知行した。維新後は男爵となっている。
◎富樫(とがし)
　加賀国石川郡富樫郷（金沢市）がルーツで、藤原北家利仁流林氏の庶流。富樫郷の開発領主の末裔である。承久の乱以降勢力を伸ばし、南北朝時代は北朝に属して加賀守護となった。歌舞伎『勧進帳』に登場する富樫左衛門が有名。

◆珍しい名字
◎阿字地(あじち)
　加賀市・小松市付近にある名字。この地の方言で、本家から分かれた家を「あじち」ということに由来する。漢字は宛字で、「阿慈地」「阿慈知」「按察」などがある。
◎王生(いくるみ)
　石川県を代表する難読名字の一つ。加賀国丸山村（小松市）に王生家があった。草壁皇子の子孫と伝え、代々庄右衛門を称して庄屋を務めた。
◎一筆(いっぴつ)
　小松市にある名字。代々加賀国能美郡打木村（小松市）に住み、先祖が近江国に米つきの出稼ぎに行って、主人から貰ったものと伝える。
◎大喜(おおき)
　小松市に北前船主をつとめた大喜(おおき)家がある。毎日、沖を睨んでいたことから「沖屋」を屋号とし、のちに「大喜」を名字にしたという。
◎買手(かいて)
　白山市の旧美川町に多い。県外では北海道函館と大阪に集中しており、北前船に関連する名字と考えられる。買手屋もあり、旧松任市に代々続く呉服商の出という。
◎夏至(げし)
　白山の麓にある名字。江戸から同地に移ってきた先祖が、夏を待ち望んで夏至を名字にしたという。
◎獅子吼(ししく)
　小松市にある名字。獅子吼とは仏の説法する声のことで僧侶の名字である。なお、金沢市には獅子吼高原という地名もあり、これに由来するか。
◎鷹合(たかごう)
　七尾市の名字。古代、先祖が仁徳天皇に鷹を献上したことで賜ったとい

う古い由来を持つ。戦国時代は七尾城主の畠山氏に従っており、同氏から与えられた「糸巻に渡辺星」という珍しい家紋を使用している。

◎鶴亀（つるかめ）

小松市にある名字。水の流れを意味する「水流」に「鶴」を、神に備える酒の「瓶」に「亀」をあてたものという。

◎閖（どんど）

小松市や白峰村にある名字。水門の番人が、田に引く水の音を名字にしたものという。

◎東四柳（ひがしよつやなぎ）

羽咋郡四柳（羽咋市四柳町）をルーツとする名字。ヘボン式のローマ字で書くと Higashiyotsuyanagi と18文字にもなり、現存する名字の中では最も長い。

◎髭右近（ひげうこん）

志賀町矢駄の名字で、現在も志賀町と北海道当別町に集中している。矢駄が京都の上賀茂神社の社領となった際に、京から「髭右近」と呼ばれる人物が来たことに由来するといわれる。

◎法師（ほうし）

小松市の粟津温泉で旅館を営む旧家で、日本最古の旅館といわれる。粟津温泉の発見者である泰澄大師が弟子の雅亮を還俗させて番人にしたのが祖という。

◎湯出（ゆので）

片山津温泉にある名字。もとは森という名字の井戸掘り業者だったが、片山津温泉に招かれて温泉を掘り出し、湯出に改名したという。

◎瑓（れん）

加賀市の山代温泉にある名字。代々菓子屋を営む。煉羊羹を製造販売していたが、明治になって「煉」の火偏を王偏に変えて届け出たものという。

〈難読名字クイズ解答〉
①あじち／②いくるみ／③いとう／④かがつめ／⑤くいなぐち／⑥しじまや／⑦せど／⑧そそり／⑨どんじょう／⑩にぎやま／⑪はたらき／⑫びしゃご／⑬ほほつき／⑭めうら／⑮めおとすぎ

18 福井県

〈難読名字クイズ〉
①吾田／②明父／③恐神／④司辻／⑤無門／⑥来住南／⑦小道世／⑧近者／⑨属増／⑩総三／⑪挺屋／⑫爬揚／⑬二三四／⑭鑑継／⑮霊河

◆地域の特徴

福井県の名字は田中と山本の2つが多く、典型的な西日本型の名字。この下に少し差があって、吉田、山田、小林といった関西に多い名字が並んでいる。

福井県の特徴の一つが、8位に入る斎藤である。現在、長野・新潟両県以西では斉藤、それ以東では斎藤の方が多数を占めることが多いなど、東西で書き方の分かれている名字となっているが、西日本の「斉藤」側に属しているはずの福井県では「さいとう」の84％が斎藤と圧倒的に多い。これは、斎藤一族の祖である藤原利仁が福井県を本拠としていたため、本来の書き方を伝える家が多いのだろう。

16位には竹内が入る。とくに珍しい名字ではないが、16位という順位は全国で最も高い。文字通り竹の生えている中に家があったことに由来するものだが、竹は自然に生えているだけではなく、竹垣として家の周りに巡らした。そして、中世の武士の屋敷ではこうした竹垣を巡らせることが多

名字ランキング（上位40位）

1	田中	11	清水	21	谷口	31	井上
2	山本	12	山口	22	藤田	32	藤井
3	吉田	13	林	23	山崎	33	山内
4	山田	14	伊藤	24	鈴木	34	牧野
5	小林	15	渡辺	25	木村	35	上田
6	中村	16	竹内	26	松田	36	野村
7	加藤	17	橋本	27	山下	37	吉村
8	斎藤	18	高橋	28	中川	38	辻
9	佐々木	19	酒井	29	木下	39	田辺
10	前田	20	長谷川	30	佐藤	40	宮本

く、「竹内」というだけで武士の館を指すこともあったという。

29位の木下は東北と沖縄以外に広く分布する名字で、関東・関西・長野・福岡などに多い。しかし、人口比でみると福井県は全国一木下さん率が高い県である。

58位の白崎、66位の高島、67位宇野、90位玉村、91位三田村などは珍しい名字ではないが、他県ではそれほど多くはない。このうち白崎と玉村は、全国の3割以上が福井県在住。高島と宇野はともに人口比では日本一で、高島は福井県と富山県、宇野は福井県と滋賀県に多い名字である。

101位以下では、坪川、竹沢、上坂(うえさか)、野路、天谷、笠島、沢崎、松宮などが特徴。とくに野路は全国の半数、坪川は全国の4割が福井県在住である。

● 地域による違い

福井県は、かつて越前国と若狭国の2国があった。

越前国はさらに福井市を中心とした嶺北地区と、大野市を中心とする奥越地区、敦賀市を中心とする嶺南地区に分けられる。

嶺北地区では吉田、山本、田中、佐藤、伊藤などが多いが、福井市の名字の上位2つは吉田と小林である。県庁所在地で、かつ一番人口の多い都市の上位2つと県の上位2つが全く違うのも珍しい。

全般的には特徴に乏しく、独特の名字としては、永平寺町の反保、越前町の伊部・小辻・別司・向当などがある。

奥越地区では合併前は大野市が松田、勝山市が中村、美山町(福井市)が清水、和泉村(大野市)が谷口と、4市町村の最多がすべて違っており、上位3名字もほぼ違っていた。

嶺南地区では田中と山本が多く、南越前町の旧南条町で沢崎と笛吹、旧河野村で浜野が独特。

一方、若狭国では、田中が共通して多いほかは地域によってかなり違い、旧大飯町では時岡、旧高浜町では一瀬が最多だった。その他の独特の名字としては、美浜町の浅妻、三方町の青池、上中町の松宮、大飯町の浦松、猿橋などがある。

● 名家・朝倉氏

福井最大の名家は、越前守護を務めた朝倉氏である。朝倉氏は第12代景行天皇の子孫とされているが、これは定かではない。直接の先祖は但馬国の古代豪族日下部氏である。

朝倉氏のルーツは但馬国養父郡朝倉（現在の兵庫県養父市）で、広景の時、足利尊氏の挙兵に従い、建武新政下で守護の斯波氏に従って越前に移った。室町時代には斯波氏に代わって越前守護となり、以後織田信長に敗れるまで一乗谷城に拠って越前を支配した。

　信長に敗れて朝倉一族は完全に滅亡したと思っている人も多いが、一族の朝倉宣正は江戸時代初期に短い間、遠江掛川藩の藩主を務めていたことがあるなど、江戸時代にも上級武家として存続していた。

● 織田一族のルーツ

　織田信長の出た織田家のルーツは福井県にある。家伝では源平の合戦の際、壇ノ浦で自害した平資盛の子親真が祖であるという。親真はのちに越前町織田にある劔神社の神官となって織田氏を称したのが祖とされ、『寛政重修諸家譜』などでもこうした系図が収録されている。しかし、実際は忌部氏の一族ではないかというのが有力。ただし、親真は実在の人物で平成23年にはその墓が福井県越前町で発見されている。

　織田氏はのちに同地の守護である斯波氏に仕えた。そして、斯波氏が尾張守護も兼任すると、守護代に抜擢されて尾張に赴任した。尾張では嫡流の岩倉織田家と、庶流の清洲織田家に分裂して、それぞれ尾張国を半国ずつ支配した。清洲織田家には同族の家老が3家あり、そのうちの一人織田信秀が信長の父にあたる。

　なお、信長が本能寺で自害した時、長男信忠も二条城で明智光秀方に囲まれて自害。孫の秀信は前田玄以によって助けられて滅亡を逃れたものの、関ヶ原合戦で西軍に属したために嫡流は滅亡した。しかし、信長の二男信雄の子孫や、信長の弟で茶人としても有名だった有楽斎の子孫は江戸時代も大名として続いている。

◆ 福井県ならではの名字

◎ 天谷(あまや)

　福井市付近に多い名字。越前国丹生郡天谷村(あまだん)（丹生郡越前町）がルーツか。東京や北海道にも多く、天谷の過半数が「あまや」と読む。なお、北関東では「あまがい」「あまがや」と読むほか、西日本では「あまたに」とも読む。

◎ 一瀬(いちせ)

　全国的には「いちのせ」と読むことが多いが、福井県ではほぼ「いちせ」

である。若狭地区に集中しており、高浜町では最多の名字となっている。この一瀬氏は信濃滋野氏の庶流で、戦国時代の若狭青城主に一瀬氏があった。

◆福井県にルーツのある名字
◎瓜生(うりゅう)

越前国今立郡瓜生(越前市瓜生町)をルーツとする名字で、嵯峨源氏の一族。南北朝時代瓜生保は杣山城に拠って南朝に属した。戦国時代は朝倉氏の家臣に瓜生氏がみえる。加賀藩士の瓜生家は、一時朝倉氏に仕えていた萩原彦兵衛の子の彦兵衛が、前田氏の命で名字を瓜生に改めたものである。

◎滝波(たきなみ)

福井市に集中している名字。福井県北部には滝波川があり、流域には、越前国丹生郡滝波村(福井市)、大野郡滝波村(勝山市滝波)の地名があり、それらがルーツ。江戸時代は加賀藩士にも滝波家があった。

◎反保(たんぼ)

関西から北陸にかけてと北海道に多い名字。とくに福井県永平寺町の旧上志比村地区に集中している。福井市にも多い。越前国坂井郡反保村(坂井市)がルーツ。

◆珍しい名字
◎文殊四郎(もんじゅしろう)

福井県を代表する珍しい名字。「文殊」が名字で「四郎」が名前なのではなく、文殊四郎全部で1つの名字である。現在は福井市のほか、鯖江市、勝山市などにもある。また、杉左近という名字もフルネームのようにみえるが、やはり1つの名字で大飯町や高浜町にある。

◎大正寺谷(だいしょうじたに)

坂井市にある名字。読み方は「だいしょうじたに」と8文字にもなり、7文字の文殊四郎よりも多い。現存する名字の中では8文字が最長といわれており、大正寺谷も最長名字の一つ。

〈難読名字クイズ解答〉
①あずた／②あぢち／③おそがみ／④かさつじ／⑤かどなし／⑥きすな／⑦ことせ／⑧こんじゃ／⑨さかんぞう／⑩そうざ／⑪つちや／⑫はやがり／⑬ふみし／⑭みつぎ／⑮よしかわ

19 山梨県

〈難読名字クイズ〉
①源生／②国母／③権守／④貴家／⑤粟冠／⑥曽雌／⑦反田／⑧鷹左右／⑨天川／⑩樋泉／⑪名執／⑫入戸野／⑬初鹿野／⑭宝方／⑮輻形

◆地域の特徴

　山梨県で最も多い名字は渡辺である。渡辺は全国第5位、全国20都道県でベスト10に入っており、沖縄以外の46都道府県で70位以内という全国に広がっている名字だが、最多となっているのは山梨県のみ。とくに富士吉田市付近には非常に多く、この地域ではハンコも「渡辺」ではなく下の名前を使う人も多いという。2位には全県に分布する小林が入り、この2つが圧倒的に多い。

　かなり離れて第3位が望月。ルーツは長野県で、室町時代頃甲斐に移り急速に広がった。静岡県との県境にある早川町では町民の4割以上が望月である。4位の清水は北杜市や南アルプス市を中心に分布しており、人口比では山梨県が日本一高い県でもある。

　山梨県の特徴は、首都圏にありながら独特の名字が多いことだろう。5位の深沢は、県単位で100位以内に入っているのは山梨県以外では静岡県のみ。この他にも、古屋、雨宮、志村、保坂、中込、小俣といった、他県

名字ランキング（上位40位）

1	渡辺	11	雨宮	21	保坂	31	中沢
2	小林	12	中村	22	坂本	32	石原
3	望月	13	長田	23	井上	33	加藤
4	清水	14	山本	24	天野	34	村松
5	深沢	15	志村	25	斎藤	35	小池
6	佐藤	16	秋山	26	中込	36	石川
7	古屋	17	小沢	27	遠藤	37	山田
8	佐野	18	伊藤	28	広瀬	38	依田
9	鈴木	19	内藤	29	宮下	39	山口
10	田中	20	堀内	30	小俣	40	小野

ではそれほど多くない名字が30位以内に並んでいる。なかでも中込は全国の5割、雨宮は4割、小俣は3割が山梨県に集中しており、山梨県独特の名字といえる。

41位以下にも独特の名字は多い。42位浅川、44位名取、52位芦沢、53位河西(かさい)、83位三枝、90位赤池、92位一瀬、93位有泉などは山梨県独特の名字。河西は地域によって読み方の分かれる名字で、とくに河西の多い山梨県と長野県では「かさい」が9割前後を占めている。一方、西日本では「かわにし」が多く、西日本一河西の多い香川県ではほぼ「かわにし」である。一瀬も読み方が分かれるが、県内ではほぼ「いちのせ」と読む。

101位以下になると、藤巻、丹沢、向山(むこうやま)、岩間、輿石(こしいし)、小尾(おび)、横森、小佐野、外川(とがわ)、加賀美、樋川、奥脇、萱沼、加々美、切刀、幡野、輿水、白須と山梨独自の名字が目白押し。

向山も山梨県と長野県に多い名字だが、長野県ではほぼ「むかいやま」なのに対して、山梨県では99%が「むこうやま」である。

● **地域による違い**

甲府市付近では小林、渡辺、長田が多く、甲府市と甲斐市では小林が最多。甲府市では山本、内藤、保坂も目立つ。これより長野県側では清水、深沢、秋山が増えてくる。南アルプス市と韮崎市、北杜市はいずれも清水が最多で、南アルプス市では中込・名取、韮崎市では横森・平賀、北杜市では浅川・小沢・坂本が特徴である。

甲府市の東側では古屋、雨宮、中村、広瀬が多く、笛吹市と甲州市では雨宮、山梨市では古屋が最多である。この他、山梨市では武井や鶴田、笛吹市では岩間や橘田、甲州市では田辺や内田が目立つ。

富士川流域の県南部では望月と佐野が集中しており、身延町、市川三郷町、早川町ではいずれも望月が最多となっている。なかでも早川町では望月が人口の4割以上を占めている。この他では市川三郷町の一瀬・村松、身延町の遠藤・赤池、南部町の若林などが特徴。

富士五湖地区ではとにかく渡辺が多い。旧字体や異体字を使う家も多く、旧字体の渡邊は「ハホウ(ハ+方)」、異体字の渡邉は「ハクチ(ハ+口)」と呼んで区別するという。人口の少ない鳴沢村では村民の3割が渡辺である。渡辺以外では宮下や堀内、羽田(はだ)も多い。この他、富士吉田市の勝俣・桑原、富士河口湖町の三浦・外川(とがわ)・小佐野、忍野村の天野・大森、山中湖村の高

村などが独特である。

　県東部では名字の傾向が大きく変わり、小林、佐藤、天野が多い。大月市、都留市ともに小林が最多で、大月市では天野や藤本が多く、都留市では佐藤や小俣が多い。上野原市はJR中央線で東京に近いことから一部ベッドタウン化しており、最多が佐藤で、県ベスト3の渡辺・小林・望月がいずれも多くないという独特の分布となっている。道志村では最多の佐藤が人口の3割を占めている。

● 「～原」の読み方

　60位に入る藤原の読み方は「ふじわら」ではなく「ふじはら」である。「藤原」は、全国的には「ふじわら」とふりがなを振るのが普通だが、山梨県では86％が「ふじはら」と読む。

　しかも、こうした現象は藤原だけではなく、ほとんどの「～原」さんに当てはまる。山梨県には梶原や萩原も多いが、梶原の71％、萩原の79％は、それぞれ「かじはら」「はぎはら」である。

● **読み方が分かれる名字**

　読み方が分かれる名字も多い。

　山梨県を代表する名字の一つである三枝は、甲斐国の古代豪族三枝氏の末裔で、本来は「さいぐさ」と読んだ。現在でも山梨県を中心に関東南部や東海、関西に多い。三枝守国が甲斐国山梨郡東能呂（山梨県笛吹市宮町・甲州市勝沼町）に流され、その子孫が在庁官人（地方官僚）となったのが祖という。一族は東山梨郡、東八代郡に広がり、のち武田氏に従った。

　全国を平均すると6割強が「さえぐさ」だが、現在でも山梨県では6割が「さいぐさ」で、「さえぐさ」は4割弱ほど。ただし、兵庫県や栃木県では「みえだ」、鹿児島県では「みつえだ」が最多であるほか、その他の県では「さえぐさ」が多い。

　同じく山梨県を代表する名字の一つである金丸も「かねまる」が8割弱で「かなまる」が2割強。金丸が集中している南アルプス市では圧倒的に「かねまる」だが、その他の地域では両方が混在している。

　河西の場合は全県的には「かさい」が多く89％を占めているが、市川三郷付近では「かわにし」の方が主流。土橋も「どばし」が89％で、「つちはし」が11％。こちらは地域的な偏りはなく、全県的に「どばし」が多い。

　山梨県に多い反田も、県内で「そりた」が5割強で、「そった」が4割。さ

らに「たんだ」もあり、読みが分かれている。ちなみに、山梨県と並んで反田の多い広島県では、「そりた」と「たんだ」に分かれている。

この他、全国的には「たにうち」と「やち」に読み方が分かれる谷内は、山梨県では「やない」が主流である。

● 道志村の佐藤さん

佐藤の県全体の順位は6位で、人口に占める割合は1.2％ほどと、5％を超すことも多い東北などに比べるとそれほど多いわけではない。しかし、道志村では人口の3割が佐藤さんで、これは現在存在する自治体としては日本一多い。

実はかつて秋田県鳥海町では佐藤さん率が人口の3割を超していたのだが、平成の大合併で周辺の自治体と合併して由利本荘市となり消滅したことから、合併しなかった道志村が全国一に浮上した。さらに、秋田県の矢島町と皆瀬村、大分県の前津江村など、2割を超していた町村も軒並み消滅、今では道志村の佐藤さん率だけが飛び抜けた値として目立っている。

● 甲斐源氏の名字

山梨県は甲斐源氏の本拠地で、信玄の出た武田氏がその宗家であった。源頼義の三男義光の子清光が常陸武田に住んで武田氏を称し、のちに甲斐国に流されて土着したのが祖だという。以来戦国時代まで名家として続き、一族は板垣、秋山、甘利、穴山、布施、倉科など、周辺の地名を名字として分家した。

武田家滅亡後、精鋭として知られた武田軍団の武将たちは、各大名が争って召し抱えたため、甲斐源氏の名字は全国に広がった。なかでも、いちはやく家臣団を吸収した徳川家の家臣となったものが多く、江戸時代の旗本には、戦国時代には武田に仕えていたという家が多数みられる。五代将軍徳川綱吉の側用人として活躍した柳沢吉保も武田家の分家の子孫であるほか、明治時代に自由民権運動を起こした旧土佐藩士板垣退助もこの末裔と伝えている。

◆ 山梨県ならではの名字

◎ 赤池
あかいけ

富士山の山麓に集中している名字で、とくに山梨県西八代郡の旧下部町（南巨摩郡身延町）に集中しているほか、隣の静岡県富士宮市にも多く、旧家の赤池家もある。富士五湖地方には水位が上昇したときだけに出現する

幻の湖「赤池」がある。おそらくこれに由来する名字であろう。
◎有泉（ありいずみ）

山梨県から関東南部にかけての名字で、全国の半数以上が山梨県にある。ルーツは甲斐国巨摩郡有泉で、戦国時代は武田氏重臣の穴山氏に仕えた。現在では甲府市から西八代郡にかけて集中している。
◎功刀と切刀（くぬぎ）

山梨県を代表する名字の一つでもある「くぬぎ」という名字は、漢字では「功刀」と「切刀」が多い。よく似ているため、一見しただけでは気がつかないことが多い。しかも「㓰」はJISの第2水準では表示できないため、日常生活では「功刀」で代用している人もいる。電話帳でみると「功刀」と「切刀」はほぼ半数ずつで、「切刀」の方がやや多い。

◆山梨県にルーツのある名字
◎穴山（あなやま）

甲斐国巨摩郡穴山（韮崎市穴山町）がルーツで、清和源氏武田氏の一族。武田信玄の女婿で重臣だった信君（梅雪）が著名。現在は発祥地の山梨県のほか、秋田県、栃木県などにも多い。
◎小笠原（おがさわら）

全国に広がっている小笠原という名字は、山梨県南アルプス市の地名をルーツとするもので甲斐源氏の一族。中世各地に一族が広がったが、現在の名字の分布と、歴史的な広がりがほぼ一致しており、氏族の繁栄と現在の分布に相関関係があることを示すのにわかりやすい。
◎加賀美（かがみ）

山梨県を中心に広がる「かがみ」と読む名字のもとになったもの。ルーツは甲斐国巨摩郡加賀美（南アルプス市加賀美）。清和源氏で、源清光の三男遠光が加賀美氏を称したのが祖。源平合戦では源氏方に属している。遠光の長男は秋山氏、二男は小笠原氏、三男は南部氏、五男は於曽氏の祖となり、加賀美氏は四男の光経が継いだ。この子孫と思われる家が武田氏の家臣にあった。武田氏滅亡後、正光の時徳川家康に仕え、江戸時代は旗本となった。現在ではいろいろな書き方に分かれているが、加賀美が最も多い。
◎数野（かずの）

山梨県から関東西部にかけての名字で、全国の半数以上が山梨県に集中している。とくに甲府市に多く、甲斐国葛野郷（大月市）がルーツ。戦国

時代の武田氏の家臣にも数野氏があった。

◎末木(すえき)

甲府市と甲斐市の旧敷島町に集中している名字で、甲斐国八代郡末木村（笛吹市一宮町）がルーツ。戦国時代は甲斐国八田村（笛吹市）の商人に末木氏があった。宇都宮氏一族の八田氏の出で、家重が武田氏に仕えて末木を与えられ、末木氏を称したという。武田氏滅亡後は徳川家康に従った。

◎武川(むかわ)

甲斐国巨摩郡武川（北杜市武川町）がルーツで、清和源氏武田氏の庶流。現在は笛吹市に多い。なお、関東地方の武川は「たけかわ」と読む。

◆珍しい名字

◎牛奥(うしおく)

甲斐国山梨郡牛奥（甲州市）がルーツで清和源氏武田氏の庶流といい、代々武田氏に仕えた。一族はのち旗本となっている。現在も甲府市周辺に多い。

◎曽雌(そし)

甲斐国都留郡曽雌村（都留市）がルーツで、清和源氏義光流。代々武田氏に従い、江戸時代は旗本となる。現在も山梨県と関東地方に多い。

◎薬袋(みない)

甲府市付近に集中する名字で、県内に限れば"稀少"というには多い。名字の由来についてはいろいろな説がある。最も有名なのが、武田信玄の落とした薬袋だという説。拾った農民が届けたところ、信玄から「中をみたか」と聞かれた。農民が「みない」と答えると、信玄から薬袋で「みない」という名字を賜ったというもの。他にも、長寿村で薬袋をみないから「みない」になった、あるいは昔の薬は見た目がグロテスクだったため、袋に入れて見ないようにしたから、という説もある。

〈難読名字クイズ解答〉
①げんしょう／②こくほ／③ごんもり／④さすが／⑤さっか／⑥そし／⑦そりた／⑧たかそう／⑨てかわ／⑩といずみ／⑪なとり／⑫にっとの／⑬はじかの／⑭もろかた／⑮やがた

⟨20⟩ 長野県

〈難読名字クイズ〉
①赤広／②五十君／③鶯巣／④大峡／⑤麻績／⑥杏／⑦仙仁／⑧征矢野／⑨輪地／⑩児野／⑪南百瀬／⑫甕／⑬森井泉／⑭位高／⑮夜交

◆地域の特徴

　長野県の名字では、小林が2位の田中に2倍以上という大差をつけて最多となっている。小林は「小さな林」に由来することからそのルーツは各地にあるが、東日本の小林は長野県を中心に広がっているともいえる。

　長野県ではほぼ全域に多く、とくに中信から北信にかけて集中している。俳人小林一茶は新潟との県境にある信濃町の生まれである。

　2位から5位まではあまり差がない。2位の田中と3位の中村はいずれも西日本に多い名字で、東日本にありながら西日本とも交流が盛んだったことがわかる。

　長野県の特徴は、20位以内に宮沢、柳沢、宮下、滝沢が入っていること。この他、百瀬や宮坂も長野県らしい名字。百瀬は全国の約3分の2が長野県にあり、県内では半数以上が松本市に集中している。

　15位の滝沢には、旧字体を使用した瀧澤・瀧沢・滝澤も含んでいる。本書では新旧字体は同一とみなしているため、15位というのはすべてを合計

名字ランキング（上位40位）

1	小林	11	山崎	21	小松	31	小山
2	田中	12	林	22	鈴木	32	池田
3	中村	13	宮下	23	土屋	33	山口
4	丸山	14	山田	24	中島	34	酒井
5	伊藤	15	滝沢	25	青木	35	久保田
6	佐藤	16	原	26	斉藤	36	宮坂
7	清水	17	竹内	27	北沢	37	市川
8	高橋	18	渡辺	28	小池	38	百瀬
9	宮沢	19	西沢	29	山本	39	関
10	柳沢	20	中沢	30	北原	40	太田

してカウントしたもの。圧倒的に多いのがすべて新字体の滝沢で、次いで滝澤。すべて旧字体の瀧澤は少なく、瀧沢は座りが悪いのか、かなり珍しい。

41位以下では、41位井出、46位松沢、47上条、49位平林、58位唐沢、60位赤羽、66位小口、67位有賀（あるが）、71位依田、97位小平などが特徴である。

このうち、小口は「おぐち」と読み岡谷市内の地名がルーツ。現在でも岡谷市や下諏訪町では最多となっている。小口は北関東にも多いが、北関東では「こぐち」と読む。

有賀も県内では「あるが」と読むが、他県では「ありが」がほとんど。小平も読み方が分かれる名字で、県内に集中している小平は「こだいら」だが、他県では「こひら」や、「おだいら」と読む地域もある。

上条は旧字体の上條を含んでいる。通常、旧字体を使用する人の割合は「沢」の字で15～25％、それ以外の漢字だと2割以下だが、上条の場合は、旧字体の上條を使用する人が4割いる。47位というのは両方合わせた数で、新字体の上条だけだと80位前後に相当する。

101位以下にも独特の名字は多く、花岡、山浦、奥原、牛山、両角（もろずみ）、塩原、塩入、下平（しもだいら）、高見沢、春原、倉島などが特徴。春原は県内では「すのはら」だが、他県では「はるはら」である。

● **地域による違い**

長野市を中心とする北信地区では小林が圧倒的に多く、長野市、須坂市、中野市はいずれも小林が最多。次いで宮沢、西沢も多い。坂城町では塚田、野沢温泉村では富井が最多となっているほか、山ノ内町の徳武、小川村の大日方、木島平村の芳川などが特徴である。

松本市を中心とする中信地区では、百瀬、小林、丸山、上条、降旗が多い。松本市には全国の百瀬の4割近くが集中しており、圧倒的な最多となっている。また、合併前の旧四賀村では坪田、旧奈川村では奥原が最多だった。降旗は県内で「ふりはた」「ふるはた」と読み分かれるほか、降籏と漢字が変化したものも多い。

東信地区でも小林が多く、上田市、東御市、小諸市、佐久市ではいずれも小林が最多。この他では、上田市を中心とする小県地区で滝沢、柳沢、佐久地区では、高見沢、井出、土屋が多く、新海や山浦が独特の名字である。

諏訪地区では、岡谷市で小口、諏訪市で藤森、茅野市で伊藤が最多となっているほか、宮坂、両角などが特徴。両角は全国の3分の2近くが長野県

にある長野県独特の名字で、県内でも半数が茅野市に集中している。

伊那地区は合併後も小規模な町村が多く、自治体ごとに名字はかなり違っている。全体的には小林、原、伊藤、北原などが多く、上伊那では唐沢や有賀、下伊那では熊谷や佐々木も目立つ。

下伊那郡にあった旧清内路村（せいないじ）では、原と桜井という2つの名字で村のほとんどを占めていた。最多の原が村内の42％、2位の桜井が35％と、この2つだけで村の人口の77％を占める特異な村として知られていたが、平成の大合併で隣の阿智村に合併して消滅した。

木曽地区では原が多く、その他では、奥原、田中、古畑などが特徴である。

● 沢の付く名字

長野県の名字の最大の特徴は「沢」の付くものが多いことである。沢とは山間部を流れる川の上流部分の細いところのこと。山に囲まれた長野県には多くの沢があり、そこから様々な「〜沢」という名字が誕生した。

ランキングをみても、9位の宮沢を筆頭に、滝沢、西沢、中沢、北沢と40位までに5つ入っている。それ以下にも、46位松沢、48位吉沢、55位藤沢、56位小沢、84位三沢、98位大沢と続き、101位以下の平沢、矢沢、福沢、塩沢、高見沢、寺沢、深沢と合わせて、200位までに19種類もの「〜沢」がある。なお、これらの順位はすべて旧字体の「澤」と書くものも含んだものである。

● 平の付く名字

長野県では、盆地のことを「たいら」という。長野市のある善光寺平をはじめ、信州の鎌倉と呼ばれる上田盆地の塩田平、ラグビーの合宿地として知られる菅平などが有名。したがって、名字でも「〜平」は「〜たいら」と読むことが多い。

たとえば、中平という名字は高知県と長野県に多いが、高知県では圧倒的に「なかひら」と読むのに対し、長野県ではほぼ「なかたいら」である。大平、小平、下平も、県内では「おおだいら」「こだいら」「しもだいら」と読むのが基本である。

● 信濃源氏

清和源氏の祖である源経基の子供のうち、満快（みつよし）、頼清（よりきよ）、頼季（よりすえ）の3人は信濃国に住み、子孫は信濃源氏といわれた。彼らは県内各地の地名を名字としたため、県内には多くの名字のルーツの地がある。

信濃源氏を代表する一族に井上氏がある。井上という名字は、水汲み場を意味した「井」の「上」に住んだ人という意味。

　長野県須坂市には井上という地名があり、ここをルーツとする井上一族は中世に大名として活躍した。一族には幕府の砲術家となった播磨井上氏と、長州藩士となった安芸井上氏があり、明治時代の政治家井上馨は安芸井上氏の末裔である。

　この他、信濃源氏の一族には伊那、二柳（ふたつやなぎ）、依田、高梨、須田、夏目などがあり、夏目氏の子孫はのちに三河に転じて松平家に仕え、やがて徳川家康に従って江戸に移り旗本となった。この一族に牛込の名主となった夏目家があり、ここから文豪夏目漱石が生まれている。

● **諏訪氏**

　信州を代表する名家に諏訪氏がある。諏訪大社の神官である一方、戦国時代には大名となり、江戸時代も高島藩主を務めた。しかし、系図関係がはっきりしないこともあって、諏訪一族の歴史はわかりづらい。

　諏訪氏は、初代天皇である神武天皇の子、神八井耳命（かんやいみみのみこと）の末裔と伝える。古代から諏訪地方に土着していた神である諏訪神を祭るために諏訪大社が生まれ、神八井耳命の末裔という金刺氏が神官を務めた。中世になると、金刺氏の一族が武士化し、地名をとって諏訪を名字とした。つまり、「諏訪」とは武士化した金刺一族を指すもので、特定の祖がいるわけではない。

　その後、諏訪大社の上社は諏訪氏、下社は本来の金刺氏を名乗って対立するようになり、さらに上社では武家の総領家と神官の大祝家（おおほうり）に分裂した。やがて総領家の諏訪頼満が上社を統一、さらに下社の金刺氏も滅ぼして諏訪全域を統一した。

　諏訪地方には、金刺・諏訪一族の末裔という名字が多い。諏訪市で一番多い藤森もそうで、諏訪明神の投げた藤の枝が根づいたことから、岡谷市に藤島明神が祭られ、その森にちなんで藤森という名字ができたとされる。

● **村上氏**

　村上は「村の上手の方」という方位由来の名字で各地にルーツがあるが、武家の村上氏は信濃村上氏の末裔であると伝えているものが多い。

　平安時代後期の嘉保元（1094）年、源仲宗の二男顕清が村上郷（坂城町）に流され、その子為国の時に村上氏を名乗ったのが祖である。仲宗の母が村上天皇の曾孫であることから、村上氏を村上源氏であるとする説もある。

源平合戦では基国・信国兄弟は源義経に従い、鎌倉時代は御家人となって一族を北信濃に多く分出した。

村上氏が最初に史上に名を残したのは、南北朝時代の村上義光である。義光は護良親王に仕えて吉野で親王の身代わりとなって自刃、子義隆も親王を守って落ちて行く途中で討ち死にするくだりは『太平記』の名場面の一つである。

戦国時代の村上氏は葛尾城（坂城町）に拠り、天文10（1541）年には武田信虎と連合して海野氏を追放し、北信を支配する戦国大名となった。しかし、同22年には真田幸隆を配下とした武田信玄に敗れて越後に逃れ、上杉謙信の庇護を受けた。これによって信濃村上氏は滅亡したわけだが、この村上義清の越後入りをきっかけに信玄・謙信による川中島の合戦が起こるのである。

さて、村上氏というと瀬戸内の村上水軍が有名。これを率いた村上氏も同族である。信濃村上氏の祖である為国の弟にあたる定国が保元の乱の後に淡路に渡り、さらに塩飽島を経て伊予の能島に移ったのが祖である。

◆長野県ならではの名字
◎大日方（おびなた）

全国の6割が長野県にある。ルーツは信濃国安曇郡大日向（大町市八坂）。清和源氏で、小笠原貞朝の四男長利（長政）が大日向に住んで、大日方氏を称したのが祖。戦国時代は武田氏に属し、その滅亡後は上杉景勝に属した。慶長3（1598）年上杉氏の会津移封の際には、帰農したものと松代藩士になったものに分かれた。現在でも長野市周辺に集中しており、とくに上水内郡小川村に多い。

◎唐沢（からさわ）

上伊那郡箕輪町を中心に伊那谷の北部に多く分布する名字。「唐」という漢字は一般的には中国を意味しているが、「唐沢」の「唐」は、水が渇いているという意味の「涸（から）」から変化したものと思われる。

◎新海（しんかい）

佐久地方の名字。橘諸兄の子孫で、村上天皇から「新海」の名字を賜ったと伝えるが不詳である。戦国時代、武田信玄に仕えた新海宗薫がおり、江戸時代には佐久郡海瀬の名主を務めた。

◎春原(すのはら)

上田市から長野市にかけての地域に集中している。長野県以外では関東に多いが、関東では「はるはら」と読むことも多い。読み方は、「しゅんのはら」から「すのはら」に転じたものか。

◎羽毛田(はけた)

台地と平地の縁をさす「ハケ」の近くにある田に因む地形由来の名字。全国の6割弱が長野県にあり、小県郡から佐久市にかけて多い。とくに旧長門町(長和町)に集中している。

◎降旗(ふりはた)

長野県を代表する名字だが、ルーツは加賀国降旗荘(石川県)で、のちに信濃国に移ったという。現在は全国の3分の2が長野県にあり、松本市、安曇野市、大町市に集中している。なお、大町市では「ふるはた」と読むことも多い。また、漢字の変化した降幡や降籏も多いほか、布利幡とも書く。

◆長野県にルーツのある名字

◎海野(うんの)

静岡県を中心に、長野県や関東南部に集中している名字。ルーツは信濃国小県郡海野荘(東御市海野)で、古代から東信地方に蟠踞した名族の末裔。源義仲の挙兵に海野幸親が従い、子幸氏は鎌倉幕府に仕えて、弓馬の名手として知られた。天文10(1541)年武田信玄に敗れて上野国に逃れ、名跡は真田氏が継いだ。県内ではほぼ「うんの」と読むが、関東や宮崎県では「うみの」が多い。

◎木曽(きそ)

信濃国木曽郡をルーツとする名字。清和源氏で、源義仲の子義基が祖という。代々、木曽地方に勢力を持ち、室町時代には庶子家を分出した。戦国時代義昌は福島城に拠って、武田氏と争った。のち武田信玄に降るが、天正10(1582)年勝頼に叛いて織田信長に通じ、本能寺の変後は徳川家康に仕えた。

◎座光寺(ざこうじ)

信濃国伊那郡座光寺(飯田市座光寺)がルーツ。清和源氏で、源為朝の二男を家の子孫とも、片桐氏の一族ともいう。江戸時代は旗本として伊那郡山吹(長野県下伊那郡高森町)を支配した。幕末には勤王方の旗本として知られた。現在も伊那地区に多い。

◎真田(さなだ)

信濃国小県郡真田(上田市真田町)がルーツで、海野氏の一族。室町時代から真田地方の土豪として活躍を始め、戦国時代の真田幸隆以降、力をつけた。天文10(1541)年海野氏が滅びると、武田信玄に属した。江戸時代、嫡流は信濃松代藩主となる。

◎手塚(てづか)

清和源氏満快流とも諏訪神社下社の金刺氏の末裔ともいう。小県郡手塚郷(上田市)がルーツか。木曽義仲の家臣の手塚太郎光盛が著名で、この子孫という手塚氏が各地にある。上田市手塚付近には古墳が数基あり、「塚」は古墳を指すとみられる。また「手」については、この中の王子塚が、天武天皇皇子新田部親王の孫氷上王の密謀が発覚して信濃国に逃れた際に、この地で坂上田村麻呂に誅され、その両手を切断して埋めたところという伝説に因むという。

◎常田(ときた)

長野県に多い名字で、上田市の旧真田町、松本市の旧四賀村、飯山市などに集中している。信濃国小県郡常田荘(上田市)がルーツ。清和源氏井上氏の一族が常田氏を称した。なお、関東でも「ときた」と読むことが多いが、その他の地域では「つねだ」と読む。

◎等々力(とどろき)

信濃国安曇郡等々力(安曇野市穂高)がルーツ。等々力治右衛門は等々力城を築城、仁科盛信に仕えた。江戸時代は郷士となる。現在でも旧穂高町(安曇野市)に集中している。

◎御子柴(みこしば)

信濃国伊那郡御子柴(上伊那郡南箕輪村)がルーツ。現在も全国の6割以上が長野県にあり、松本市から伊那市にかけての地域に集中している。とくに伊那市に多い。

◎甕(もたい)

信濃国佐久郡毛田井郷(北佐久郡立科町・佐久市)がルーツ。全国の3分の2が長野県にあり松本市に多い。上田市では母袋と書くことが多い。

◎望月(もちづき)

山梨県から静岡県にかけて集中している名字だが、ルーツは信濃国佐久郡望月(佐久市)で滋野氏の一族。木曽義仲の挙兵の際に望月重隆が参加

している。鎌倉時代は幕府の御家人となり、南北朝時代は南朝に属した。戦国時代は武田氏に属した。

◎夜交(よまぜ)

信濃国高井郡夜交（下高井郡山ノ内町）がルーツ。藤原氏の一族。南北朝時代、足利氏に仕えた中野氏の一族が夜交に住んで、夜交氏を称した。戦国時代は武田氏に従い、その滅亡後は上杉氏に仕えた。江戸時代は米沢藩士となり、明治維新後、世間瀬と改称した。

◆珍しい名字
◎粟津原(あわづはら)

東筑摩郡朝日村の名字。木曽義仲の家臣の子孫と伝え、江戸時代に、義仲の最期の地である近江粟津の地名から、粟津原を名乗ったという。

◎宇留賀(うるが)

信濃国安曇郡宇留賀（東筑摩郡生坂村）がルーツで、仁科氏の一族という。江戸時代は帰農した。現在も松本市から大町市にかけて多い。潤賀とも書く。

◎渋田見(しぶたみ)

信濃国安曇郡渋田見郷（北安曇郡池田町）がルーツ。南北朝時代に小笠原氏に従い、以後代々小笠原氏の重臣となった。江戸時代は小倉藩家老を務める。現在も大町市と池田町に集中している。

◎善財(ぜんざい)

南北朝時代、南朝に属して伊那郡大河原城（下伊那郡大鹿村）に籠城中、兵糧の乏しいなかで財を貯えて善財という名字を賜ったという。戦国時代に武田氏に追われて水内郡豊野（上水内郡豊野町）に移った。

◎征矢野(そやの)

信濃国筑摩郡征矢野（松本市征矢野）がルーツ。戦国時代は代々、深志小笠原氏に仕え、江戸時代は木曽に移って庄屋を務めた。現在も松本市や木曽郡日義村に多い。

〈難読名字クイズ解答〉
①あこう／②いぎみ／③うぐす／④おおば／⑤おみ／⑥からもも／⑦せに／⑧そやの／⑨そろじ／⑩ちごの／⑪なもせ／⑫もたい／⑬もりいずみ／⑭やごと／⑮よまぜ

21 岐阜県

〈難読名字クイズ〉
①石徹白／②打保／③役／④種田／⑤魯／⑥帰家／⑦三八九／⑧殿地／⑨兀越／⑩早矢仕／⑪冬頭／⑫神座／⑬翠／⑭御母衣／⑮校條

◆地域の特徴

　岐阜県の名字の最多は、全国で唯一加藤。隣の愛知県で2位、三重県では6位となっており、濃尾平野一帯が加藤一族の本拠地である。加藤は下に「藤」という漢字が付いていることでもわかるように藤原一族の末裔で、加藤の「加」は加賀国（石川県）の「加」である。加藤氏は東海地方に広まり、とくに岐阜県を代表する名字となった。武家の加藤家は美濃国の出というものが多く、戦国武将の加藤清正や、伊予大洲藩主の加藤家も美濃の出である。広い面積を持つ岐阜県だが、名古屋に近い南部に人口が集中しているため、2位の伊藤や3位の山田が愛知県と共通する名字であるなど、上位の名字は愛知県とよく似ている。

　17位高木、22位浅野、23位古田は全国に広く分布しているが、人口比ではいずれも岐阜県が全国一。忠臣蔵で有名な浅野内匠頭のルーツも岐阜県にある。39位村瀬は、全国の過半数が岐阜県と愛知県に集中しているというこの地域を代表する名字の一つである。実数では人口の多い愛知県の

名字ランキング（上位40位）

1	加藤	11	森	21	小林	31	河合
2	伊藤	12	安藤	22	浅野	32	近藤
3	山田	13	水野	23	古田	33	安田
4	林	14	吉田	24	岩田	34	長谷川
5	渡辺	15	中島	25	小川	35	奥村
6	田中	16	清水	26	堀	36	服部
7	高橋	17	高木	27	大野	37	井上
8	後藤	18	山本	28	杉山	38	大橋
9	鈴木	19	中村	29	山口	39	村瀬
10	佐藤	20	今井	30	田口	40	藤井

方が多いが、人口比では岐阜県の方が高い。

41位以下になると、岐阜県らしい名字が多くみられる。51位長屋、53位日比野、60位安江、66位小栗、67位加納、69位鷲見、74位川瀬、77位熊崎、78位棚橋、84位篠田などがそうで、熊崎は全国の半分以上、鷲見・棚橋・長屋も半分近くが岐阜県在住。

94位の河村は「かわむら」だが、関市・下呂市・本巣市では「こうむら」と読むことが多い。他県ではほとんどみられず、全国的にみてもこの地域独特の読み方である。

101位以下では、交告（こうけつ）、各務（かがみ）、可児（かに）、細江、桐山、尾関、国枝、日比、小木曽（こぎそ）、桂川などが岐阜県独特。各務は「かかみ」と「かがみ」の両方の読み方があるが、本書では清濁の違いは同じとしているため順位は両方を合わせたものである。

● **地域による違い**

岐阜県は大きく、南部の旧美濃国と、北部の旧飛騨国に分けられる。

南部の美濃国は濃尾平野の北部にあたり、愛知県の尾張地区との結びつきが強い。両国の国境も時代によって移動するなど人の動きも多く、名字も国境や県境とは関係なく分布している。

岐阜市を中心とした中濃南部地区は、全体的には加藤、山田、渡辺など愛知県と共通する名字が多いが、岐阜市で林、各務原市では横山が最多となっているなど統一感は少ない。

中濃北部は平成の大合併で関市、山県市、郡上市の3市に統一されたが、合併前の町村ではそれぞれ独特の名字が集中していた。

関市では山田が最多だが、旧板取村では長屋だけで人口の6割近くを占めていることで知られていたほか、旧武芸川町（むげがわ）の井藤、相宮（あいみや）などが独特。郡上市でも山田が最多で、合併前は旧白鳥町で鷲見、旧和良村で蒲、旧高鷲村で蓑島が最多だったほか、旧八幡町の波野、旧大和町の籏、旧美並村の小酒井、旧和良村の池戸など独特の名字が多い。

大垣市を中心とする西濃地区では三重県と共通する名字も多い。大垣市で伊藤が最多となっているほか、海津市は伊藤が人口の1割を超す圧倒的な最多である。安八町で最多の坂は「ばん」と読む。坂は全国的には「さか」が多いが、岐阜県西部から三重県の四日市市にかけてと、愛知県の東海市では「ばん」と読むのが主流。また、旧谷汲村（揖斐川町）（かば）で国枝、旧春日

村(揖斐川町)で小寺、旧墨俣町(大垣市)では大江が最多となっていた。独特の名字には、揖斐川町の宗宮、駒月、神戸町の若園、関ヶ原町・上石津町の桐山などがある。

一方、東濃地区では伊藤、加藤、西尾、安藤の4つが多い。次いで水野、田口、原が多く、地域内での偏りは少ない。独特の名字には、旧明智町(恵那市)の保母、旧坂下町(中津川市)の糸魚川、旧付知町(中津川市)の三尾、旧山岡町(恵那市)の春日井、旧加子母村(中津川市)の内木などがある。

県北部の美濃国は、平成の大合併で20市町村が広大な面積を持つ高山市、飛騨市、下呂市の3市に統合された。飛騨全体に統一する名字はなく、旧市町村によって名字がかなり違っている。

飛騨の中心都市の高山市では山下が最多だが、合併前の旧高山市では清水が最多だった。独特の名字には洞口がある。この地域には、洞奥、洞田など、「洞」の付く名字がいくつかあるが、これは谷間のように行き止まりになっている場所を「ほら」と呼ぶことに由来する。

県最北端の飛騨市は田中が最多。合併前は、やはり旧古川町が野村、旧国府町が牛丸、旧神岡町は川上、旧河合村は政井、旧宮川村は大下、旧上宝村は清水と、すべて田中以外が最多だった。牛丸は旧荘川村(高山市)の地名がルーツで、戦国時代に小鷹狩城主の牛丸氏がいた。現在は全県の約3分の2が飛騨市にある。この他では、旧神岡町の和仁、旧古川町の柚原などが独特である。

飛騨南部の下呂市では今井が最多で、熊崎、二村、細江、日下部、桂川が多い。

● 交告と纐纈

岐阜県を代表する独特の名字は交告である。これで「こうけつ」と読み、かなりの難読名字でもある。とくに東濃地方に多く、この地域ではメジャーな名字といえる。

この名字は、愛知県尾張地方から岐阜県南部に広がる纐纈という名字が簡単になったもの。纐纈とはもともとは「こうけち」と読み、奈良時代に広がった絞り染めの一つである。纐纈氏は源頼朝の家臣にもみえる由緒ある名字だが、漢字が難しいこともあり、岐阜県側では交告に変化した。

全国的には纐纈の方が多いものの、岐阜県では交告が主流。というより、交告は全国の9割以上が岐阜県にあり、他県では春日井市や一宮市など、

愛知県北部に若干あるにすぎない。なお、纐の中央の部分は「吉」にもかかわらず、なぜか交告は「告」と書く。

● **旧板取村と長屋一族**

平成大合併まで、岐阜県と福井県との県境に武儀郡板取村という村があった。この村は村民の6割以上が長屋さんで占められていることで知られていた。合併前の平成6年の電話帳をみると、掲載されている651軒のうち395軒が長屋で、以下三島47軒、太田29軒となっている。集落の大半が同じ名字というところはあるが、自治体単位で人口の過半数が同じ名字というのは全国でこの村しかなかった。

板取村の長屋氏の歴史は古く、戦国時代、美濃国大野郡に守護土岐氏に仕えた長屋信濃守重景という武将がいた。重景は土岐氏の滅亡後斎藤道三に仕え、大野郡から武儀郡板取村に転じた。これが板取村の長屋一族の始まりとされる。

重景の子の道重は、文禄3（1594）年に佐藤方政に敗れて討死、道重の子は飛騨大野城主の金森長近を頼って板取村から逃がれた。そして、関ヶ原合戦で佐藤氏が西軍に属して敗れると、替わって飛騨の金森長近が板取村を支配することとなり、この時に長屋氏が板取村に復帰したらしい。

江戸時代中期には金森氏も改易されて滅んだが、長屋氏はそのまま板取村に住み続けた。山深い土地だけに他地域との交流も少なく、現在に至るまで長屋さんがどんどん増えていったものと思われる。

板取村は、平成17年に武儀郡内の他町村とともに関市に合併して消滅、以後1つの名字で人口の過半数を超える村は存在しない。

● **小木曽の読み方**

岐阜県から愛知県にかけて小木曽という名字が広がっている。読み方には「おぎそ」と「こぎそ」があり、全国的には「こぎそ」が、岐阜県に限れば「おぎそ」と読むことが多い。この名字は木曽殿と呼ばれた、源義仲の末裔であるといわれている。

高山市の旧丹生川村に小木曽という地名がある。ここは源平合戦の際に木曽義仲の遺児が落ちて来たという伝説があり、この遺児を「小木曽殿」と呼んだことから「小木曽」という地名になったと伝えている。そして、ここから飛騨川を下った東濃地区に小木曽という名字が集中している。

また、東濃の旧上矢作町（恵那市）から木の実川を上流へさかのぼると、

国境を越えて三河国に入る。愛知県豊田市の旧稲武町地区で、この三河高原の奥深いところにも小木曽という名字があり、ここでは「おぎそ」と読む。そして、江戸時代に豊田市武節町の庄屋だった小木曽家では、やはり木曽義仲の末裔と伝えている。

　源義仲亡き後、追手を逃れた小木曽殿は、いったん飛騨に逃れたのちに、東濃に移って小木曽氏となった。そして、一族はさらに山に入って三河国に出、「おぎそ」氏となったのであろう。

◆岐阜県ならではの名字
◎鷲見
　岐阜県南部から愛知県北部にかけて広がる名字。戦国時代の国衆だった鷲見氏は、池田氏の家臣となって江戸時代鳥取藩に転じたため、現在では鳥取県にも多い。そのため、岐阜・愛知・鳥取の3県では「すみ」だが、他の県では「わしみ」と読むことも多い。
◎兀尾
　県内には兀尾、兀越、兀下、岥下など、「はげ」で始まる名字がいくつか分布している。「はげ」「はぎ」「ぼけ」などはいずれも崖を表す地名で、いろいろな漢字をあてる。岐阜では「はげ」といい、「兀」や「岥」という漢字を使用した。
◎早矢仕
　岐阜市と山県市に集中している独特の名字。これで「はやし」と読み、おそらく林から漢字の変化したものだろう。丸善の創業者である早矢仕有的は山県市の出身である。

◆岐阜県にルーツのある名字
◎明智
　美濃国可児郡明智村（可児市）をルーツとする名字。清和源氏土岐氏の庶流で、明智光秀もこの一族と思われるが、光秀以前は系図が各種ありはっきりしない。
◎可児
　可児市をルーツとする可児という名字は、全国ランキングで2,000位前後のため、とくに珍しい名字ではない。しかし、その大半が現在でも可児市周辺に集中していることから、東海地方以外の人では正しく「かに」と読めないことも多い。

◎多治見(たじみ)

美濃国土岐郡多治見郷(多治見市)がルーツで、清和源氏土岐氏の庶流。鎌倉時代、美濃国守護代を務めている。現在も全国の半数近くが岐阜県にあり、関市周辺に多い。

◎遠山(とおやま)

藤原北家の末裔。鎌倉時代初期に遠山荘を賜ったのが祖という古い家で、戦国時代には嫡流の岩村遠山氏をはじめ、苗木・明知・明照・飯羽間・串(櫛)原・大井の遠山七家があった(七家には異説あり)。時代劇「遠山の金さん」でおなじみの北町奉行遠山金四郎景元は明知遠山家の末裔である。

◎土岐(とき)

東濃地方の名家。清和源氏の一族で、ルーツは今の土岐市ではなく、瑞浪市土岐町である。南北朝時代から美濃国の守護を務めていたが、戦国時代に斎藤道三に家を乗っ取られて没落。江戸時代、本家は旗本となっている。一族の数はきわめて多く、蜂屋、舟木、浅野、明智などがある。

◎根尾(ねお)

美濃国根尾(本巣市)がルーツ。南北朝時代、南朝に属して越前から美濃に移り、根尾に住んで根尾氏を称した。室町時代は土岐氏に属した。

◎畑佐(はたさ)

美濃国郡上郡畑佐(郡上市明宝)がルーツで、桓武平氏東氏の一族。現在でも全国の半数が岐阜県にあり、郡上市に多い。とくに旧明宝村に集中している。

◆珍しい名字

◎池井戸(いけいど)

加茂郡八尾津町の名字で久田見地区に集中している。久田見地区は木曽川から一山越えた山中で、池から水を汲んでいたことに由来するか。

◎百松(ひゃくまつ)

恵那市にある名字。大坂夏の陣の際に、領主の遠山家に松明を百本献上したことから百松という名字を賜ったという。

〈難読名字クイズ解答〉
①いとしろ／②うつほ／③えん／④おいだ／⑤おろか／⑥かんや／⑦さばく／⑧どんじ／⑨はげお／⑩はやし／⑪ふいとう／⑫みざ／⑬みす／⑭みほろ／⑮めんじょう

22 静岡県

〈難読名字クイズ〉
①五十右／②粉間／③一尺八寸／④匂坂／⑤賤機／⑥鎮／⑦灌峯／⑧千頭和／⑨江蒲／⑩角皆／⑪百鬼／⑫祢次金／⑬孕石／⑭真覚／⑮月見里

◆地域の特徴

静岡県の名字の最大の特徴は鈴木の多さである。日本一多い名字は佐藤だが、かつては鈴木といわれた時期もあった。そして、佐藤が日本一多いのは秋田県なのに対し、鈴木が最も集中しているのが静岡県である。

静岡県の鈴木は県人口の5%以上もあり2位渡辺の3倍近い。鈴木が県単位で5%を超すのも全国でも静岡県のみである。また実数でみても、鈴木が多いことで知られる東京都よりも多い。県内では遠江地区と伊豆半島の中南部に多く、とくに遠江地区には激しく集中している。平成の大合併前では、磐田郡豊岡村や竜洋町（ともに現在は磐田市）など住民の1割以上が鈴木という自治体も多かった。

2位の渡辺は、駿河東部から伊豆にかけて集中している。渡辺は隣の山梨県で最多となっており、富士山周辺から伊豆半島にかけて多い。

3位の山本はほぼ全県に分布しているが、西伊豆町では人口の22%を占めているという圧倒的な最多である。4位の望月も渡辺と同じく県東部か

名字ランキング（上位40位）

1	鈴木	11	中村	21	遠藤	31	藤田
2	渡辺	12	大石	22	松本	32	市川
3	山本	13	高橋	23	太田	33	池田
4	望月	14	小林	24	後藤	34	森
5	杉山	15	増田	25	斉藤	35	長谷川
6	佐藤	16	田中	26	杉本	36	青木
7	伊藤	17	石川	27	山口	37	吉田
8	加藤	18	村松	28	山崎	38	小沢
9	山田	19	土屋	29	清水	39	斎藤
10	佐野	20	山下	30	松下	40	勝又

ら山梨県にかけて集中しており、実数では静岡県が全国最多。旧由比町（静岡市清水区）では人口の2割を占める圧倒的な最多だった。

5位の杉山は静岡県を代表する名字の一つである。杉山は全国に広く分布している名字だが、静岡県には全国の4分の1以上が集中しており、実数でみても東京の3倍以上もある。マイナーな名字ならともかく、全国ベスト100に入るような名字で、これほど集中しているものは珍しい。

静岡県のランキングの特徴は、10位に佐野、12位に大石、15位に増田、18位に村松が入っていることだろう。いずれも珍しい名字ではないが、これほどランキングの上位に入ってくることはない。

佐野は静岡県と山梨県の県境付近に集中している名字で、静岡県で10位、山梨県で8位と、両県で上位に入る。静岡県側では富士宮市で人口の1割、旧芝川町（富士宮市）では実に人口の17％が佐野だった。

増田は全国に広く分布しているが、静岡県が最多。村松は全国の約3分の1が静岡県在住で、周智郡森町を中心に浜松市にかけて集中している。

41位以下では、41位勝又、58位海野、59位芹沢、73位河合、79位袴田、81位青島、95位渥美が独特。このうち、「かつまた」にはいろいろな漢字がある。全県では41位の勝又が最多で、次いで勝亦、勝間田の順となっており、ともに201位以下。勝俣は静岡県よりも山梨県南部や神奈川県の箱根に多い。海野は他県では「うみの」と「うんの」に読み方が分かれるが、県内ではほぼ「うんの」である。

101位以下では、赤堀、金原、池谷（いけや）が独特。この他、大庭、磯部、高林、名倉、山梨、新村（しんむら）、白鳥などが多いのが目立つ。

池谷は「いけや」と読むのが主流。関西では「いけたに」がほとんどで、「いけや」と読む池谷さんは静岡出身であることが多い。金原の読み方は「きんばら」と「きんぱら」があるが、県内では「きんぱら」が主流。

さらに、勝亦、清、漆畑、榛葉（しんば）、河原崎、室伏、紅林、藁科（わらしな）、赤池などもいかにも静岡県らしい名字といえる。

紅林は「くればやし」と読み、静岡市から旧相良町（牧之原市）にかけて広がっており、旧浜岡町（御前崎市）には樽林も多い。また、旧金谷町（島田市）には暮林が集中している。

県内には「さぎさか」と読む名字も多い。浜松市を中心に遠江地区では匂坂と書き、静岡市清水区や富士市を中心に駿河地区では鷺坂が多い。ま

た、沼津市では「さきさか」と濁らない向坂が集中している。
● **地域による違い**
　東西に長く、江戸時代以前は3つの国に分かれていた静岡県では、県内でも地域によって名字の分布が大きく違っている。鈴木だけは全域に広がっているが、それ以外はかなり偏りがある。
　遠江地区では鈴木が圧倒的多数で伊藤や中村も多く、愛知県東部の名字に近い。徳川家康が三河の出で、のちに浜松を本拠地としたように、三河と遠江はもともと人の結びつきが強かった。
　鈴木が全県の人口に占める割合は5％だが、遠江地区では実に8％前後となっている。浜松市では次いで伊藤・中村が多く、内山、河合、袴田が特徴。内山は旧細江町で最多、河合は旧浜北市に集中している。この他、湖西市の菅沼、磐田市の寺田・青島・大庭、袋井市の金原、掛川市の松浦などが特徴。また、湖西市では鈴木ではなく山本が最多となっている。河合や神谷なども愛知県の三河地方と共通する名字である。
　駿河地区でも鈴木は多いが、静岡市では望月が最多で、以下、鈴木・杉山・佐藤の順。海野や小林が多いのも特徴。東部の富士市では鈴木と渡辺が多く、佐野・望月と続く。山梨県に近い富士宮市では佐野が圧倒的に多く、神奈川県と接する御殿場市では勝又が最多で、土屋や芹沢が多い。この他、富士宮市の井出・遠藤、焼津市の増田なども特徴。
　伊豆地区も鈴木が多く、次いで土屋や渡辺が多いなど、かなり関東地方の影響がみられる。北部の三島市では鈴木が最多で、以下渡辺・杉山・佐藤と続いており、あまり特徴がない。伊東市でも最多は鈴木だが、以下は佐藤、山田、斉藤となり、石井や大川が多いのが特徴。南部の下田市では土屋が最多で、鈴木、渡辺と続く。東伊豆町・河津町の稲葉、西伊豆町の藤井・長島、松崎町の石田・関などが特徴である。
● **藤原南家の氏族**
　平安時代後期、伊豆地方には藤原南家の一族が土着して広がり、周辺の地名を名字として名乗った。
　平安時代に藤原南家の工藤維職（これもと）が伊豆の押領使（おうりょうし）となって下向し、地名をとって伊東氏と名乗ったのが祖で、曾孫の祐経（すけつね）のときに直系は再び工藤氏に戻したため、伊豆の藤原南家流は、工藤氏と伊東氏に代表される。
　子孫は伊豆・駿河を中心に各地に広がり、武士として活躍した。源頼朝

が挙兵した時にも一族の天野氏の名があり、他にも井出氏、入江氏、宇佐美氏、岡部氏、狩野氏、河津氏などが活躍した。鎌倉幕府で代々政所執事を世襲した二階堂氏は伊東氏の庶流。

この他、毛利氏の重臣で江戸時代は岩国藩主となった吉川(きっかわ)家、肥後人吉の大名相良家、日向の戦国大名伊東家、和泉岸和田藩主の岡部家などもこの一族。徳川幕府の御用絵師だった狩野家も工藤一族の末裔と伝える。

◆静岡県ならではの名字

◎阿井(あい)

日本人の名字を五十音順に並べた際、先頭にくる「あい」という名字には、漢字にするといくつかの書き方がある。その中で最も数が多いのが阿井である。志太地区に最も多く、近江国の浅井氏の一族という。

◎安間(あんま)

県西部の名字で遠江国長上郡安間村(浜松市)がルーツ。現在も浜松市から袋井市にかけて集中しており、とくに磐田市に多い。静岡県以外では「やすま」と読むことが多い。

◎金原(きんばら)

県西部の名字で、「きんぱら」「きんばら」と読む。遠江国豊田郡金原村(浜松市天竜区)がルーツで、江戸時代から遠江には多数の金原氏があった。現在は袋井市の旧浅羽町に非常に多い。

◎紅林(くればやし)

全国の3分の2近くが静岡県にあり、藤枝市や旧相良町(牧之原市)を中心に静岡県中央部に多い。静岡県の「くればやし」と読む名字では最も数が多い。御前崎市では榑林が多いほか、島田市では暮林とも書く。

◎佐塚(さつか)

全国の半数が静岡県にあり、とくに静岡市に多い。『和名抄』にみえる遠江国城飼郡狭束郷がルーツか。江戸時代、東海道金谷宿に本陣を務めた佐塚家があった。大井川の川越取締役も務め、同家には膨大な「佐塚家文書」が伝えられている。

◎原木(はらき)

伊豆国田方郡原木村(伊豆の国市韮山)がルーツで桓武平氏。今川氏の家臣に原木氏があった。現在も全国の6割弱が静岡県にあり、静岡市から藤枝市にかけて多い。

東 海 地 方　143

◆静岡県にルーツのある名字
◎井伊
　彦根藩主の井伊家のルーツは、戦国時代に遠江国引佐郡井伊谷（浜松市北区引佐町井伊谷）で今川氏に仕えていたという国衆で、藤原北家の出である藤原共保が井伊谷に住んで井伊氏を称したのが祖である。ある年の元日の朝、井伊谷の八幡宮瑞籬の井戸から赤子が生まれ、藤原共資がこれを宮司より貰い受けてわが子としたのが共保であるという。井伊家の家紋が「井桁と橘」であるのはこの伝説に由来し、橘は井戸の傍にあったのだという。井伊家は平安時代から続く在庁官人（地方官僚）で代々井伊介を称していた。この付近には古代豪族がいたことが知られており、その末裔である可能性もある。
◎井出
　県東部に多い名字で、ルーツは駿河国富士郡井出（富士宮市）。藤原南家二階堂氏の一族。戦国時代に今川氏に仕え、江戸時代は旗本となった。
◎宇佐美
　駿河地方に多い名字。藤原南家の工藤祐継の子祐茂が伊豆国田方郡宇佐美荘（伊東市）に住み、宇佐美氏を称したのが祖という。祐茂は源頼朝の挙兵に加わり、鎌倉時代は御家人となった。
◎興津
　静岡市に集中している名字。駿河国庵原郡興津郷（静岡市清水区興津町）がルーツ。藤原南家で、入江維清の孫維道が興津氏を称したのが祖である。正忠の時に徳川家康に仕え、子忠能は1,700石の旗本となった。
◎吉川
　吉川という名字は全国的には「よしかわ」と読むことが多いが、「きっかわ」とも読む。この「きっかわ」と読む吉川のルーツが駿河国有度郡入江荘吉川郷（静岡市清水区吉川）である。ここに住んだ藤原南家の一族は地名に従って「きっかわ」と読んだ。吉川氏の嫡流は鎌倉時代に安芸国に移り、戦国時代には毛利氏の一門として活躍した。
◎匂坂
　東海地方に多い「さぎさか」と読む名字のもとになったもので、遠江国磐田郡匂坂郷（磐田市）がルーツ。出自は藤原氏とも今川氏の一族ともいい不詳である。同地の国人領主で匂坂城に拠り、戦国時代は今川氏に仕え

た。今川氏の滅亡後は徳川家康に仕え、江戸時代は旗本となった。浜松市と磐田市に集中している。

◎良知(らち)

全国の8割が静岡県にあり、静岡市から牧之原市にかけて集中している。駿河国益頭(益津)郡良知郷(焼津市)がルーツ。戦国時代、今川氏や北条氏の家臣に良知氏があった。江戸時代は遠江国榛原郡四之宮村(牧之原市)に良知家があった。もとは四之宮氏を称して今川氏に仕えていたが、今川氏の滅亡で良知氏と改称し、帰農した。江戸時代は代々庄屋を務めた。

◆珍しい名字

◎小粥(こがゆ)

徳川家康が生涯に一度だけ三方ヶ原合戦で武田信玄に大敗した時、命からがら逃げた家康が、ある民家で1杯のお粥を振る舞われその家に小粥という名字を授けたのが由来。現在では「こがゆ」「おかい」と読み方が分かれる。また、小粥家の家紋は椀の上に2本の箸を置いた形であるという。

◎一尺八寸(かまつか)

これで「かまつか」と読むきわめて難読の名字。静岡県には鎌塚という名字があり、この一族が鎌の束の長さが1尺8寸(約55センチ)であることから、鎌塚という漢字を一尺八寸に改めたものと考えられる。

◎先生(せんじょう)

静岡市や牧之原市にある名字。先生という言葉は古くは「せんじょう」と読んだ。また、春宮坊の帯刀の長官も「先生」といい、木曽義仲の父の源義賢は、帯刀先生義賢(たてわきせんじょうよしかた)と呼ばれている。こうした先生を務めた人が名乗ったものか。

◎月見里(やまなし)

「月を見るには山がない方がいい」ということから、月見里と書いて「やまなし」と読む難読名字。静岡市清水区の名字で、山梨さんの一部が、漢字を月見里に変更したもの。ただし、現在では漢字通りに「つきみさと」と読む人の方が多いとみられる。

〈難読名字クイズ解答〉

①いみぎ/②うるま/③かまつか/④さぎさか/⑤しずはた/⑥しずめ/⑦そそみね/⑧ちずわ/⑨つくも/⑩つのがい/⑪なきり/⑫ねじがね/⑬はらみいし/⑭まさめ/⑮やまなし

㉓ 愛知県

〈難読名字クイズ〉
①大給／②印貢／③吉弥侯部／④久曽神／⑤雲英／⑥国立／⑦樹神／⑧甘蔗生／⑨爾見／⑩天屯／⑪立木／⑫七五三／⑬甚目／⑭欄／⑮朏

◆地域の特徴

　愛知県では鈴木、加藤、伊藤の3つの名字が飛び抜けて多く、4位以下との間に大きな差がある。そしてこの3つは県内での分布が分かれている。

　最多の鈴木は県東部の三河地方から静岡県の遠江地方にかけて圧倒的に多く、平成の大合併以前、三河地域の半数以上の市町村で最多だった。とくに旧赤羽根町（田原市）では人口の15％近くを占めるという圧倒的な最多となっていた。現在でも田原市、西尾市、南知多町など三河湾の沿岸にとくに多い。

　2位の加藤は人口比でも実数でも愛知県が全国一。尾張東部から岐阜県南部にかけて激しく集中しており、瀬戸市では人口の1割近くが加藤さん。人口の少ない市町村ならともかく、10万人規模の都市で1つの名字が人口の1割近くを占めるのは珍しい。長久手町や尾張旭市などでも最多となっている。

　3位の伊藤は伊勢国がルーツで、現在でも尾張西部から三重県北部にか

名字ランキング（上位40位）

1	鈴木	11	中村	21	柴田	31	清水
2	加藤	12	林	22	山口	32	小島
3	伊藤	13	杉浦	23	安藤	33	河合
4	山田	14	小林	24	服部	34	小川
5	近藤	15	吉田	25	神谷	35	井上
6	山本	16	森	26	長谷川	36	岩田
7	佐藤	17	石川	27	太田	37	浅井
8	渡辺	18	高橋	28	榊原	38	中島
9	田中	19	竹内	29	岡田	39	早川
10	水野	20	後藤	30	木村	40	稲垣

けて多い。とくに海部郡に多く、旧立田村（愛西市）では人口の1割以上、弥富市でも人口の8％を占める最多となっている。また、静岡県との県境にある北設楽郡の豊根村・東栄町にも多い。

上位3つの名字はいずれも県人口の2％を超しているが、4位の山田は1.2％しかなく、大きな差がついている。

山田は「山」と「田」という、まさに日本の原風景に由来する名字で、そのルーツも全国各地にあり、現在も北海道から沖縄までまんべんなく分布している。そうしたなかで、尾張の山田一族は由緒正しい。尾張国山田郡山田荘（名古屋市）をルーツとする清和源氏の一族で、鎌倉時代は御家人として『吾妻鏡』にも名前が登場することから、全国の山田一族ではこの末裔と称するものが多い。県内では尾張西部に多く、稲沢市と、あま市で最多となっている。

5位の近藤も実数・人口比とも愛知県が全国一。県の中央部に集中しており、豊明市、東郷町では最多である。

13位の杉浦は西三河に集中している名字で、ここから静岡県浜松市にかけて多い。とくに、碧南市では人口の1割近くが杉浦さん。もともとは桓武平氏三浦氏の一族で杉本氏と称していたが、杉本八郎義国が近江国に蟄居した際に、杉本の「杉」と三浦氏の「浦」をとって杉浦と名乗ったのが杉浦一族の由来であるという。

25位の神谷も西三河に多い名字で、碧南市の隣の高浜市で最多。実は神谷は沖縄にも多く、全国的にみると、愛知県と沖縄県に多いという珍しい分布となっている。なお、この2つの名字に直接の関係はない。

38位の中島は全県に広がっているが、尾張地区では濁らない「なかしま」が多く、三河地区では「なかじま」と濁ることが多い。本書では、濁点のありなしは同じとみなしているため、38位というのは両方合わせた順位である。

41位以下では、84位鬼頭、85位都築、87位白井、99位中根あたりは珍しい名字というわけではないが、他県ではあまり多くないものだ。

とくに鬼頭は全国の3分の2が愛知県在住。そして、その約半分が名古屋市付近に集中している。

都築も全国の約半数が県内にあり、豊田市・岡崎市・安城市に集中している。なお、県内でも美浜町では都筑と書く。

101位以下では、新美、夏目、鵜飼、犬飼、尾関、間瀬などが特徴。新美は全国の7割以上が県内にあるという愛知県を代表する名字の一つで、県内でも半田市・阿久比町・東浦町の3カ所に激しく集中している。童話作家新美南吉も半田市の出身である。

　夏目のルーツは長野県の地名だが、三河に移った一族が繁栄した。現在は豊橋市から浜松市にかけての地域に集中している。

　犬飼と鵜飼は、ともに古代の職業に由来する名字。鵜飼は尾張北部から岐阜県南部にかけて集中しており、犬飼は名古屋市に集中している。尾関も一宮市から岐阜市にかけて集中しており、この付近では小関も「おぜき」と読む。この他、間瀬は半田市に多い。

●地域による違い

　名古屋市を含めた尾張北部では、加藤・伊藤が集中しているほか、丹羽や水野も多く、岐阜県や三重県と共通している。

　小沢は全国に見ると圧倒的に「おざわ」と読むことが多いのだが、実はところどころに「こざわ」が集中している場所がある。愛知県の稲沢市から江南市にかけての地域もその一つで、この地域では小沢の約9割は「こざわ」と読む。

　この他、一宮市に岩田、半田市に榊原が激しく集中しているほか、美和町の花木、津島市の大鹿、愛西市の神田・祖父江、弥富市の下里、蟹江町の佐治、尾張旭市の若杉が特徴。

　尾張南部では半田市で榊原が圧倒的な最多となっているほか、早川、新美、加古が多いなど、やや違う分布となっている。東海市の蟹江・坂野、大府市の鈴置・伴、知多市の新海・鰐部、常滑市の久田、東浦町の久米・長坂、阿久比町の岡戸、南知多町・美浜町の大岩などが独特。

　一方、三河地区では鈴木が圧倒的に多く、豊橋市をはじめ、岡崎市、豊田市、新城市、田原市、西尾市などで最多である。その他では神谷・杉浦・白井といった愛知県独特の名字が目立つ。

　また、岡崎市に中根、蒲郡市に小田、安城市・高浜市に神谷が激しく集中しているほか、碧南市の祢宜田・祢宜田、蒲郡市の壁谷・千賀、一色町の三矢、幡豆町の大嶽、新城市の今泉・佐宗、田原市の河辺・小久保・中神・度会などが独特の名字である。

● 読み方の分かれる名字

　長谷という名字は、全国では7割弱が「はせ」で、3割弱が「ながたに」。残りの6％前後が「ながや」と読むのだが、「ながや」さんの大半は愛知県にある。したがって、愛知県内では長谷は「ながや」と読む人が一番多い。とくに幸田町や、西尾市の旧吉良町に集中している長谷はほぼすべて「ながや」である。

　県内で読み方の分かれる名字には二村がある。二村は愛知県を中心として東海地方に多い名字だが、全国の二村さんの4割近くが集中している愛知県でその読み方が割れている。こういう場合は、県内でもそれぞれの名字の分布に偏りがあるのが普通だが、愛知県の二村の場合は、西尾市と蒲郡市で「ふたむら」、岡崎市で「にむら」が多いのを除くと、全県で「にむら」と「ふたむら」が拮抗している。最も二村の多い名古屋市でも6割が「ふたむら」で「にむら」が4割。県全体でもこの割合は変わらない。ちなみに、全国的には「ふたむら」と「にむら」は、およそ7対3という割合である。

● 足利一族

　県内の地名にルーツを持つ一族の代表は足利一族である。足利氏は栃木県足利市を本拠とする一族だが、三河国にも大きな所領を持っていたことから、一族が三河各地に住んで地名を名字とした。仁木氏、細川氏、今川氏、吉良氏、一色氏などがそうで、のちに他国に移って戦国大名となった家もある。熊本藩主の細川家や、忠臣蔵で有名な吉良上野介もこの末裔。

　細川氏のルーツは三河国額田郡細川郷、現在の岡崎市細川。室町時代には四職を務め、全国各地に所領を得て広がった。江戸時代の熊本藩主となった細川氏は、和泉上守護家を務めていた細川氏の出で三淵氏を継いでいた藤孝（のちの幽斎）が、将軍義晴の命で細川氏を再興したもの。

　今川氏のルーツは三河国幡豆郡今川荘で、現在の西尾市。室町時代は駿河・遠江に転じて戦国大名となった。なお、細川も今川も地形由来（細川は細い川、今川は新しく流れの変わった川）のため、他の場所をルーツとする一族もある。

　吉良氏は今川氏の本家筋にあたる。足利義氏の子長氏と義継がともに吉良荘（西尾市）の地頭となって吉良氏を称したのが祖。「忠臣蔵」ではすっかり悪役のイメージだが、その所領だった吉良町では名君として知られている。

東海地方

● **豊臣秀吉の家系**

本能寺で倒れた織田信長の遺志を継いで戦国時代を統一した豊臣秀吉は戦国時代の下剋上を象徴する人物である。戦国時代といえば、なんの後ろ盾もない人物が、槍一筋で成り上がれた時代のように思われているが、秀吉を除くと、下剋上によって成り上がったといわれる武将たちもそれほど下層階級の出身ではない。

戦国時代の幕をあけた北条早雲も、かつては一介の浪人あがりといわれたが、現在では室町幕府の有力御家人伊勢氏の一族とされており、織田信長も分家の分家とはいいながら「殿様」の範疇に入る家柄の出である。

しかし、豊臣秀吉の父は元足軽にすぎず、秀吉自身は当初は武士ですらなかった。秀吉の父は尾張国中村（現在の名古屋市）の木下弥右衛門といい、織田信長の鉄砲足軽を務めていたが、戦で負傷したために中村で帰農していた。当然ながら、その先祖などはわからない。それどころか、父が木下という名字であったことすら怪しいともいわれる。

秀吉は信長に仕えて頭角を著し、足軽から武士へと出世。やがて、信長の有力家臣である、丹羽長秀の「羽」と、柴田勝家の「柴」の字をとって羽柴という名字を名乗った。

その後、天下を統一すると秀吉は豊臣と名乗るようになった。この豊臣は名字でなく新しい姓で、自ら源平藤橘に並ぶ5番目の姓といっている。

しかし、天下を統一した豊臣家も大坂の陣で息子の秀頼が自刃し、わずか2代であっさりと滅んだ。したがって秀吉の直接の子孫は残っていないが、秀吉の妻の実家木下家は江戸時代には備中足守藩と豊後日出藩の藩主となり幕末まで続いた。明治の歌人木下利玄は、足守藩主の末裔である。

● **松平氏と徳川家**

江戸時代の将軍家、徳川家が、徳川と名乗ったのは初代将軍家康の時である。それ以前は松平という名字を称していた。松平というのは愛知県豊田市にある地名で、松平氏はもともとここを本拠地とする三河の小土豪だった。室町時代中期に松平信光が松平郷を出て西三河に勢力を広げ、やがて信光の三男の親忠が率いる安祥松平家が一族の総帥となった。この間多くの庶子家を出し、戦国時代には西三河を代表する戦国大名となっていた。しかし、清康・広忠親子が相次いで不慮の死をとげたことで一挙に没落。本拠の安祥城は今川家の管理下におかれ、広忠の子家康は駿河の今川家の

もとで人質となるほど落ちぶれていた。

のちに今川家から独立すると、永禄9 (1566) 年に徳川氏と改称した。この徳川とは清和源氏新田氏の一族であるという。新田氏の系図をみると、新田義重の子義季が上野国得川に住んで得川を名乗ったとある。松平家に伝わる伝承によると、祖親氏は実はこの子孫で、三河の土豪である松平氏の入婿となって松平氏を継いだのが祖といい、家康は先祖の名字に戻したというのである。この系図に信憑性はないが、三河松平の小土豪だった松平家の名跡を継いで大発展させた入婿の親氏には、勢力を拡大していく過程において、自らの出自を粉飾する必要があったのだろう。

家康は徳川に改めたが、変えたのは家康だけで、他の一族はみな松平のままであった。しかも、家康の子どものなかでも徳川を名乗ったのは、水戸・尾張・紀伊の各藩主となった御三家だけだった。八代将軍吉宗の時代に、一橋・田安・清水の御三卿も徳川を名乗ったが、いずれにしても徳川とは、将軍家とごく近い親戚が名乗ることのできる特別の名字だった。

◆愛知県ならではの名字
◎阿知波（あちわ）

全国の4分の3が愛知県にあり、その大半が知多市と知多郡東浦町に集中している。三河国額田郡阿知波（岡崎市）がルーツで、能見松平氏の一族というが、尾張藩士の阿知波家は藤原姓と伝えるなど、複数の由来がある。なお、東海市では阿知和とも書く。

◎壁谷（かべや）

全国の7割以上が愛知県にあり、その大半が蒲郡市に集中していることから、全国の半数以上が蒲郡市にある。江戸時代から同地には壁谷家があったことが知られる。

◎木全（きまた）

東海地方に多い「きまた」と読む名字のもとになったもの。尾張国中島郡木全村（稲沢市）がルーツで、現在も一宮市を中心に尾張地区北部に多い。三河東部から遠江にかけては木俣、岐阜県の土岐市付近では木股、静岡県東部では木又と書く。

◎黒柳（くろやなぎ）

三河地方の名字。「畔」とは田んぼの境界線につくられた「あぜ」のことで、そこに植えられた柳が名字の由来。戦国時代にはすでにみられる。岡

崎市を中心に三河一帯に分布している。もとは「畔柳」で、のちに「黒柳」に変えたとみられる。
◎千賀(せんが)
三河地方に多く、とくに蒲郡市や田原市に集中している。志摩国答志郡千賀(三重県鳥羽市千賀町)がルーツで、九鬼氏の一族。初め九鬼氏とともに北畠氏に従う。のち尾張国知多郡師崎(知多郡南知多町)に移り、重親の時徳川家康に仕えた。江戸時代は尾張藩士となり、幕末の千賀信立が著名。
◎千秋(せんしゅう)
熱田神宮の神官の名字。熱田神宮は古代豪族尾張国造(こくぞう)氏の末裔という熱田大宮司家(尾張氏)が代々神官を務めていた。平安時代末期に40年間にもわたって熱田神宮の大宮司を務めたという尾張員職は、娘を尾張国目代(もくだい)の藤原季兼の妻としていた。尾張員職は大宮司を退く際にこの二人の間に生まれた季範(すえのり)に大宮司職を譲ったため、以後大宮司家は尾張姓から藤原姓となった。季範の娘由良御前は源義朝との間に一子頼朝を設け、頼朝が源氏の長として鎌倉幕府を開いたことから、季範の子孫は尾張一帯に広がり、多くの一族が栄えた。やがて、そのうちの千秋(せんしゅう)家が代々大宮司職を世襲するようになり、明治時代には男爵家となっている。
◎新家(にいのみ)
西尾市を中心に、安城市や岡崎市に集中している。新家の読み方としては、「しんや」に次いで多い。古代豪族に物部氏の一族という新家氏があり、その末裔か。

◆愛知県にルーツのある名字
◎今川(いまがわ)
足利将軍家の庶流で、三河国幡豆郡今川荘(西尾市)がルーツ。足利長氏の二男国氏が今川荘に住んで今川氏を称したのが祖で、南北朝時代、孫の範国は足利尊氏に仕えて遠江国・駿河国の守護となる。以後代々守護を世襲、戦国初期に氏親が駿河・遠江を支配して「今川仮名目録」を制定し、戦国大名となった。江戸時代、子孫は旗本となっている。
◎蟹江(かにえ)
全国の4分の3以上が愛知県にあり、尾張国海部郡蟹江(海部郡蟹江町)がルーツ。東海市から名古屋市南区にかけて集中している。江戸時代の知

多郡寺中村（東海市）の庄屋に蟹江家があった。
◎水野（みずの）

　尾張国春日井郡山田荘水野（瀬戸市）がルーツで、清和源氏満政流。初代重房は知多郡英比郷小河（知多郡東浦町）に住んで小河氏を称し、その子重清が源頼朝に仕えて山田荘の地頭となり、同荘内の水野に住んで水野氏を称したのが祖という。

◆珍しい名字
◎勘解由（かげゆ）

　豊橋市の名字で、三河国渥美郡七根村（豊橋市）には旧家の勘解由家があった。同家はもとは朝倉氏だったが、三方が原合戦の際に徳川家康に従って家康から勘解由の名を賜って朝倉勘解由と名乗った。そして、のちに子孫が勘解由を名字にしたという。

◎吉弥侯部（きみこべ）

　岡崎市にある吉弥侯部の歴史は古く、また吉弥侯部は名字ではなく姓である。古代、律令国家に降った蝦夷に与えられたもので、伊予国に移り住んだ吉弥侯部勝麻呂などの名が知られている。

◎月東（げっとう）

　尾張国知多郡朝倉村（知多市）の名字。桶狭間合戦の際、敗れた今川義元の残党が月を東に見て逃げたことから生まれたという。

◎樹神（こだま）

　山に向かって声を投げると、その少し間をおいて声が返ってくる。これが「こだま」だが、「こだま」とは山に生えている木の魂だともいわれた。そこから、樹神と書いて「こだま」という名字が誕生した。おそらく児玉から漢字が変化したものだろう。

◎朏（みかづき）

　月は日によって見える形が違う。何も見えない新月の日から、初めて月が出るようになった頃は細い三日月である。そこから月偏に出と書いて「みかづき」と読ませるもの。

〈難読名字クイズ解答〉
①おぎゅう／②おしずみ／③きみこべ／④きゅうそじん／⑤きら／⑥こくりゅう／⑦こだま／⑧さとうぶ／⑨しかみ／⑩たかみち／⑪ついき／⑫なごみ／⑬はだめ／⑭ませき／⑮みかづき

東海地方

24 三重県

〈難読名字クイズ〉
①天春／②位田／③宇治土公／④垂髪／⑤産屋敷／⑥王来王家／⑦界外／⑧海住／⑨強力／⑩権蛇／⑪所神根／⑫村主／⑬舌古／⑭樋廻／⑮神戸中

◆地域の特徴

　三重県の名字では圧倒的に伊藤が多い。県全体の人口に占める割合は3%に近く2位山本の2倍近くある。とくに県北部では人口の1割近くが伊藤である。伊藤とは「伊勢の藤原」という意味なので三重県に多いのは当然という感じもするが、加藤は加賀＝石川県には多くなく、遠藤も遠江＝静岡県に多いわけではない。こうした名字が生まれてからすでに1000年ほどが経過しており、必ずしもルーツの地に集中しているというわけでもない。

　2位山本、3位中村、4位田中と西日本系の名字が並び、5位鈴木、6位加藤、7位小林は東日本系の名字。県内に名字における東西の境目が通っているため、東日本に多い名字と西日本に多い名字が混じったランキングとなっている。8位には三重県を代表する名字である水谷が入る。水谷は県北部に多く、旧多度町（桑名市）では人口の11%が水谷だった。ここから愛知県西部、岐阜県南部にかけて集中しており、この付近だけで全国の約半数が住んでいる。この付近は、濃尾平野を流れる3つの大河、木曽川、

名字ランキング（上位40位）

1	伊藤	11	佐藤	21	松本	31	太田
2	山本	12	西村	22	山田	32	高橋
3	中村	13	中西	23	清水	33	吉田
4	田中	14	渡辺	24	谷口	34	後藤
5	鈴木	15	服部	25	橋本	35	小川
6	加藤	16	前田	26	大西	36	井上
7	小林	17	中川	27	近藤	37	藤田
8	水谷	18	山下	28	村田	38	辻
9	森	19	林	29	長谷川	39	竹内
10	山口	20	浜口	30	岡田	40	松田

長良川、揖斐川の流域で、水谷一族もこの川を利用していた一族であろう。

41位以下では、44位稲垣、55位出口、85位倉田、86位野呂などが特徴。

稲垣は県内の地名がルーツ。津市に地名があり、江戸時代に鳥羽藩主などを務めた大名の稲垣家も、室町時代に津市から三河に転じて松平氏に仕えたのが祖という。現在も津市から四日市市にかけて多い。

出口は三重県・和歌山県・長崎県の三県に多い名字で、三重県が最多。県北部と伊勢市付近の2カ所に多い。野呂は三重県と青森県に集中しているという変わった分布をしており、旧勢和村（多気町）では村内で最多の名字だった。

101位以下では、矢田、中森、世古、川北、駒田、山際（やまぎわ）、坂倉、瀬古が独特。三重県では、細い路地のことを「せこ」といった。ここから生まれたのが「せこ」という名字で、世古・瀬古などの漢字をあてた。熊野市・海山町を中心に県南部では世古が多く、県北部では瀬古が多い。マラソン選手として有名な瀬古利彦氏は県北部の桑名市の出身。この他にも伊勢市付近の世古口、旧紀勢町（大紀町）に多い中世古などがある。

川北は津市の地名がルーツで、中世には川北城に拠って長野氏に属した国衆の川北氏があった。現在でも津市から四日市市にかけて多い。また、河北・川喜田・川喜多など、漢字の違う「かわきた」も多い。

● 地域による違い

県北部は濃尾平野の西端に位置し、名古屋市への通勤圏でもあることから、名古屋市と共通する名字が多い。とにかく伊藤が圧倒的に多く、平成大合併以前にあった17市町村のうち、13市町村で伊藤が最多だった。次いで加藤、小林、水谷などが多い。特徴的な名字には、木曽岬町の黒宮・諸戸（もろと）、多度町の蛭川（ひるかわ）、いなべ市の日紫喜（ひしき）、菰野町の諸岡（もろおか）など。

旧伊賀国である伊賀地区は、もともと滋賀や奈良との結びつきが強かったうえ、近年は大阪への通勤圏ともなっていることから、山本・田中の多い西日本型。また中森、福森、藤森、など「森」の付く名字が多いほか、柘植（つげ）、服部なども目立つ。旧大山田村では最多が中で、以下、東、西口、西と続き、方位由来の名字が多い。

県庁所在地の津市や松阪市を中心とする中勢地区は、東日本の伊藤と、西日本の田中が多く、次いで鈴木、山本、中村も多いなど、東西のメジャーな名字が混じっている。また、津市のうち、旧安濃町では紀平が最多だっ

たほか、旧河芸町の別所、旧香良洲町の土性(どしょう)など、珍しい名字も多い。

旧志摩国である鳥羽地区は、中勢地区とは全く違う独特の分布である。平成大合併前にこの地域にあった6市町で最多となっていた名字は、鳥羽市が中村であるほか、志摩市のうち旧磯部町が大形、旧阿児町が前田、旧浜島町が柴原、旧大王町が山際、旧志摩町が浜口とすべて違っていた。旧阿児町の谷川原(たにがわら)、旧大王町の天白(てんぱく)、旧志摩町の磯和など独特の名字も多い。

伊勢市を中心とする南勢地区では、山本、中村、中西、大西など、地形由来や方位由来の名字が多い。旧勢和村で野呂が最多だったほか、大台町の前納(まえのう)、玉城町の見並などが独特の名字である。

そのさらに南の東紀伊地区は、かつて旧紀伊国だった。この地区は東、西、南といった、方位そのものの名字が多いのが特徴で、大川や榎本も多い。独特の名字には、尾鷲市の三鬼(みき)、旧海山町の畦地(あぜち)、家崎などがある。

● **東西の境目**

三重県の名字の最大の特徴は、県内に名字における東西の境目が通っていることだ。日本海側では新潟県と富山県の県境できっぱり変わっているのに対し、太平洋側でははっきりとした境目はなく、三重県内でゆるやかに変化する。

県北部では伊藤が圧倒的に多く、加藤、小林も多い完全な東日本型である。今では大阪への通勤圏となっている西部の伊賀地区では山本、田中が多い完全な西日本型。南勢地区は山本、中村の2つが圧倒的に多く、次いで西村、中西などが続き、明らかな西日本型。鳥羽地区や東紀伊地区では東西どちらともいえない独特の名字が多いが、それでも田中、山本、中村といった西日本系の名字が多い一方で、伊藤や加藤はほとんどなく、やはり西日本型の地域だろう。

残る中勢地区は、津市では伊藤(東日本型)が最多で、2位が田中(西日本型)。以下も東の鈴木と加藤、西の山口・山本・中村などが多い東西混在型。県庁所在地のため、県内各地から人が集まって来ているということも関係していると思われる。平成大合併以前の旧市町村でみると、津市北部の旧河芸町では後藤が最多で、伊藤も多い東日本型。一方、南西部の旧久居市では1位が西の田中で、以下、鈴木(東)・伊藤(東)・山本(西)と、やはり東西の名字が混在している。

ところが、雲出川(くもず)を渡った南側の旧三雲町では、最多こそ伊藤(東)で

あるものの、以下は田中・中村など西の名字が多くなり、そのさらに南の松阪市では1位田中、2位中村と完全に西日本型の名字となっている。

これらを総合すると、太平洋側では津市の雲出川の流域が東西の境目となっていると考えられる。

● 斎藤のルーツ

「さいとう」という名字は漢字のバリエーションが多い。戸籍の電算化の際には実に85種類もの書き方が見つかったというが、現在は20種類ほどに整理されたとみられる。このなかでは斎藤、斉藤、齋藤、齊藤の4種類が多いが、この4つの書き方について、「さいとう」さん本人もどう違うのかを知らないことも多い。

斎藤と齋藤は、「斎」が新字で「齋」が旧字という関係で、同じ漢字の書き方の違いである。同じく、斉藤と齊藤も漢字の新旧字体の違いである。しかし、斎藤と斉藤の場合、「斎」と「斉」は別の漢字で漢字そのものの意味が違っている。そもそも「斉」という漢字の読み方は「せい」である。しかし、名字としてはルーツ的にも全く同じで、「さいとう」さん本人でも混同して使っていることもある。

「さいとう」一族も、下に「藤」と付くことから藤原氏の末裔で、伊勢神宮に関係している。伊勢神宮は天皇家と関わりが深く、かつては代々天皇家の未婚の女性が斎王となって伊勢神宮に奉仕していた。そのため、朝廷には斎王に仕えるため斎宮寮という部署もあった。

藤原北家利仁流の祖である利仁の子叙用は、斎宮寮の長官である斎宮頭となったことから、斎宮頭の「斎」と藤原の「藤」をとって、斎藤を名字としたのが斎藤氏の始まり。当時は旧字体を使用していたので、「さいとう」一族の本来の書き方は齋藤である。しかし「齋」の字は難しい。そこで、「齋」を簡略にした「斎」という漢字が使われるようになり、斎藤と書くのが一般的になった。やがて、「斎」よりさらに簡単な「斉」という漢字で代用し、斉藤という書き方も生まれたと考えられ、「斉」を旧字体に戻した齊藤という名字も誕生した。さらに、明治に戸籍に登録した際に、多くの書き間違いや独自の略字を書いた人が多かったことから、多くの「さいとう」さんが生まれた。現在では斎藤が一番多く、次いで斉藤、齋藤、齊藤の順である。

● 服部の由来

県順位15位の服部は一般的には職業由来を代表する名字だが、県内の

近畿地方 157

服部は地名由来ともいえる。

服部とは本来職業に由来する名字で、古代に機織りを担当した服織部(はたおりべ)がルーツ。「服織部」から真ん中の「織」が欠落して漢字は「服部」となる一方、発音では末尾の「べ」が落ちて「はたおり」となり、さらに音便作用で「はっとり」になったもの。漢字と読み方で欠落した部分が違うため、対応しなくなった。服部一族はその職能で全国に広がり、住んだところは地名にもなった。

県内の服部のルーツは、伊賀国服部郷(伊賀市)。鎌倉時代に幕府の御家人となって伊賀一帯に勢力を広げ、室町時代には有力国人に成長したが、戦国時代に織田信長の伊賀攻めで没落した。その後、服部半蔵正成が徳川家康に仕え、江戸時代は伊賀衆と呼ばれる旗本となっている。いわゆる伊賀忍者の頭領の家系である。

◆三重県ならではの名字
◎荒木田(あらきだ)

伊勢神宮内宮禰宜(ねぎ)の名字。天見通命の子孫といい、景行天皇の時代に伊勢国度会郡(わたらい)大貫(度会郡度会町大野木)に住んで大貫連の姓を賜り、成務天皇の時代に最上が荒木田神主の姓を賜ったのが祖である。一族は度会郡に多くの分家を出して地名を名字として、明治時代まで神官を世襲した。

◎紀平(きひら)

津市に独特の名字。とくに旧安濃町には全国の45%が集中しており、町内で最多となっていた。もともとは紀姓だったが、同地が伊勢平氏の本拠地だったことから平氏にもあやかって2つの姓を合わせ、紀平と名乗ったといわれる。

◎日紫喜(ひしき)

全国の6割が三重県にあり、いなべ市の旧員弁町域に集中している。元は渡辺という名字の鋳工だったが、豊臣秀吉の命で京都の某寺の洪鐘を鋳造した際、最初の銅湯が、ちょうど日の出の時刻(日出=ひじ)に涌いたため、秀吉が「日出とは喜でたい」と賞賛し、「紫」の嘉字を用いて「日紫喜」としたという。

◎度会(わたらい)

伊勢神宮外宮の禰宜。天日別命(あめのひわけのみこと)の子孫で、垂仁天皇の時に大若子が伊勢国造に任ぜられ、大神主を兼ねたという。のち4門に分かれ、二門と

四門が栄えた。二門からは松木氏、久志本（くしもと）氏などが出、維新後、禰宜家筆頭の松木家が男爵を授けられた。

◆三重県にルーツのある名字
◎榊原（さかきばら）
　越後高田藩主などを務めた榊原家は津市の地名がルーツと伝える（異説もある）。室町時代に三河に転じて松平氏に仕え、康政が徳川家康の四天王の一人にも数えられて数々の戦で功を挙げた。現在、榊原は愛知県の半田市付近に集中しており、三重県内ではそれほど多くない。

◎牧戸（まきど）
　全国の4割以上が三重県にあり、松阪市に集中している。津市や伊勢市にも多いほか、愛知県尾張地方にも広がっている。伊勢国度会郡牧戸村（度会郡度会町牧戸）がルーツ。

◆珍しい名字
◎王来王家（おくおか）
　鈴鹿市などにごくわずかだけある名字。「おくおか」と読み、漢字だけをみると王家の末裔という雰囲気だが、実は三重県北部は奥岡という名字の集中している場所でもある。王来王家も奥岡から漢字が変化したものではないだろうか。

◎肥満（ひまん）
　三重県を代表する珍しい名字で松阪市などにある。松阪の肥満家には名字の由来が伝わっている。かつて旅のお坊さんを家に泊めたとき、お坊さんはお礼として石をくれた。この石、なぜかどんどん肥え太るように大きくなっていき、それと同時に村も栄えるようになったという。実はその旅のお坊さんとは有名な弘法大師だったので、村人はこの石にあやかって名字を肥満にしたという言い伝えが残っている。これは、全国各地に伝わる弘法大師伝説の一つだが、中世以前では「太っている＝裕福」という概念が一般的にあったことから、あえて肥満という名字を名乗ったものと考えられる。

〈難読名字クイズ解答〉
①あまかす／②いんでん／③うじとこ／④うない／⑤うぶやしき／⑥おくおか／⑦かいげ／⑧かいじゅう／⑨ごうりき／⑩ごんじゃ／⑪しょしね／⑫すぐり／⑬ぜっこ／⑭ひばさみ／⑮みとなか

25 滋賀県

〈難読名字クイズ〉
①有馬殿／②姓濃／③巨椋／④鳩代／⑤口分田／⑥漣／⑦皇／⑧常諾／⑨羽者家／⑩比売宮／⑪鉤／⑫裸／⑬峠岡／⑭六／⑮万木

◆地域の特徴

　滋賀県の名字のベスト5は田中、山本、中村、西村、山田で近畿地方の典型的分布。いずれも県全体に広がっているが、山本は県南部、山田は県東部に多い。滋賀県の特徴は、6位中川と7位北川がほぼ同数で並んでいること。別に珍しい名字ではないが、北川がベスト10に入っているのは滋賀のみ。人口比ではともに滋賀が全国一で、滋賀県から北陸にかけて多い名字だ。県内では彦根市で最多となっている。中川は湖北地区に多く、長浜市で最多。

　この他、15位辻、16位奥村、18位西川なども、これほどランキングの上位に入っている県は珍しい。これ以下をみても、地形や方位に由来する名字が圧倒的に多く、100位以内には滋賀県独特の名字は全くないといっていい。また、上位は隣の京都府と非常に似ており、大きく違うのは京都府で第9位の松本が滋賀県では27位となっていることくらい。

　101位以下では寺村、深尾、定田（ひきた）、横江、田井中、駒井、上林（かんばやし）、脇坂、

名字ランキング（上位40位）

1	田中	11	吉田	21	藤田	31	小川
2	山本	12	小林	22	高橋	32	加藤
3	中村	13	清水	23	上田	33	大橋
4	西村	14	北村	24	橋本	34	青木
5	山田	15	辻	25	中島	35	鈴木
6	中川	16	奥村	26	谷口	36	今井
7	北川	17	森	27	松本	37	渡辺
8	木村	18	西川	28	前田	38	松田
9	林	19	伊藤	29	岡田	39	中西
10	井上	20	山口	30	村田	40	松井

野瀬、松宮、桂田、神山（こうやま）、夏原、桐畑などが特徴。このうち、深尾と神山は岐阜県と、定田・松宮は福井県と共通する名字である。

114位には馬場（ばんば）、122位には馬場（ばば）と馬場が2つ入っている。馬場とは、乗馬の練習をした場所のことで、馬場という名字も沖縄と出羽地方を除く各地に広く分布している。しかし、そのほとんどの読み方は「ばば」である。ところが、滋賀県では馬場と書いて「ばんば」と地名がいくつかある。また、京都市の柳馬場通も「やなぎのばんばどおり」と読むなど、この地域では馬場を「ばんば」と読むのは珍しいことではない。こうした「ばんば」地名に由来する馬場という名字は「ばんば」と読む。

滋賀県では馬場という名字の半数を超える51％が「ばんば」と読み、49％が「ばば」。県内では「ばんば」の方がわずかに多い。隣の京都府でも45％が「ばんば」と読むが、この2府県以外では「ばんば」と読むのは珍しい。

この他、藤居、松居、中居、浅居など、「井」の代わりに「居」の字を用いた名字が多いのも滋賀県の特徴の一つ。とくに藤居は全国の半数近くが滋賀県にあり、長浜市と彦根市に集中している。

岐阜県との県境にある伊吹山は古くから霊峰とされた。この伊吹山をルーツとする伊吹という名字も滋賀県らしい名字の一つ。長浜市に多く、とくに伊吹山麓の旧浅井町に集中している。伊吹町では、漢字の変化した伊富貴が多いほか、伊夫伎や井吹という書き方もある。

● 地域による違い

滋賀県は県の中央に琵琶湖があり、その周囲を大きく4つの地域に分けることができる。

大津市を中心とする湖西地区は、京都市のベッドタウンでもあるため、京都市と似たような分布となっている。とくに大津市では滋賀県全体の分布と大差がないが、堀井や青山が比較的多い。

高島市は平成大合併で高島郡に所属する6つの町村が合併したものだが、合併以前の町村で一番多い名字は、旧高島町が林、旧安曇川町（あどがわ）が中村、旧新旭町が清水、旧今津町が藤原、旧マキノ町が青谷、旧朽木村（くつき）が山本とすべて違っていた。また、2位以下にも独特の名字が多く、旧高島町の2位は万木と書いて「ゆるき」と読む難読名字。万木は旧安曇川町の地名をルーツとするもので、宇多源氏の流れを汲む名家である。この他にも、旧高島町の三矢・大辻、旧安曇川町の早藤、旧新旭町の饗庭（あえば）、旧今津町の河原田・

桂田、旧マキノ町の粟津などが独特。

　草津市から甲賀市にかけての湖南地区は、近年急速に発展した地域で、他府県からの人口の流入も多く、あまり特徴がみられない。しいてあげれば、山元、宇野、奥村などがこの地域を代表する名字といえる。独特の名字としては、草津市の杉江、栗東市の国松、湖南市の上西など。とくに上西を「じょうにし」と読むのは湖南市の旧甲西町独特の読み方である。

　甲賀市では、旧水口町の鵜飼・宿谷、旧甲賀町の瀬古・広岡・雲、旧土山町の立岡・土山、旧信楽町の神山・黄瀬・植西などが独特。瀬古は三重県の名字であるなど、この地域では三重県の影響もみられる。

　琵琶湖東岸に広がる湖東地区は、滋賀県本来の名字が多く残る地域である。全般的に北川、西川、西村、辻など、滋賀県の特徴となっている方位や地形由来の名字が非常に多い。

　守山市では三品、野洲市では白井、苗村、竜王町では古株、日野町では池元、近江八幡市の旧安土町では山梶、愛荘町では上林、藤居などが特徴。

　東近江市では、旧能登川町の最多が田井中だった。田井中は実に全国の約3割が旧能登川町だけに集中しているという特異な名字。かつて琵琶湖につながる内湖としては最大の面積を誇った大中ノ湖に由来するとみられる。旧八日市市の小梶、旧五個荘町の猪田・市田、旧永源寺町の端・松吉・図師、旧蒲生町の福永、旧湖東町の国領なども独特。

　犬上郡の3町は合併しなかったため、現在でも多賀町で夏原が最多なほか、豊郷町で浅居、甲良町で松宮、多賀町で小財が多いなど独特の分布となっている。

　湖北地区になると、さらに独特の分布となる。中心都市である長浜市は、平成大合併で、東浅井郡・伊香郡全域を吸収して広大な市域となった。これらの地域には独特の名字も多く、旧湖北町では脇坂、旧余呉町では桐畑が最多だったほか、旧湖北町の七里、旧浅井町の宮元、旧高月町の弓削、旧木之本町の岩根、旧余呉町の武友など、独特の名字が多い。

　一方、旧坂田郡は4町が合併して米原市となった。ここでは、旧米原町の鍔田、旧近江町の柏渕、旧山東町の丸本・野一色、旧伊吹町の伊賀並が独特。

● 佐々木一族

　滋賀県を代表する一族は佐々木氏である。近江八幡市の安土駅東側の田

園地帯の中に沙沙貴神社という古い神社があり、この付近一帯は中世に佐々木荘と呼ばれていた。ここに住んだ氏族が名乗った名字が佐々木である。

実は、佐々木氏には2つの流れがある。もともと古代からこの地に住み、沙沙貴神社の神官でもあった古代豪族の佐々木氏と、平安時代後期に宇多源氏の末裔が武士として赴任して地名をとって名乗った武家の佐々木氏の2氏である。

平安末期、佐々木神主系の佐々木氏は平家政権のもとで栄えていた。そこで、宇多源氏佐々木氏は一発逆転を狙って流人であった伊豆の源頼朝のもとに自分の子どもを派遣したのだ。この狙いは見事に当たり、頼朝が政権をとると、宇多源氏佐々木氏は幕府の有力氏族となって大きく発展をとげ、全国に一族が広がっていった。

地元佐々木荘では、2つの佐々木氏は婚姻関係を結んで同化し、やがて沙沙貴神社を中心とする1つの佐々木氏としてまとまった。そして系図も統合し、沙沙貴神社には本来宇多源氏系佐々木氏の家紋である四つ目結が記され、境内の一角には佐佐木源氏発祥の地という碑も建てられている。

佐々木一族は周辺一帯に広がって、地名を名字とした。山陰の戦国大名尼子氏、近江の戦国大名六角氏、江戸時代の丸亀藩主京極家、福知山藩主朽木家、播磨林田藩主建部家は武家佐々木氏の出である。

● 甲賀一族

甲賀地方は、伊賀と並ぶ忍者の里で、ここには甲賀53家といわれる数多くの地侍がいた。有名な一族には望月家、伴家、山中家、美濃部家、和田家、三雲家、多羅尾家、杉谷家などがある。

この中で棟梁的な存在だったのが山中家で、戦国時代は六角氏に従い、永禄11（1568）年に六角義賢・義治父子が織田信長に追われて甲賀郡に逃げると、六角氏とともに信長と戦っている。のち信長に仕えたが、天正13（1585）年豊臣秀吉によって所領を奪われ帰農した。

本能寺の変の直後、堺にいた徳川家康がわずかな供を引き連れて領国の三河に逃れたとき、途中で甲賀を通過した際に甲賀武士たちが家康の護衛をしたことから、のちに家康の家臣となった一族も多い。美濃部氏の子孫は旗本となり、その末裔からは落語家の古今亭志ん生が出ている。

● 浅井一族の読み方

　近畿地方を代表する戦国大名の一つに、近江の浅井氏がある。亮久・久政・長政と3代にわたって近江の戦国大名として活躍、とくに長政は織田信長の妹お市の方を妻としたことでも知られる。しかし、信長が朝倉氏を攻めた際には信長を裏切って朝倉方につき、後に信長によって滅ぼされている。

　この浅井長政、一般的には「あさい・ながまさ」といわれているが、戦国時代に詳しい人だと「あざい」と濁って読むことがある。平成23（2011）年のNHK大河ドラマ「江」でも浅井氏のことを「あざい」と発音していた。

　これは、平成22年に長浜市に合併した滋賀県東浅井郡浅井町という地名が、郡名も町名もともに「あざい」と濁って読んで読んでいたことや、『節用集』という資料に「あざい」と振られていることに由来している。

　しかし、この資料では越前の朝倉氏のことも「あざくら」と読んでいることや、現在の東浅井郡が昔から「あざい」だったかどうかは確認できないことから異論もあり、「やはり、あさいが正しい」という説もあってはっきりとしない。

◆滋賀県ならではの名字
◎一円
　　いちえん

　多賀町の一円という名字は、お金の単位に由来するものではない。ルーツは町内にある地名で、かなり古くから同地に一円氏がいたことが知られている。のち一族は土佐に移り、戦国時代には室戸市の羽根城主の一円氏がいた。現在でも、滋賀県と高知県に集中している。

◎上坂
　　こうさか

　上坂は「うえさか」と読むものが一番多いが、滋賀県では9割以上が「こうさか」である。近江国坂田郡上坂（長浜市上坂）がルーツで、上坂城に拠り、室町時代は京極氏の重臣を務め、戦国時代は浅井氏の家臣となった上坂氏がいた。なお、地名は「こうざか」と濁る。
　　　　　　　　　　　　　　　　　　　　　　　　こうざか

◆滋賀県にルーツのある名字
◎尼子
　　あまご

　近江国犬上郡尼子郷（犬上郡甲良町尼子）をルーツとする名字。宇多源氏京極氏の支流である。のち出雲守護代として下向し、富田月山城（島根県安来市広瀬町）に拠って戦国大名として山陰に大きな勢力を振るった。

◎朽木(くつき)

近江国高島郡朽木荘(高島市)をルーツとする宇多源氏佐々木氏の一族。室町幕府の御家人で、一時的に京都を追われた将軍を匿ったこともある。織田信長、豊臣秀吉に仕え、江戸時代は丹波福知山藩主となる。

◎多賀(たが)

多賀町にある多賀大社の神官を務める多賀氏は、古代豪族中原氏の末裔。この近江中原氏は崇峻天皇の末裔と伝え、室町時代には武士化した。

◎外村(とのむら)

近江国神崎郡外村(東近江市)がルーツ。現在でも東近江市や彦根市に集中している。九州南部では「ほかむら」、静岡県では「とむら」、岩手県では「そとむら」が多い。

◎目片(めかた)

近江国愛知郡目賀田村(愛荘町目加田)をルーツとする目賀田氏から漢字が変化したもので、現在は「目片」の方が多い。全国の3分の2近くが滋賀県にあり、大津市と京都市に集中している。

◆珍しい名字

◎浮気(ふけ)

低湿地のことを「ふけ」といい、いろいろな漢字をあてたが、そのなかの一つとみられる。名字としての読み方は「うき」や「うきぎ」が多く、なかには「うわき」と読む家もある。

◎倶利伽羅(くりから)

長浜市にある名字。元は天台宗の僧侶で福永だったが、豊臣秀吉の朝鮮出兵に従軍したために、跡を継いだ住職が浄土真宗に改宗して倶利伽羅を称したと伝える。

◎善那(ぜんな)

米原市にある名字。7世紀に孝徳天皇に初めて牛乳を献上したのが、渡来人の善那という人物といわれている。滋賀県東部は渡来人の多い地域でもあり関係があるか。

〈難読名字クイズ解答〉
①ありまでん／②うじの／③おぐら／④くしろ／⑤くもで／⑥さざなみ／⑦すめらぎ／⑧とこなぎ／⑨はじゃけ／⑩ひめみや／⑪まがり／⑫みそぎ／⑬みねおか／⑭むつ／⑮ゆるき

26 京都府

〈難読名字クイズ〉
①審／②鴨脚／③五百磐／④一口／⑤溶定／⑥故金／⑦辻子／⑧谷利／⑨袋布／⑩二十一／⑪神服／⑫人羅／⑬真艸嶺／⑭看谷／⑮遊里道

◆地域の特徴

京都府は田中、山本、中村の3つの名字が圧倒的に多いという典型的な関西型である。以下も井上、吉田、西村、山田と続き、大阪府とともにいかにも関西らしい名字構成となっている。歴史の古い京都市には数多くの独特の名字があり、北部の両丹地区では独特の名字構成なのだが、京都府全体をみると、ごく普通のランキングになっている。

上位40位のうち、京都府独特の名字は29位の大槻くらい。大槻は宮城県・福島県の県境付近と京都北部の2カ所に集中している名字で、とくに綾部市や福知山市に多い一方、京都市ではベスト100にも入らない。

41位以下では、53位足立、54位塩見、79位八木、81位四方（しかた）、84位芦田などが独特。これらはいずれも丹波・丹後地域に集中している名字である。

101位以下では、梅原、川勝、荻野、細見、糸井、衣川、坂根、人見が多いのも特徴。とくに川勝は全国の過半数が京都府にあり、その大半は南丹市と亀岡市に集中している。また、衣川は福知山市と県境を挟んだ兵庫

名字ランキング（上位40位）

1	田中	11	林	21	橋本	31	鈴木
2	山本	12	小林	22	森	32	藤井
3	中村	13	山口	23	渡辺	33	前田
4	井上	14	中川	24	岡田	34	藤原
5	吉田	15	谷口	25	佐藤	35	吉岡
6	西村	16	上田	26	加藤	36	山崎
7	山田	17	伊藤	27	山下	37	中西
8	木村	18	岡本	28	村上	38	石田
9	松本	19	藤田	29	大槻	39	大西
10	高橋	20	清水	30	長谷川	40	佐々木

県朝来市に多い。坂根は綾部市以北から山陰に広がっている。

● **地域による違い**

　京都市は古くから都として栄えたことから、歴史の古い名字が多いが、都だったために各地から人が集まって来たこともあってあまり特徴はなく、西日本の名字の集大成のような分布となっている。

　南部地域も歴史の古い地域だが、近年は京都市や大阪市へのベッドタウンとして開発されたことから、やはり特徴は乏しい。しいていえば、向日市で清水や長谷川、八幡市で北村、久御山町で内田が目立つが、これらも独特の名字とはいいづらい。

　それでも綴喜郡や相楽郡にいくと、やや独特の分布となってくる。井手町では古川、和束町では岡田が最多で、木津川市に合併した旧山城町でも古川が最多だった。この他では、宇治田原町で上辻（かみつじ）、井手町で中坊、和束町で奥・坊、笠置町で中尾なども多い。

　一方、京都府北部は大きく違っている。京都市に近い口丹波地区の亀岡市では森や八木が多いくらいだが、南丹市では西田・川勝が多く、京丹波町には片山・上田が集中している。

　中丹波地区では一変して、福知山市では足立、塩見、大槻、芦田が飛び抜けて多く、衣川、細見、植村も多い。綾部市では四方と大槻が圧倒的に多く、次いで塩見、村上、梅原が多いなど京都府全体の傾向とは全く違う。

　旧丹波国は京都府と兵庫県にまたがっていた。そのため、こうした名字の集中地域も京都府だけではなく、県境を越えて兵庫県北部にまで広がっている。

　足立は府内では福知山市に多いが、一番集中しているのは隣の兵庫県北部。ルーツは武蔵国足立郡（東京都・埼玉県）で、鎌倉時代に氷上郡に移ってきて広がったものだ。

　芦田は福知山市と、府県境を挟んで隣の兵庫県氷上市の2市に全国の2割以上が住んでいるという特異な名字である。ルーツは丹波国氷上郡芦田（兵庫県丹波市青垣町）とも、信濃芦田氏の一族が来国したものともいい、はっきりしない。

　一方、大槻と塩見は福知山市と綾部市に圧倒的に多く、兵庫県で多いのはともに旧市島町（丹波市）くらい。また、四方は綾部市の一点集中型。綾部市の人口の6％近くが四方で、全国の四方の3割は綾部市在住。ちな

みに、東京周辺や富山県射水市にある四方は「よも」とも読むことも多い。

ところが、丹後地区になると再び京都府全体の傾向に近くなる。明治維新後に軍港となったことで大きく発展した舞鶴市では、佐藤や高橋といった東日本系の名字がやや目立つほか、宮津市でも藤原や矢野がやや多いくらいで、全体的には大きな差異はない。特徴的な名字には宮津市の下野や、与謝野町の加畑、京丹後市の蒲田など、場所によって漢字の異なる「かばた」がある。

この他、京丹後市では梅田・川戸・坪倉・堀、与謝野町では山崎・白数・浪江・坂根、伊根町では奥野・永浜・三野が多いなど、丹後西部では独自の分布となっている。

● 公家の名字

京都を代表する歴史的な名字といえば、やはり公家の名字である。一般には、公家の名字は「～条」や「～小路」「～大路」というものだと思っている人が多い。確かに、公家にはこうした名字も多いが、それらが多数派というわけではない。

平安時代の公家の多数は藤原北家の一族である。したがって、公家のほとんどが藤原姓で区別がつかないため、公家たちは自らの邸宅のある場所を家号として使用して各家を区別した。なかには、菩提寺の名前や、京都郊外に持っていた領地の地名を使った家もあるが、いずれにしても公家の家号の多くは地名由来である。

京都は格子状に街路が広がり、東西方向を「～条」、南北方向を「～大路」といい、その間にある小さな道を「～小路」と呼んだ。公家の屋敷はこれらの一角を占めており、一条家から九条家まで「数字＋条」という名字はすべて揃っている。しかし、「～小路」という家は、姉小路家・油小路家・綾小路家・梅小路家・押小路家・勘解由小路・北小路家・錦小路家・万里小路家の9家のみ、「～大路」と付くのは西大路家1家のみである。というのも、六角小路に面した公家は六角小路ではなく六角を家号とするなど、「小路」や「大路」の部分は名字として取り込まないことが多かったからだ。したがって、江戸時代に140家ほどあった公家のうち「～小路」「～大路」という名字を名乗っている家は少数派である。

なお、朝廷には公家以外にも多くの官僚たちがいた。彼らのなかにも「～小路」「～大路」という家はある。

● 神官系の名字

　京都には古代から続く有名な神社も多く、これらの神社には代々神官を務める有力一族がいた。

　石清水八幡宮の神官は紀氏の一族が務めた。のち田中家と善法寺家に分かれ、明治以降善法寺家は菊大路家と改称している。一族には、竹、山井、壇などがある。

　左京区の吉田神社の神官は伊豆国の出という卜部(うらべ)氏が務め、のち神社名から吉田家と改称した。『徒然草』を書いた吉田兼好もこの一族。また、吉田家の家老のような役割を務めた鈴鹿家は吉田神社周辺に一族が広がり、神道学者や国学者を輩出した。現在も左京区には鈴鹿氏が集中している。

　伏見の稲荷神社の神主は古代豪族秦氏の一族。大西家と松本家の2家に分かれ、大西家からは祓川、安田、新小路、松本家からは毛利、沢田、市村、中津瀬などが出た。また、神主とは別に神職を務める荷田(かだ)家があり、江戸時代には羽倉(はぐら)氏とも称した。

　賀茂別雷神社(上賀茂神社)の神官は社務21人と氏人14人が奉仕したが、賀茂氏の末裔が独占した。一方、賀茂御祖神社(下鴨神社)の神官は鴨氏の末裔で、『方丈記』を書いた鴨長明は一族である。

● 僧侶・大谷家

　神官だけではなく、僧侶にも代々続く名家があった。その代表が浄土真宗の大谷家である。浄土真宗の祖親鸞は公家日野家の一族。その末娘覚信尼は日野広綱に嫁いで覚恵を産み、以後子孫は本願寺の門主を世襲した。

　室町時代初めに8代目の蓮如が京都を出て各地に布教して浄土真宗を一挙に大教団に発展させ、江戸時代に東西の本願寺に分裂した。明治時代になって僧侶も名字を名乗ることが義務づけられた際、東西両本願寺は、親鸞の廟堂のあった大谷の地名をとって、ともに大谷を名字とした。そして、両家とも宗教関係家としては異例の伯爵となっている。

● 千家と池坊家

　京都には文化界の名家もある。その代表が茶道と華道で、ともに家元制度をとり、その宗家は京都で中世から続く名家である。

　茶道を代表する家元が千利休を祖とする千家である。利休は堺の商家の出で、もともとは田中という名字だった。武野紹鷗に学んだあと織田信長、豊臣秀吉に仕えて茶の湯を大成、のち秀吉の側近として政治的な力も持っ

たが、自分以外が政治的な力を持つことを嫌った秀吉によって自刃させられた。

千家3代目の宗旦には4人の子どもがあった。長男の宗拙は仕官に失敗、子どもがいなかったこともあって家を継がず、三男の宗左に家督を譲った。この宗佐の子孫が表千家で、代々紀州藩に仕えた。四男宗室の末裔は裏千家となり、宗旦の二男宗守は高松藩に仕官したあと、引退後に京都の武者小路小川通に官休庵を構えて武者小路千家を興した。

なお、表千家、裏千家という名称は、寺之内通りから見て、宗左の不審菴が表に、宗室の今日庵が裏側にあることに由来している。

一方、華道を代表する家元が池坊家である。池坊のルーツは聖徳太子が建立したと伝えられる京都の六角堂（紫雲山頂法寺）。六角堂には、聖徳太子が沐浴したとされる池があり、そのほとりには小野妹子を始祖と伝える僧侶の住坊があったため「池坊」と呼ばれるようになった。

池坊の僧たちは、六角堂の本尊如意輪観音に花を供え、やがていけばなの名手として知られるようになった。なかでも、室町時代の12世専慶が名手として知られたことから、池坊家では専慶を流祖としている。そして、戦国時代の28世専応の時に理論を体系化し、専応に続く専栄・初代専好・2代目専好の3代で華道家元としての池坊が誕生した。現在の家元は45世である。

◆京都府ならではの名字
◎鴨脚（いちょう）

下鴨神社の神官の名字。鴨の脚を広げた状態がイチョウの葉に似ていることから、これで「いちょう」と難読名字である。

◎勘解由小路（かでのこうじ）

公家の名字。藤原北家日野流。正保元（1644）年烏丸光弘の二男資忠が一家を興して勘解由小路家を称したのが祖。明治時代には子爵となっている。漢字5文字の名字は、左衛門三郎とともに現存する名字としては最長である。なお、ルーツとなった地名は、現在では「かげゆこうじ」と読む。

◆京都府にルーツのある名字
◎一口（いもあらい）

一口という名字も久御山町にある地名がルーツ。これは、出入り口が1カ所しかないところに人が殺到すると混雑して芋洗い状態になる、という

ことで「いもあらい」と読む。
◎上杉(うえすぎ)

　戦国武将上杉謙信などで知られる上杉氏のルーツは京都府にある。藤原北家勧修寺高藤流(ほっけかじゅうじたかふじ)の清房が鎌倉幕府六代将軍宗尊親王に従って鎌倉に下向、丹波国何鹿郡(いかるが)上杉荘(綾部市上杉町)を領して上杉氏を称したのが祖である。頼重以降は足利氏に従ってその重臣となった。

◎大江(おおえ)

　山城国乙訓郡大枝郷(京都市右京区)に因む古代豪族の姓。延暦9(790)年桓武天皇の外祖母の土師氏が大枝朝臣の姓を賜り、貞観8(866)年に音人が大江氏と改称した。なお、平城天皇の皇子阿保親王の子孫とする説もある。音人は清和天皇に仕えて参議となり、「貞観格式(じょうがんきゃくしき)」の編纂に参与するなど学問で活躍、以後菅原氏とともに代々文章道で朝廷に仕えた。

◎塩貝(しおがい)

　全国の7割が京都府にあり、とくに南丹市に集中している。南丹市日吉町上胡麻の東部を古くは塩貝といい、ここがルーツ。戦国時代には塩貝将監という武将がおり、塩貝城に拠っていたが、明智光秀に敗れて落城したと伝える。

◆珍しい名字

◎鶏冠井(かいで)

　中世、山城国乙訓郡鶏冠井荘(向日市)を本拠としていた鶏冠井氏という国人がいた。鶏のとさかが楓に似ていることから、鶏冠井と書いて「かえでい」と読んだのが由来。地名は「かいで」となり、名字も「かいで」となった。現在でも京都市内などにある。

◎舌(ぜつ)

　古代、貴船の神が貴船山中に多くの神を従えて降臨した際、その中に牛鬼というおしゃべりな神がいた。牛鬼は、他言無用の天上の秘密をしゃべってしまったため、舌を八つ裂きにされて追放されたという。牛鬼は後に貴船に戻り、自ら舌を名字として貴船神社の神官になったと伝えている。

〈難読名字クイズ解答〉
①あきら／②いちょう／③いにわ／④いもあらい／⑤うねさだ／⑥かるがね／⑦ずし／⑧せり／⑨たふ／⑩にそいち／⑪はっとり／⑫ひとら／⑬まどれ／⑭みるたに／⑮ゆりみち

27 大阪府

〈難読名字クイズ〉
①熊取谷／②相宅／③隆埼／④音揃／⑤花篤／⑥不死川／⑦峙／⑧坥ヶ／⑨霊群／⑩紡車田／⑪渡守武／⑫抽冬／⑬蛇草／⑭遍々古／⑮右衛門佐

◆地域の特徴

　大阪府は田中、山本の2名字が圧倒的に多く、3位中村を大きく引き離している。この田中と山本が1位、2位を占めるのは関西全体に共通する特徴で、順位が逆のところもあるが、関西各府県ではすべてこの2つが1位と2位に並んでいる。言いかえれば、西日本の名字は田中・山本で代表することができる。その下も、3位中村、4位吉田、5位松本、6位井上といずれも関西を中心に西日本に多い名字だ。つまり、東京が全国の縮図であるように、名字からみると大阪は西日本全体の縮図となっている。

　大阪府では、最も多い田中でも府全体の人口に占める割合は1.4％程度にすぎず、3位の中村だと人口のわずか0.8％ほどで、特定の名字への集中度がかなり低い。

　江戸時代、大坂は天下の台所といわれ、各地から物産が集積された。大坂の中心部には各藩の蔵屋敷が立ち並び、中国・四国・九州など、西日本各地から多くの人が流入して来たのだ。そのため名字の種類が増え、独自

名字ランキング（上位40位）

1	田中	11	林	21	渡辺	31	藤井
2	山本	12	佐藤	22	伊藤	32	西田
3	中村	13	木村	23	池田	33	山崎
4	吉田	14	橋本	24	中野	34	松田
5	松本	15	山下	25	岡田	35	加藤
6	井上	16	前田	26	中川	36	大西
7	山田	17	森	27	藤田	37	和田
8	山口	18	西村	28	鈴木	38	西川
9	高橋	19	上田	29	清水	39	藤本
10	小林	20	岡本	30	村上	40	谷口

の特徴はあまりみられなくなった。ランキング上位の名字をみても、西日本全体を集約したような名字構成となっている。

大阪府は面積が狭いうえに公共交通機関が発達していることから、府内全域が大阪市のベッドタウンといってもよく、市町村による特徴があまりない。府内の市町村のうち、山本があまり多くないのは最北端の能勢町と最南端の岬町のみ。田中があまり多くないのも南部の田尻町のみで、その他の市町村のほとんどは、府全体と同じく田中と山中が1位と2位に並んでいる（逆もある）。

それでも地域別に細かくみると、大阪市から離れて行くに従って独特な名字も増える。北部では箕面市の印藤、能勢町の暮部、南部では泉佐野市の松浪、熊取町の根来、阪南市の武輪、岬町の四至本、太子町の小路、千早赤阪村の矢倉などが特徴的な名字となっている。

大阪府南部では「～原」という名字を「～はら」と読むことが多いのも特徴の一つ。たとえば藤原という名字は、山梨県と高知県を除いて「ふじわら」と読むのが大多数だが、泉大津市でも過半数が「ふじはら」と読むなど、全体的に「ふじはら」の割合が多いのが特徴。大阪府全体では3割近くが「ふじはら」と読む。その他、萩原や梶原も他府県と比べると「はぎはら」や「かじはら」と読む割合が高い。

また、和泉地区にはカタカナの「ノ」で終わる名字がある。堺市の脚ノ・陣ノ・辻ノ・中ノ、泉佐野市の奥ノ・西ノなどがそうだ。名字の途中に「ノ」が入るものはたくさんあるが、末尾が「ノ」というのは珍しい。

● **屋号由来の名字**

府南部の和泉地方には屋号由来の名字が多い。泉佐野市や岸和田市の電話帳を見ると、淡路谷、伊豆谷、和泉谷、岸和田谷、讃岐谷といった、「地名＋谷」や「物の名前＋谷」といった「谷」で終わる名字が大量にある。しかも、日根野谷、佐野川谷、小間物谷、名小路谷など、漢字4文字のものもあって、電話帳に並ぶ大量の漢字の羅列に圧倒される。

これらの「～谷」という名字は、屋号に由来するものである。江戸時代商人の町だった泉佐野や岸和田には、屋号を持つ商家がたくさんあった。明治になって戸籍制度ができたとき、全国の商家では本来の名字ではなく、屋号をもとにした名字を戸籍に登録した家も多かった。その方法にはいくつかあるが、大阪南部では屋号の「屋」を「谷」に変えて名字として戸籍に

登録したのである。

一方、堺市では屋号の「屋」をとって名字にしたものも多く、具足、簸(ささら)、陶器、鉛など、ものの名前がそのまま名字になっているものがある。

◆**大阪府ならではの名字**
◎芥川(あくたがわ)

芥川氏は高槻市の地名がルーツで桓武平氏の一族。芥河とも書いた。鎌倉時代から幕府の御家人として活躍し、室町時代には摂津を代表する国人だった。現在も府内一帯に広がっている。

◎鴻池(こうのいけ)

江戸時代の大坂を代表する豪商の名字。戦国武将山中鹿之助の子孫である。鹿之助の二男信六が摂津国川辺郡鴻池（兵庫県宝塚市長尾町）に住んで鴻池氏を称し、清酒造りを始めたのが祖。のち大坂に移り、新六の八男正成のときに豪商となって、本家は代々善右衛門を称した。

◆**大阪府にルーツのある名字**
◎鳥取(とっとり)

垂仁天皇の時代に置かれた部民の一つで、鳥を獲って大王に献上したり、飼育したりする鳥取部(とりべ)に由来する名字。和泉国には、日根郡鳥取荘（阪南市鳥取）という地名もあり、鳥取荘の地頭を務めた鳥取氏があった。現在も大阪府南部に多いほか、香川県などにも多い。

◎能勢(のせ)

摂津国能勢郡（大阪府）をルーツとするという一族が多い。清和源氏頼光流で、山県国直の子国基が能勢郡田尻荘（豊能郡能勢町）の地頭となって能勢氏を称したのが祖である。室町時代は北摂の有力国人に成長、細川氏の被官でもあり、能勢頼則は初代芥川城主となる。関ヶ原合戦の際、頼次は東軍に属し、江戸時代は旗本となった。

◆**珍しい名字**
◎鼻毛(はなげ)

泉大津市にある名字。もともとの名字は髭で、数代前に鼻毛に改称したものだというが、この付近には花下(はなげ)という名字もあり、花下から鼻毛に変化した可能性もある。

◎東京(とうきょう)

岸和田市にある名字。戸籍制度ができたのは明治の初めで、江戸が東京

に改められたのも明治初期。時期的には江戸が東京になった方がわずかに早い。東京家も、もともとは江戸という名字だったが、「江戸が東京に変わったのだから、名字も江戸ではなく東京にしよう」ということで戸籍には東京で登録したという。そのため東京という名字は、この1系統しかないともいわれる。

◎紺掻(こんがき)

泉佐野市などにある紺掻は紺掻屋に由来する。紺掻屋とは藍染め専門の染物屋のことで、藍が底に沈まないように掻き混ぜながら染めたことから、名字となった。

◎目(さかん)

泉佐野市の目は朝廷における役職に由来している。朝廷の役職は、上から「かみ」「すけ」「じょう」「さかん」という4つの階級があり、それぞれいろいろな漢字をあてた。目は「さかん」を務めた人物が名乗ったものである。なお、山口県の目という名字は「さっか」と読む。

◎音揃(おんぞろ)

堺市と岸和田市に集中している名字。かつて水軍を率いた際、船団の櫓の音が揃ったことから、豊臣秀吉から賜ったという。

◎京(かなどめ)

いぬぼうカルタ(いろはカルタ)に由来する名字。いぬぼうカルタでは、いろは四七文字のあとに「京」という札があった。このことから、「かな」の「一番最後(とめ)」という意味で、京を「かなどめ」と読ませるものである。現在は阪南市にある。

◎指吸(ゆびすい)

堺市の名字。江戸時代の豪商で、苦しい時にも悪いことには手を出さず、指を吸ってでも我慢しろ、という家訓から名字にしたものと伝える。

〈難読名字クイズ解答〉
①いすたに／②おおや／③おもき／④おんぞろ／⑤けいとく／⑥しなずがわ／⑦そわ／⑧たいらか／⑨たまむれ／⑩つむた／⑪ともたけ／⑫ぬくとう／⑬はぐさ／⑭べべこ／⑮よもさ

㉘ 兵庫県

〈難読名字クイズ〉
①日外／②五百旗頭／③雲丹亀／④神呪／⑤九会田／⑥茱萸／⑦芥田首／⑧尺一／⑨曲尺／⑩萎羅／⑪赤対／⑫十都／⑬南畝／⑭紫合／⑮弘原海

◆地域の特徴

兵庫県も大阪府などと同じく、西日本を代表する名字である田中と山本が飛び抜けて多く、3位以下を大きく引き離している。関西から中国・四国にかけては、この2つが1位・2位を占めているところが多い。関西の他府県をみても、大阪府・京都府・滋賀県は兵庫県と同じく1位田中、2位山本で、奈良県と和歌山県は逆の1位山本、2位田中。いずれにしても、関西ではこの2つの名字が圧倒的に多いことを示している。

3位の井上も西日本一帯に多い名字だが、県単位で3位というのは、福岡県と並んで全国最高順位。ルーツは各地にあるが、県内には信濃源氏の流れを汲む名家播磨井上氏があった。

兵庫県の特徴の一つとなっているのが5位の藤原。藤原は全国に広く分布する名字だが、兵庫県は実数では全国一多い(人口比では岡山県が最多)。とくに県中央部に多く、旧黒田庄町(西脇市)では7人に1人が藤原さんだった。富士原・藤藁・不死原など、漢字のバリエーションも多い。また、隣

名字ランキング（上位40位）

1	田中	11	橋本	21	村上	31	池田
2	山本	12	藤本	22	西村	32	森本
3	井上	13	岡本	23	林	33	長谷川
4	松本	14	山口	24	清水	34	渡辺
5	藤原	15	高橋	25	上田	35	谷口
6	小林	16	大西	26	木村	36	岸本
7	中村	17	岡田	27	森	37	福田
8	吉田	18	藤田	28	佐藤	38	中島
9	前田	19	山下	29	伊藤	39	坂本
10	山田	20	藤井	30	足立	40	中川

の大阪府では3割近くが「ふじはら」だが、兵庫県では「ふじはら」は6％ほどしかいない。

12位の藤本も瀬戸内海沿岸に多い名字で、実数では兵庫が日本一。こちらも中央部に多く、旧黒田庄町やその隣の多可町中区に多い。

40位以内で最も独特の名字は30位の足立。この名字は神戸市をはじめ、姫路市や明石市といった県内の人口の集中地区には少ない。一方、丹波市では圧倒的な最多となっているほか、多可郡の旧加美町（多可町）でも最多、その隣の神河町にも多く、この地域だけで全県の足立さんの半数以上が住んでいる。

足立一族は武蔵国足立郡（東京都足立区・埼玉県南部）を本拠とする武士で、ルーツは藤原北家とも、古代豪族である武蔵国造の末裔ともいい、はっきりしない。源頼朝が挙兵した際、足立遠元が頼朝に仕えて幕府の御家人となり、孫の遠政が丹波国氷上郡佐治郷（丹波市）を与えられて、丹波足立氏の祖となったものだ。

41位以下では、53位黒田、54位小西が比較的兵庫県に多い。

101位以下では高見、荻野、赤松、細見、畑が独特。いずれも、とくに珍しい名字というわけではないが、他県ではそれほど上位には入っていない。このなかでは高見は最も独特の名字といえる。現在でも加西市で最多となっているほか、旧上月町（佐用町）でも最多だった。また、丹波市の旧市島町など県内各地に広がっている。

● **地域による違い**

兵庫県は瀬戸内海の淡路島から日本海側にまで広がる大きな県で、江戸時代以前は、摂津・播磨・丹波・但馬・淡路と実に5つもの国に分かれ、県内には16もの小藩が分立し、淡路は徳島藩の一部であった。そのため今でも地域によって名字の分布は違っている。

大部分が旧摂津国に属していた神戸・阪神地区は、大都市とそのベッドタウンのため特徴は少ない。また、この地域に県内の人口のかなりの割合が住んでいることから、県全体のランキングとほぼ一致している。

神戸市と芦屋市では山本が最多で、残りの7市町では田中が最多。地域全体を通じて、全県でも上位のこの2つの名字が飛び抜けて多い。また、尼崎市には沖縄出身者が多く、比嘉、大城といった沖縄の名字の分布を調べると、沖縄以外では尼崎市に集中していることがわかる。

旧播磨国は東西で違う。東播磨の東端は神戸市にまで及び、ベッドタウン化された地域も多いことから特徴は乏しいが、田中と山本はこの地域でも多い。田中は明石市と加古川市で最多で、全11市町のうち9市町でベスト10入り。山本も10市町でベスト10に入っている。

　しかし、東播磨地区を代表する名字は藤原だろう。藤原は西脇市・三木市・加東市では最多、小野市と播磨町では2位となるなど、田中を上回ってこの地域では最多である。

　神戸市西区と接する明石市では、橘・桜井・水田などが多く、とくに橘は全県の3割弱、水田も約2割が明石市だけに集中している。

　西脇市・三木市・加東市の3市ではいずれも藤原が最多。藤原は播磨東部にきわめて多く、旧黒田庄町（西脇市）では実に人口の13％強、旧東条町（加東市）でも9.7％を占めていた。西脇市の笹倉・高瀬・徳岡・来住、三木市の神沢（かんざわ）・常深（つねみ）、加東市の小紫・神戸（かんべ）・阿江・時本、小野市の多鹿（たじか）・蓬莱・住本・久語（くご）、播磨町の平郡（へぐり）・中作などが独特の名字である。

　加西市の最多は高見。高見は兵庫県を代表する名字の一つで、加西市では圧倒的な最多である。この他にも古角（こかど）・常峰（つねみね）・是常などが多く、播磨地区ではユニークな分布である。

　西播磨地区でも11市町のうち姫路市など6市町では山本が最多となっているほか、三木・黒田・後藤などが多い。宍粟市では小林が最多で、3位に春名、5位に志水（しそう）が入っているのが独特。春名は兵庫県西部から岡山県東部にかけてのみ集中している名字で、全国の約4割が兵庫県にあるという兵庫県を代表する名字の一つ。宍粟郡の旧千種町（宍粟市）と佐用郡の旧南光町（佐用町）で最多だった。志水は旧安富町（姫路市）に集中している。

　丹波国は京都府とまたがっており、兵庫県に属するのは現在の篠山市と丹波市。現在でも篠山市では酒井が最多で、畑や細見など京都府北部と共通する名字が多い。長沢や山内が多いのも特徴。

　丹波市では平成大合併で、氷上郡に属する6町が合併してできた。足立が圧倒的に多く、合併前の旧青垣町では人口の4割近くが足立さんだったほか、旧氷上町や旧柏原町でも最多だった。旧市島町では荻野、旧春日町では細見と独特の名字が最多で、最南端の旧山南町だけは最多が藤原となっていた。合併後の丹波市では、最多が足立で、以下、荻野、芦田、細見という順になっている。

また、丹波市の尾松・久下・矢持・十倉・婦木、篠山市の河南・波部など独特の名字も多く、とくに婦木は全国の約6割が丹波市に集中している。

　但馬国は南部と北部で名字がやや違う。南部は丹波と共通する名字が多く、朝来市では足立が最多。安保・椿野が多いのも特徴で、とくに椿野は全国の過半数が朝来市だけに集中しているという独特の名字。安保は埼玉県をルーツとして現在では秋田県に多い名字で、県内では朝来市のみに集中している。

　北部では「～垣」という名字が目立つ。但馬地区全域から鳥取県東部や京都府北部にまで広がる西垣、豊岡市から京都府福知山市にかけて集中している谷垣をはじめ、豊岡市の森垣・小田垣・井垣、新温泉町の高垣などが多い。

●淡路島の名字

　離島の名字は本土と違って独特であることが多い。というのも、離島はどうしても人の行き来が少なくなり、新しい名字が流入してこないからだ。しかし、淡路島は島とはいいながら淡路国という一国として扱われているだけではなく、瀬戸内海にあって古くから人の行き来が多かったため、それほど独特の名字が多いというわけではない。

　平成の大合併以前、淡路島には11の自治体があり、各自治体の最多は、洲本市＝山本、五色町＝斉藤、南淡町＝阿部、三原町＝榎本、西淡町＝原、緑町＝長尾、東浦町＝森、津名町＝高田、淡路町＝長野、北淡町＝浜田、一宮町＝石上、とすべて違っていた。現在でも、洲本市が山本・中野・田中、南あわじ市が山口・阿部・榎本、淡路市が森・高田・浜田と、島内3市のベスト3はすべて異なっている。

　なお、独特の名字としては、南あわじ市の居内・納、洲本市の鯛・炬口、淡路市の戎・宗和・凪・東根などがある。このうち、炬口は洲本港近くの地名がルーツである。

●源氏の嫡流摂津源氏

　「源平藤橘」といわれる四大姓のうち、武家の中心といえるのが源氏である。源氏とは皇族が天皇家を離れた際に天皇から賜った姓で、その始祖となる天皇によって、清和源氏、村上源氏、嵯峨源氏、宇多源氏など多くの流れがある。

　このうち最も栄えたのが清和天皇の末裔にあたる清和源氏で、源頼朝を

はじめ、足利尊氏、新田義貞、武田信玄、今川義元、吉良上野介などはみな清和源氏の末裔。さらに徳川家康や蝦夷の松前家など、自称しているものまで含めると、かなりの数に及んでいる。

清和源氏はあまりにも数が多いため、通常はその本拠とした場所をとって、常陸源氏、甲斐源氏、信濃源氏、美濃源氏、大和源氏、摂津源氏、河内源氏などと区別している。摂津源氏は、清和源氏の祖源経基の長男満仲の子孫のため、系図上では摂津源氏が清和源氏の嫡流とされる。

この摂津源氏が本拠地としたのが摂津国川辺郡多田荘、現在の兵庫県川西市付近である。摂津源氏の嫡流は多田に住んだことから、やがて多田を名字とした。多田一族はその後没落して清和源氏嫡流の地位を失い、代わって河内源氏が武家源氏の棟梁となった。源頼朝は河内を本拠とはしていないが、河内源氏の嫡流である。

摂津源氏の一族には、平氏政権のもとで源氏として唯一活躍した源頼政がいるほか、能勢氏、田尻氏、溝杭氏、平岡氏などが末裔。また、土岐氏に代表される美濃源氏は摂津源氏の庶流にあたる。

◆**兵庫県ならではの名字**
◎阿江（あえ）

兵庫県独特の名字で、全国の7割以上が県内にある。県内でも大半が西脇市と加東市に集中している。赤松氏の一族で、元は阿閇氏と書いた。阿閇重兼は天正6（1578）年別所長治に従って三木城に籠城、開城後は加東郡河高村（加東市）で帰農した。子正友は、その子九郎兵衛とともに姫路城主木下家定の命で加古川を開鑿（かいさく）し、加古川の水運を開いた。以後、代々滝野舟座を管理した。

◎太田垣（おおたがき）

兵庫県北部独特の名字。但馬国朝来郡には古くから太田垣氏がおり、但馬国造日下部氏の子孫という。南北朝時代頃から活動がみえ、室町時代には竹田城（朝来市和田山）に拠って山名氏の被官となり、山名四天王の一つといわれ、備後守護代や但馬守護代を務めた。戦国時代には生野銀山を支配していた。天正5（1577）年豊臣秀吉に攻められて落城、以後はよくわからない。

◎嘉納（かのう）

御影の旧家で、御影沢の井の水で酒を造って後醍醐天皇に献上したとこ

ろ、天皇が嘉納（進物を受け取ること）したため、嘉納の名字を賜ったと伝える。本嘉納といわれる本家は江戸初期に材木商の副業として酒造りを始め、中期には酒造業に専念した。本家の本嘉納家が「菊正宗」、分家の白嘉納家が「白鶴」で知られる。また灘校の経営家としても有名。

◎神吉（かんき）

全国半数以上が県内にあるという兵庫県独特の名字。印南郡神吉荘（加古川市）がルーツで、現在でも加古川市周辺に集中している。中世には印南郡の国人に神吉氏がいた。清和源氏といい、神吉城に拠って、戦国時代は三木別所氏に従っていた。天正6（1578）年頼定の時、落城し討死した。

◎久下（くげ）

丹波地区の名字。武蔵七党私市党の出で、私市家盛の弟為家が武蔵国大里郡久下郷（埼玉県熊谷市）に住んで久下氏を称したのが祖といわれるが、異説もある。承久の乱後、直高が丹波国氷上郡栗作郷（丹波市山南町）の地頭となって下向した。南北朝時代に時重は足利尊氏に従って玉巻城（丹波市山南町玉巻）に拠り、丹波を代表する国衆に成長した。天正7（1579）年重治のとき、明智光秀の丹波侵攻で滅亡した。

◎上月（こうづき）

播磨国佐用郡上月（佐用郡佐用町）がルーツで、赤松氏の一族。延元元（1336）年上月城を築城、代々赤松氏の重臣として活躍したが、嘉吉元（1441）年の嘉吉の乱で没落した。全国の半数以上が県内にあり、とくに姫路市と加東市に集中している。

◎辰馬（たつうま）

灘五郷の一つ西宮の名家。本家は「白鹿」、分家の北辰馬家は「白鷹」の醸造元として有名である。明治維新後は、辰馬汽船や、興亜火災海上保険を経営するなど、実業界でも活躍する一方、地元西宮市長なども出しているほか、甲陽学院高の経営でも知られる。

◎依藤（よりふじ）

兵庫県独特の名字。播磨国加東郡の国人に依藤氏があり、応仁の乱の際、則忠は赤松政則に従って活躍し、以後豊地城（東条城、小野市）に拠って赤松氏に従う。永禄2（1559）年別所氏に滅ぼされ、一族は江戸時代に帰農して庄屋を務めた。現在も西脇市周辺に集中している。

◆兵庫県にルーツのある名字

◎英保(あぼ)

播磨地方の名字で、姫路市や宍粟市にある。播磨国飾磨郡英保郷(姫路市)がルーツ。中原姓で同地の地頭を務めていた。室町時代には赤松氏に属し、美作守護代も務めた。

◎阿万(あま)

淡路国三原郡阿万荘(南あわじ市)がルーツで、水軍を率いた。南北朝時代、南朝方の武士に阿万六郎左衛門尉の名がみえる。現在でも南あわじ市に多い。

◎魚住(うおずみ)

播磨国明石郡魚住荘(明石市魚住)をルーツとする名字。同荘の魚住氏は大中臣姓で、南北朝時代に魚住城を築城し赤松氏に属した。室町時代には播磨を代表する国衆の一人であった。戦国時代は魚住城に拠って三木別所氏に従ったが、天正8(1580)年吉治の時別所氏とともに滅亡した。現在は明石市から三木市にかけてと淡路市にある。

◎淡河(おうご)

播磨国美嚢郡の国衆に淡河氏がいた。北条時房の孫時治が同郡淡河荘(神戸市北区淡河町)を領して淡河氏を称したのが祖。戦国時代は国人として淡河城に拠り、別所氏に属した。天正7(1579)年落城した。本来は「おうご」だが、現在は「おごう」とも読み、神戸市付近にある。

◎加集(かしゅう)

淡路国三原郡の国人。同郡賀集郷(南あわじ市)発祥。賀集氏の一族。天正11(1583)年賀集盛政が加集杢之助と改称、同13年洲本城主となった脇坂安治に仕えた。元和3(1617)年脇坂氏が信濃飯田に転じた際に、盛親が木下陣屋代官となって箕輪1万石を領した。以来3代にわたって箕輪を治め、新田開発に成功するなど名代官として知られた。寛文12(1672)年播磨竜野に移った。現在は神戸市などにある。

◎瓦林(かわらばやし)

中世、摂津国武庫郡の国衆に瓦林氏がいた。同郡瓦林荘(西宮市)がルーツで、河原林とも書く。瓦林正頼は応仁の乱では東軍に属し、のち細川高国に仕えた。越水城を築城して拠っていたが、三好之長に敗れて落城、高国に内通の嫌疑をかけられて自刃した。一族の瓦林越後は荒木村重に仕え、

茶人としても知られた。現在は少なく、西宮市に集中している。

◆珍しい名字
◎国府寺（こうでら）

姫路城下を代表する豪商に国府寺家があった。播磨国司の末裔で、中世には飾東郡志深荘（姫路市）に政所を置いて国政をみていたという。慶長14（1609）年に姫路城主池田輝政より城下本町に屋敷を拝領、以後藩主が替わっても代々姫路町の大年寄を務めた。

◎田結庄（たいのしょう）

兵庫県独特の珍しい名字。但馬国城崎郡に古くから田結庄氏がおり、桓武平氏という。平盛継は源平合戦後に但馬国城崎郡気比に隠れ住み、子盛長は同郡田結荘（豊岡市出石町田結庄）に住んで田結庄氏を称したと伝える。室町時代には守護山名氏に従い、戦国時代是義は鶴城（豊岡市）に拠って山名氏四天王の一人といわれた。現在も豊岡市付近にある。

◎田（でん）

丹波国の旧家に田家がある。坂上田村麻呂の子孫という田村忠助が名字の田村を省略して田と称したのが祖。忠助は織田信包に仕えて丹波国氷上郡柏原（丹波市柏原町）に移り、のち帰農した。江戸初期の女流俳人田捨女は忠助の孫にあたる。明治維新後、田健治郎は官僚となり男爵を授けられた。

◎波々伯部（ははかべ）

丹波国多紀郡波々伯部保（篠山市）をルーツとする名字。藤原北家という。波々伯部保の開発領主とみられ、鎌倉初期の承久年間から同地に波々伯部氏がいたことが知られる。なお、地名は「ははかべ」だが、名字は「ほうかべ」ともいう。

◎寄神（よりがみ）

神戸市付近に多い名字。寄神とは海上から漂着した神のこと。淡路市の産土神貴船神社は通称寄神神社といい、近くには寄神という浜辺もあり、これに因むか。

〈難読名字クイズ解答〉
①あぐい／②いおきべ／③うにがめ／④かんの／⑤くあいた／⑥ぐみ／⑦けたしゅ／⑧さかくに／⑨さしがね／⑩しほら／⑪しゃくつい／⑫とそ／⑬のうねん／⑭ゆうだ／⑮わだつみ

29 奈良県

〈難読名字クイズ〉
①字廻／②新子／③東奥／④率川／⑤虎杖／⑥樹杉／⑦愛水／⑧抓揉／⑨袋楽／⑩楯列／⑪天前／⑫迚野／⑬熨斗／⑭斗谷／⑮水撇

◆地域の特徴

奈良県では山本、田中、吉田の3つの名字が多く、4位以下とはやや開きがある。とはいっても、最多の山本でも県の人口に占める比率は1.3%程度で名字の分散が激しいのが特徴。全般的に関西の平均的な名字構成に近い。というのも、生駒市など大阪のベッドタウン化しているところも多く、奈良県本来の名字分布はかなり薄まってきているといえる。

40位までの名字では、25位の辻本が奈良県らしいといえるが、辻本は奈良県中部から和歌山県北部にかけて集中している名字で、奈良県独特とはいいがたい。

実は、10位森本、17位吉村、33位奥田、34位植田は、いずれも人口比でみると奈良県が全国一なのだが、これらは西日本一帯に多く、あまり奈良独特という感じはしない。

41位以下では、米田の2つが68位に「よねだ」と71位に「こめだ」と入っているのが独特。これは、読み方が北部で「よねだ」と中南部で「こめだ」

名字ランキング（上位40位）

1	山本	11	山口	21	大西	31	藤井
2	田中	12	中川	22	前田	32	森
3	吉田	13	木村	23	橋本	33	奥田
4	中村	14	吉川	24	池田	34	植田
5	松本	15	岡田	25	辻本	35	藤田
6	井上	16	西川	26	小林	36	和田
7	上田	17	吉村	27	林	37	山下
8	岡本	18	中西	28	杉本	38	藤本
9	山田	19	森田	29	西村	39	西田
10	森本	20	松田	30	高橋	40	鈴木

と分かれるため。「よねだ」は全国に広く分布しているが、「こめだ」と読む米田は奈良県独特の名字である。

さらにその下をみると、東も83位に「ひがし」、120位に「あずま」と2つ入っている。一般的には関西以東では「あずま」が多く、中国以西では「ひがし」が多くなっており、両方ともに多い県は珍しい。96位の辰己も奈良県ならではの名字である。

101位以下にも奈良県独特のものは少なく、巽、辰巳、阪口、福西などが特徴である。

● **地域による違い**

奈良市を中心とした北和地区では、全県と同じく田中、山本、吉田が多く、次いで中村や松本が多いという典型的な関西型のパターン。独特の名字は少なく、三宅町の志野くらい。

生駒地区も大阪市に近いことから田中、山本、吉田、中村が多い。ただし、安堵町はやや独特で、最多が西川で次いで胡内である。

葛城地区でも田中・山本は多いが、旧當麻町で西川、旧新庄町で吉川が最多となっていたほか、吉田や吉村も多いなど、少し違っている。香芝市の高垣、広陵町の出井、旧當麻町の熨斗などが独特。

中和地区になると、名字の分布はかなり変わってくる。合併前の市町村でみると、宇陀市の旧大宇陀町で佐々岡、旧菟田野町で南浦が最多となっていたほか、旧大宇陀町の泉岡、旧菟田野町の向本、旧曽爾村の丸瀬、御杖村の青海など独特の名字も多い。

そして、県南部の広い範囲を占める吉野地区では名字の分布は大きく違う。五条市や大淀町、吉野町といった吉野北部では山本と森本が多いが、吉野南部では地区によってばらばら。全体的には方位由来の名字が多く、十津川村では、1位玉置、2位千葉のあと、3位東、4位西、5位中と方位由来の名字が並んでいる。

● **方位に由来する名字**

奈良県の名字の特徴は、方位に由来する名字が多いことだ。東・西・南・北といった方位をずばり指す名字は紀伊半島一帯だけでなく、北陸や九州南部にも多いが、奈良県南部では全国的にみても有数の集中地域となっている。

このうち、東は読み方が割れている。県の北部では大阪などと同じく「あ

ずま」が多いが、県南部では圧倒的に「ひがし」。全県トータルすると、55％が「ひがし」で、45％が「あずま」となる。

奈良県では十二支で表した方角に由来するものも多い。北を「子(ね)」として、右周りに十二支をあてはめたもので、東は「卯」、南は「午」、西は「酉」となる。北西は戌の方角と亥の方角の中間にあたるため「いぬい」といい、乾という漢字をあてた。乾は県南部の十津川村でベスト10に入るのをはじめ全域に広く分布し、県内順位は64位。奈良県以外では、三重県や大阪府、高知県などにも多い。

南東を意味する「たつみ」も多いが、こちらは漢字表記が分かれている。「たつみ」とは、辰の方角（東南東）と巳の方角（南南東）の真ん中の南東を指すため、本来は辰巳と書くはずだが、なぜか漢字の一部が変化した辰己が一番多くて98位。以下、104位巽、119位辰巳の順。地域的には、辰己は県中部の橿原市から五條市にかけて、巽は北部の奈良市から葛城市にかけて多く、辰巳は全県に広がっている。

● **長谷川の由来**

長谷川という名字は地名由来で、ルーツは桜井市初瀬町である。ここはかつて泊瀬と書いて「はつせ」と呼ばれていた。「泊」とは舟を泊めるところを意味している。古代に茅渟海(ちぬのうみ)と呼ばれた大阪湾から舟で大和川をさかのぼり、さらにその支流の初瀬川の上流にあるのが、船着き場の泊瀬であった。

この初瀬川は、東西に細長い谷に沿って流れている。そのため「長谷」と書いて「はつせ」と読むようになり、やがて「はつせ」の「つ」が落ちて、「はせ」と変化した。そして、川の名前も初瀬川とも長谷川とも書かれたりするようになった。

5世紀末頃、当時のヤマト王権としてはかなり奥地にあたるこの長谷の地域に住んでいたのが、第21代雄略天皇である。雄略天皇は、兄にあたる先代の安康天皇が眉輪王に暗殺されると、眉輪王だけではなく残りの二人の兄も殺して天皇位に就いている。「古事記」や「日本書紀」でも、かなり乱暴な王として描かれており、天皇に即位後も政敵が多かったとみられる。そのため、あえて僻地である初瀬の地に居を構えていたらしい。

その後、雄略天皇は渡来人を用いて力をたくわえ、伊勢や吉備の豪族を討って大きな権力を握ったとされる。そして全国各地に多くの所領を持ち、

それらを管理するために股肱の臣を各地に派遣した。彼らは雄略天皇の本拠地の地名をとって長谷川を名字とするようになり、その所領の拡大とともに長谷川という名字も全国に広がっていったとみられる。

◆奈良県ならではの名字
◎米田

奈良県は人口比でみると日本一米田率の高い県だが、奈良県の特徴はその読み方にある。近畿地方でも奈良県以外の5府県では97％以上が「よねだ」と読むのに対し、奈良県では「よねだ」と「こめだ」に読み方が分かれる。分布をみると、御所市では圧倒的に「こめだ」で、橿原市でも「こめだ」が主流なのに対し、奈良市や大和郡山市ではほとんどが「よねだ」。全県合わせると「よねだ」の方が若干多い。「こめだ」と読む米田は奈良中南部独特の名字で、他県の「こめだ」も奈良出身のことが多い。熊本藩家老の米田家も遠祖は奈良の出だという。

◎五鬼助・五鬼上

下北山村の宿坊には、役行者に仕えた後鬼・前鬼夫妻の子孫という、五鬼助・五鬼上・五鬼継の3家があった。現在、五鬼継は和歌山県にある。

◆奈良県にルーツのある名字
◎安倍・安部・阿倍・阿部

様々な漢字を書く「あべ」氏のルーツは、大和の古代豪族・阿倍氏であるといわれている。阿倍氏は第8代孝元天皇の皇子・大彦命の末裔で、大和朝廷では北陸・東国経営に大きく関わったため、「あべ」一族は現在でも東日本に多く分布している。孝元天皇は欠史八代といわれる実在しないとみられている8人の天皇の一人。ただし、大彦命については埼玉県の稲荷山古墳から出土した鉄剣にその名が刻まれたことから、実在するとの説もある。

この古代豪族阿倍氏のルーツの地が今の桜井市にあり、地名も「阿部」「安倍」の双方が使用されている。ここにはかつて安倍氏の氏寺だった安倍寺跡があり、現在は少し離れた場所に移って安倍文殊院となっている。

◎春日

古代、「神の住む場所」を「かすが」といい、各地に「かすが」があったが、大和の春日が有名だったため、「春日」を「かすが」と読むようになったという。この地は現在の春日大社の場所で、春日一族は神官を務めるものが

多い。

◎ 葛城(かつらぎ)

大和国葛城地方を本拠とした古代豪族の姓。葛城国造家と、武内宿禰(たけのうちのすくね)の子襲津彦の子孫という2家があったという。襲津彦の子孫は4世紀末に磐之媛が仁徳天皇の皇后となり、以来5世紀にかけて天皇家の外戚として栄えた。

◎ 久米(くめ)

大伴氏の配下で軍事的な役割を果たしていた久米部に由来する。大和国高市郡久米(橿原市)に因む久米氏が最も著名だが各地にある。『日本書紀』の天孫降臨では、大伴氏の遠祖にあたる天忍日命(あめのおしひのみこと)が、大来目命(天久米命(おおくめのみこと))を率いて瓊瓊杵尊(ににぎのみこと)を先導して天降ったとあり、大伴氏のもとで軍事的な役割を果たしていたことがわかる。

◎ 菅原(すがわら)

大和国添下郡菅原(奈良市菅原町)に因む。天応元(781)年土師古人が菅原宿禰の名字を賜ったのが祖。弘仁10(819)年清公が文章博士となり、以後代々学者を輩出した。寛平3(891)年道真は宇多天皇に重用されて蔵人頭となると遣唐使の廃止を進言。のち右大臣となったが、直後に藤原時平の讒言(ざんげん)に遭って大宰権帥に左遷された。子孫は代々紀伝道で朝廷に仕え、高辻氏や唐橋氏となった。

◎ 筒井(つつい)

関東から九州北部にかけて広く分布している筒井という名字は、奈良県をルーツとしている、という家が多い。戦国時代に最も大きな勢力を持っていた筒井氏の一族の末裔と称するもので、ルーツは大和国添下郡筒井郷(大和郡山市)。その祖は諸説あってはっきりしないが、大和の古代豪族である大神氏の末裔ではないかといわれている。

◎ 当麻(とうま)

ルーツは大和国葛城郡当麻(葛城市)で、本来は「たいま」と読んだが、現在では「とうま」と読んで大和高田市に集中している。橿原市にも多い。また、関東南部にもあり、東京都東村山市や、埼玉県所沢市に集中している。なお、青森県鶴田町に集中している「当麻」は「たいま」と読む。

◎ 柳生(やぎゅう)

添上郡小楊生郷(奈良市)がルーツで菅原姓。後醍醐天皇に仕えた永珍

が楊生郷を与えられて柳生氏を称したというのが祖という。戦国時代に宗厳（石舟斎）が上泉秀綱に神陰流の剣術を学んで新陰流を創始。その後、筒井順慶に属した。天正13（1585）年所領を没収されたが、文禄3（1594）年徳川家の剣術指南役となった。その五男宗矩は二代将軍秀忠、三代将軍家光の剣術師範となり、とくに家光には側近として仕えた。寛永13（1636）年大和柳生藩1万石の藩主となる。

◆珍しい名字
◎東川（とがわ）

奈良県の東川は、「ひがしかわ」ではなく「とがわ」と読むのが主流だが、「うのかわ」と読む名字もある。吉野郡川上村にある東川（うのかわ）という地名がルーツ。東が「卯」の方角にあたるからとされる。

◎王隠堂（おういんどう）

五條市の旧西吉野村には王隠堂という名字がある。読み方は文字通り「おういんどう」だが、その由来は、先祖が吉野に逃れてきた後醍醐天皇を堂に匿ったことだという。つまり、「王」とは後醍醐天皇のことで、堂に隠したという事実をそのまま名字にしているのだ。

◎万歳（まんざい）

大和国葛下郡万歳郷（大和高田市他）がルーツ。平田荘の荘官を務め、万歳城に拠った。現在でも奈良県から大阪府にかけて多い。また、この付近で行われていた千秋万歳に由来するものもあるか。

〈難読名字クイズ解答〉
①あざまわり／②あたらし／③あちおく／④いさかわ／⑤いたどり／⑥うえすぎ／⑦えみ／⑧そうじゅう／⑨たいらく／⑩たてなみ／⑪てんで／⑫とての／⑬のし／⑭はかりや／⑮もんどり

㉚ 和歌山県

〈難読名字クイズ〉
①明楽／②預／③能木／④遠北／⑤旦来／⑥狼谷／⑦講初／⑧七良浴／⑨小鳥遊／⑩岬下／⑪潰滝／⑫殿最／⑬姥妙／⑭麻殖生／⑮輪宝

◆地域の特徴

　和歌山県の名字も山本と田中が圧倒的に多い典型的な西日本型。3位以下は大きく離れているが、3位中村、4位松本と続くのは近畿地方の標準的なものだ。実は、県南部の名字構成は近畿地方の標準とはかなり違っているのだが、南部に比べて北部の人口が圧倒的に多いため、県全体でみるとどうしても近畿地方の標準である北部の構成と似たようなものになってしまう。

　9位には宮本が入る。「宮」とは神社のことで、人が住むところには必ず神社があったことから、宮の付く名字は各地に多い。宮本とは「神社の下」という意味。神社は小高いところに鎮座していることが多く、地理的には「神社の下」に住んでいたという意味と、「神社を下から支える」という意味合いのものもあったとみられる。宮本は全国に広がっているが、ベスト10に入っているのは和歌山県のみである。

　14位には鈴木が入っている。鈴木は東日本に多い名字だが、紀伊半島に

名字ランキング（上位40位）

1	山本	11	木村	21	和田	31	西
2	田中	12	山田	22	森	32	尾崎
3	中村	13	吉田	23	山下	33	田村
4	松本	14	鈴木	24	上田	34	南
5	前田	15	井上	25	森本	35	辻
6	林	16	橋本	26	榎本	36	池田
7	岡本	17	山崎	27	木下	37	中谷
8	谷口	18	久保	28	山口	38	中井
9	宮本	19	中西	29	小林	39	西川
10	坂本	20	玉置	30	小川	40	坂口

ルーツがあり、海南市の藤白には鈴木総本家もあることから、西日本でも和歌山県では比較的上位に入っている。

20位の玉置は新宮市の地名がルーツで、現在でも圧倒的に県内に集中しているという和歌山県を代表する名字の一つ。県内では99％以上が「たまき」と読み、隣の奈良県でも91％が「たまき」。この他、近畿地方から三重県にかけてでは「たまき」と読むことが多いが、それ以外の地域では「たまき」と「たまおき」に読み方が分かれている。

26位に榎本が入っているのも特徴だが、榎本は紀伊半島一帯に広がる名字で和歌山県独特ともいいがたい。37位中谷や38位中井も他県にも多い。

40位以内には独特の名字は少ないが、それ以下になると、52位湯川、54位中尾、57位楠本、62位岩橋、88位阪本、90位上野山と和歌山県らしい名字が続々と登場する。湯川は和歌山県と神奈川県に多く、県内では広く分布している。楠本は和歌山県と長崎県に多く、県内では田辺市に集中している。岩橋は紀伊国名草郡岩橋荘（和歌山市）をルーツとする和歌山独特の名字で、和歌山市、海南市、紀美野町の3市町に集中している。

76位には「あずま」と読む東が入っている。別に珍しい名字ではないが、76位という順位は全国で最も高い。

さらに、101位以下では、貴志、高垣、宮井、梅本、南方、雑賀（さいが）、有本、垣内、津村、寒川（そうがわ）、保田、古久保などが多いのが和歌山県の特徴である。

このうち、雑賀のルーツは和歌山市内の地名で鈴木氏の一族。戦国時代には鉄砲集団として活躍した。有名な雑賀孫一（孫市）も本名は鈴木孫一であるといい、子孫は紀伊藩家老の鈴木家となっている。貴志も古く、紀伊国那賀郡貴志荘（紀の川市貴志川町）をルーツとする、貴志荘の荘官の末裔。藤原北家魚名流の一族である。

和歌山県は近畿地方のなかでは最も独特の名字が多い県で、上野山、貴志、南方は全国の半数以上が現在の和歌山県にある。南方は県内でも和歌山市と海南市に集中しており、博物学者南方熊楠は和歌山城下の生まれ。県内の貴志も8割近くが和歌山市に集中している。

● 地域による違い

和歌山県の名字は県内の地域差がはっきりしている。これは、近畿地方のなかでは唯一ベッドタウン化が少ないためで、本来の名字分布が残っているからだ。

和歌山市を中心とする紀北地区では、山本、田中に続いて中村、松本が多いなど典型的な近畿型。ただし、有田市だけはなぜか周辺と名字の構成がまるっきり違う。最多が上野山で2位が江川。6位に嶋田、10位に宮井が入るほか、御前、尾藤が多いなど、全く独自の分布になっている。

　その他では、九度山町で海堀、旧金屋町で高垣が最多となっているほか、湯浅町の栖野、旧野上町（紀美野町）の桑添、旧金屋町（有田川町）の楠部、旧下津町（海南市）の硯などが特徴。旧美里町（紀美野町）では最多の中谷に続いて、2位東、3位南、4位西というユニークな順番となっていた。

　日高地区も山本・田中は多いが、それと並んで玉置が多い。玉置は和歌山を代表する名字だが、とくに日高地方に集中している。その他はかなりばらばらで、由良町で岩崎、美浜町で田端、南部川村で大野、龍神村で古久保が最多。それ以外では、日高町の楠山、日高川町の寒川・友渕・朝間、みなべ町の泰地などが特徴。

　紀南地区では圧倒的に山本が多く、次いで田中が多いが、東・西といった方位由来の名字や榎本が多いなど、奈良県南部や三重県南部と共通しているものも多い。独特の名字には田辺市の愛須、白浜町の場谷・平阪・井澗、上富田町の三栖、串本町の潮崎、那智勝浦町の畑下、本宮町の古根川などがある。

　このなかでは鯨の町として知られる太地町の名字がきわめて独特。最多が漁野で、2位には鯨を追う「せこ」に由来する背古が入っているほか、町内には筋師、汐見といった名字があるなど、いかにも漁業の町らしい名字がみられる。

● 古代豪族・紀国造氏

　古代豪族を代表する氏族の一つである紀氏には、実は2つの流れがあった。

　有名なのは、古代から平安時代まで朝廷で公家として活躍した紀氏である。『土佐日記』の著者紀貫之がこの家の出である。

　この紀氏の祖は、5代の天皇に200年以上も仕えたという古代のスーパースター武内宿禰である。武内宿禰の父は第12代景行天皇だが、母が紀氏の出であったことから、子どものうちの一人が紀を姓にしたと伝える。ということは、それ以前にすでに別に古代豪族の紀氏があったことになる。

　古代の和歌山県は木々が生い茂り、木国と呼ばれていた。この木国が和

銅6（713）年の好字二文字化令によって紀伊国に改められたのだが、この木国の国造を神武天皇の時代から務めていたというのが古代豪族の紀氏である。国造を務めていたことから、紀伊国造氏（きのくにのみやつこうじ）と呼ばれる。紀伊国造氏は、名草郡を本拠として、和歌山市にある日前・国懸神宮（ひのくま・くにかかすじんぐう）の神官を務めていた。

公家の紀氏は平安時代末期には公家としての地位を失ったが、日前・国懸神宮神官の紀氏は途絶えることもなく代々続き、明治時代には男爵を授けられた。一族からは和歌山市長も出るなど、同市きっての名家の一つである。

● **名づけ帳**

現在では、江戸時代の庶民が名字を持っていたことは常識となっているが、さらに古く室町時代にすでに農民も名字を使用していたことがわかる資料がある。それが、紀の川市粉河にある王子神社に伝わる名づけ帳（国指定有形民俗文化財）である。

粉河は粉河寺の門前町として栄えた町であった。平安末期から戦国時代にかけて隆盛を極め、天正13（1585）年に兵火にあって寺とともに衰退したが、江戸時代になって復興し、以後は紀伊北部の物資の集散地として繁栄した。

ここでは、男の子が生まれると、翌年の正月11日に王子神社に宮参りをする。神社では、宝蔵庫の中にしまってある箱から「名づけ帳」を取り出して、子どもの名前を記していく。この名づけの記帳が始まったのは室町時代の文明10（1478）年で、以来一度も途切れることなく現在まで続き、その長さは70メートルを超える。名づけ帳は長らく門外不出だったが、戦後公開されて貴重な資料として注目を集め、昭和31年には国によって重要民俗資料に指定された。

この名づけ帳によって、室町時代以降の男の子の命名の変遷がわかるのだが、それだけではない。名づけ帳には、新しく生まれた子どもの名前とともに、親の名前や名字も書かれている。ここに記入しているのは粉河に住む庶民たちで、決して一部の特権階級ではない。

そして、名づけ帳に記された名字は、現在でも粉河付近でみられるものが多い。ということは、粉河の人たちの名字は室町時代まで遡ることができると考えられる。粉河が特殊な地域であったとは考えづらく、当時、すでにかなり広い地域で庶民でも名字が使用されていたと考えた方がいいだ

ろう。

◆和歌山県ならではの名字
◎垣内(かきうち)
　和歌山県を中心に紀伊半島一帯には、垣内系の名字が広がっている。「かきうち」と読むことが多いが、これらは垣内集落に由来する名字である。
　この地方では、新しく開墾した土地の周りを竹垣で囲んで他と区別したことから、垣内または垣内集落といい「かいと」と呼んだ。この垣内集落に住んでいた人が名乗ったのが垣内である。垣内は垣外や墻内に漢字が変化したり、上に別の言葉を付けたりして多くのバリエーションを生んでいる。県内には、寺の垣内である寺垣内や、岡田さんの開発した垣内である岡田垣内といった名字がある。
◎湯川(ゆかわ)
　県内に広く分布する名字で、とくに白浜町とみなべ町に多い。清和源氏武田氏の庶流で、武田三郎忠長が罪を得て熊野に流され、以後土着したという。のち牟婁郡(むろ)を与えられ、孫の光春は日高・有田郡で勢力を広げ、亀山城（御坊市）に拠った。室町時代は幕府の奉行衆を務めた。

◆和歌山県にルーツのある名字
◎神前(こうざき)
　和歌山県北部に集中する神前は「こうざき」と読み、紀伊国名草郡神前郷（和歌山市）がルーツ。戦国時代は織田信長に属した。のち、勝久は浅野氏の紀伊入国に際して代官となり、徳川頼宣の紀伊入封後も代官を務めた。現在も和歌山市に多い。
◎雑賀(さいが)
　紀伊国海部郡雑賀荘（和歌山市）がルーツで、現在も和歌山市に集中している。戦国時代には雑賀党を組織した。地名は「さいか」のため本来は「さいか」だが、「賀」の漢字の影響で名字では「さいが」の方が多い。
◎周参見(すさみ)
　紀伊国牟婁郡周参見荘（西牟婁郡すさみ町周参見）がルーツで、中世、周参見の土豪に周参見氏があった。氏長の時豊臣秀吉に仕え、関ヶ原合戦で西軍に属し没落した。江戸時代は、広島藩士や三次藩士に周参見家があった。現在は有田川町にある。

◎寒川(そうがわ)

　紀伊国日高郡寒川荘（日高郡日高川町）がルーツで、藤原北家秀郷流結城氏の庶流。戦国時代、国人の寒川氏がいたが、関ヶ原合戦で西軍に与したため所領を失い、江戸時代は神職となった。現在でも和歌山県に多く、日高川町の旧美山村と田辺市の旧龍神村に集中している。なお、香川県では「さんがわ」、徳島県では「かんがわ」、その他の地域では「さむかわ」と読み、「そうがわ」は「さんがわ」に次いで多い。

◎竜神(りゅうじん)

　紀伊国日高郡には国衆の竜神氏があった。清和源氏頼政流で、頼氏が日高郡奥山郷殿垣内龍神谷（田辺市龍神村）に住んで、龍神氏を称したのが祖である。のち浅野氏に従い、江戸時代は広島藩士となった。

◆珍しい名字

◎旦来(あっそ)

　和歌山市にある旦来という名字の由来もユニークだ。これで「あっそ」と読み、ルーツは海南市の地名。神功皇后が「あした（旦）来る」といったことに由来するといい、同地には旦来八幡宮もある。また、これから漢字が変化した旦来という名字もある。

◎小鳥遊(たかなし)

　日本を代表する珍しい名字の一つ。那智勝浦町にある名字で「たかなし」と読む超難読名字。これは、鷹がいなければ小鳥が遊んでも大丈夫ということからきている、判じ物のような名字である。もともとは普通の高梨だったが、漢字を変えたものである。

〈難読名字クイズ解答〉
①あきら／②あずかり／③あたき／④あちきた／⑤あっそ／⑥かみたに／⑦こうい／⑧しちりょうさこ／⑨たかなし／⑩たわした／⑪つえたき／⑫とのも／⑬ばみょう／⑭まいお／⑮りんぽう

31 鳥取県

〈難読名字クイズ〉
①網師野／②王身代／③大山霞／④飼牛／⑤欠間／⑥言水／⑦西古／⑧妻藤／⑨助飛羅／⑩寸古幾／⑪十九百／⑫塒／⑬根鈴／⑭筦津／⑮安酸

◆地域の特徴

　鳥取県の名字も1位の田中と2位の山本が飛び抜けて多い、典型的な関西圏のパターンである。最多の田中は全県にまんべんなく分布しているが、とくに鳥取市など県東部に多い。それに対して2位の山本は比較的県内に平均的に分布している。そして、3位山根が入るのが鳥取県の特徴。高嶺の花、というときに「嶺」と書いて「ね」と読むように、山の頂上のことを「ね」といった。そして、この「ね」に「根」という漢字をあてることもあった。つまり、山根とは、「山の根＝山の頂上」という意味で、中国山地一帯に広く分布している。なかでも多いのが大山付近で、周辺と合併前の西伯郡大山町では人口の6％を占める最多だった。

　6位の谷口は西日本一帯に広く分布する名字だが、人口比では鳥取が日本一。とくに因幡地方に集中している。14位の足立も人口に占める割合では日本一。人口が少ないため実数では他府県にかなわないが、人口比では最多となる名字は多い。伯耆(ほうき)地区に多く、とくに米子市と境港市に集中し

名字ランキング（上位40位）

1	田中	11	福田	21	清水	31	森本
2	山本	12	吉田	22	山崎	32	松田
3	山根	13	遠藤	23	長谷川	33	浜田
4	松本	14	足立	24	森田	34	竹内
5	前田	15	小谷	25	木村	35	田村
6	谷口	16	渡辺	26	岡田	36	山口
7	中村	17	井上	27	岡本	37	高橋
8	西村	18	加藤	28	林	38	門脇
9	山田	19	佐々木	29	西尾	39	坂本
10	小林	20	山下	30	伊藤	40	岸本

ている。15位の小谷は、他県では「こたに」が多いが、県内では「こだに」と濁ることが多い。

この他では、29位西尾や38位門脇が特徴。西尾は岐阜県にも多い名字だが、人口比では鳥取が最高。鳥取藩主池田家が美濃の出のため、鳥取県と岐阜県には意外と共通する名字が多い。門脇は門脇中納言といわれた平教盛の子孫とされ、全国に点々と集中地区がある。県内では米子市に集中しており、ここから隣の島根県松江市にかけて多い。東伯町に集中している加登脇は門脇から漢字が変化したものだろう。

41位以下では、54位生田、68位小椋、82位角（すみ）、88位林原、98位景山が独特。林原は全国の4割ほどが県内にあり、県西部から広島県の東部にかけて激しく集中している。県内では大山町に多い。

54位の生田はとくに珍しい名字ではないが、鳥取の生田には独特の由来を持つものがある。江戸時代になって、岡山から池田家が藩主として入ってきた際に、もともと県内にいた池田家は名字を生田に変えたという。

これは鳥取藩だけに限らず、原則として各藩の藩士は、藩主と同じ名字は名乗らなかった。一般的に藩主と同じ名字を名乗れるのは藩主の一族や特別に許された重臣だけで、名字もまた上級武士の特権の一つだったのだ。

しかし、池田は全国に広く分布する名字のため、当然鳥取にも池田を名乗る一族がいた。彼らは、藩主に遠慮しつつも本来の名字からあまり離れないものとして生田を選択したといわれる。

角の読み方は「すみ」。全国的にも「すみ」という読み方が過半数だが、鳥取県では97％が「すみ」である。景山は山口県を除く中国4県に集中している名字。「景」は「陰」と同じで、日当たりのよくない山を指す。

101位以下では、米原、鷲見（すみ）、石賀、永見、坪倉、都田（みやこだ）、音田（おんだ）などが目立つ。なかでも石賀は全国の半数が鳥取県にあり、倉吉市から米子市にかけて多い。

● 地域による違い

因幡地区では田中が圧倒的に多く、鳥取市、八頭町、岩美町などで最多。次いで山本、谷口が多く、山根や前田も目立つ。独特の名字としては、岩美町の沢、青谷町の房安、国府町の森原、福部村の井手野、八東町の保木本、用瀬町の加賀田、佐治村の光浪などがある。

伯耆地区は、東伯と西伯に分けられる。東伯地区では中心都市の倉吉市

では1位山本、2位田中となっているものの、それ以外では山本と田中はそれほど多くない。東伯郡にあった旧9町村では最多の名字がすべて違い、山本が最多だったのは三朝町のみ、田中が最多だったのも大栄町のみだった。とくに旧北条町では磯江、旧関金町では鳥飼が最多であるなど、かなり独特の名字分布である。その他、北栄町の竹歳、琴浦町の石賀、湯梨浜町の陶山・戸羽など、独特の名字も多い。

西伯地区では山本・田中はさらに少なく、代わって、松本、山根、遠藤が多くなり、米子市、境港市ともに松本が最多。また、門脇や勝部、景山など、島根県の出雲地区と共通する名字も多い。特徴的な名字としては、境港市の角、淀江町の吹野、名和町の林原、会見町の赤井、日野町の梅林、日南町の坪倉などがある。

こうした東西の違いが如実にわかるのが「あだち」という名字である。県内には広く「あだち」が広がっているが、因幡地区では安達、伯耆地区では足立と漢字が違っている。

● **金持一族のルーツ**

秋田県など、各地に金持という縁起のよさそうな名字がある。この名字のルーツとなった地域が日野郡日野町金持である。現在では金持という名字は、「かねもち」か「かなもち」という読むことが多いが、日野町の地名は「かもち」である。名字の金持も本来は「かもち」だったはずだ。

金持の「金」はお金ではなく、金属のこと。つまり、金持とは「金属を持っている土地」のことである。島根県東部から鳥取県西部にかけては、かつて鉄の産地として知られた。「金持」という地名の由来も鉄を含んだ土地ということだろう。

この鉄を背景にして金持一族が生まれ、後醍醐天皇が船上山に挙兵した際には一族を率いて駆けつけ、その京都凱旋にも股肱の臣の一人として従っている。しかし、南朝に属して各地を転戦する間に故郷は北朝方に奪われ、やがて一族は散り散りになってしまった。今では県内には金持さんはいない。

◆ **鳥取県ならではの名字**

◎相見(あいみ)

山陰地方一定に広く分布している名字だが、ルーツは伯耆国相見荘（米子市）で、中世には巨勢氏の一族という相見氏があった。南北朝時代、宗

国は後醍醐天皇を奉じて船上山に挙兵した名和長年の要請に応じて挙兵に参加している。現在も米子市に多い。

◎北窓(きたまど)

豊臣秀吉が立ち寄った際に、「日入らず」という酒を出したところ、「日が入らないのは北の窓だ」ということで、「北窓」という名字を賜ったという。

◆鳥取県にルーツのある名字

◎名和(なわ)

伯耆国汗入郡名和荘(西伯郡大山町名和)がルーツで、村上源氏と称しているが実際は不明。長年が長田氏から名和氏に改称、後醍醐天皇の船上山での挙兵を助けて有名になった。長年の死後も一族は南朝方の有力大名として戦った。長年の孫の顕興は懐良親王に従って肥後国に下向し、八代城に拠った。子孫はのちに宇土氏と改称、江戸時代は柳河藩士となった。のちに名和氏に復し、維新後は、先祖の功により男爵を授けられた。

◆珍しい名字

◎十九百(つづお)

「つづお」と読む難読名字で鳥取市にある。古語で「二十」のことを「つづ」といったが、いつのまにか「十九」も「つづ」と読むようになったらしい。また、「八百」と書いて「やお」と読むことから、「百」を「お」と読ませることもあった。そのため「十九百」と書いて「つづお」と読む。

◎籠(ながたに)

「籠」と書いて「ながたに」と読む超難読漢字の名字が鳥取県にある。龍のような形をしている長い谷ということで、この漢字1字で「ながたに」と読む。

◎塒(ねぐら)

大山町の名字。後醍醐天皇が隠岐から脱出して名和に上陸した際、戸屋家が自分の家に迎え、鶏の塒に偽装して匿ったことから、後醍醐天皇から塒という名字を賜った。

〈難読名字クイズ解答〉
①あじの／②おうしんだい／③おおやまあられ／④かいご／⑤がんま／⑥ごんすい／⑦さいこ／⑧さいとう／⑨すけひら／⑩すこぎ／⑪つづお／⑫ねぐら／⑬ねれい／⑭のつ／⑮やすかた

32 島根県

〈難読名字クイズ〉
①当木／②鉱／③経種／④一天満谷／⑤五十殿／⑥荊尾／⑦昌子／⑧是津／⑨滑／⑩生和／⑪飯橋／⑫樋ヶ／⑬卜蔵／⑭辺／⑮売豆紀

◆地域の特徴

島根県も田中と山本という西日本を代表する2つの名字が多く、3位に佐々木、4位に藤原と中国地方に多い名字が並んでいる。6位の原は人口比では島根県が全国一高く、県単位でベスト10に入っているのも全国で島根県のみ。8位の山根は中国地方一帯に広がっている名字で、鳥取県と島根県でベスト10入りしている。

ベスト10には比較的メジャーな名字が並んでいるが、11位以下には14位森山、19位勝部、22位野津、23位森脇、36位門脇など、島根県を特徴づける名字が多い。

勝部は全国の6割が島根県にあり、その大半が出雲地区に集中している。野津も全国の6割近くが島根県にあり、さらに県内の6割以上は松江市にあるという松江独特の名字である。

門脇は門脇中納言といわれた平教盛の末裔と伝えるもので、山陰・高知県・秋田県などに集中しているが、そのなかでは島根県が人口・比率とも

名字ランキング（上位40位）

1	田中	11	佐藤	21	山田	31	小川
2	山本	12	山崎	22	野津	32	岡田
3	佐々木	13	中村	23	森脇	33	三島
4	藤原	14	森山	24	加藤	34	内田
5	高橋	15	斉藤	25	中島	35	安達
6	原	16	渡辺	26	安部	36	門脇
7	伊藤	17	福田	27	和田	37	松浦
8	山根	18	吉田	28	石原	38	川上
9	渡部（わたなべ）	19	勝部	29	三浦	39	小林
10	松本	20	井上	30	村上	40	青木

に最多。33位の三島も人口比では全国で最も高い。

41位以下では、48位の錦織が島根県を代表する名字である。錦織は古代の錦織部の部民から生まれた名字で、古くは錦部とも書いた。ルーツは近江国滋賀郡錦織郷（滋賀県大津市）という地名で、乙巳の変（大化の改新）以前から渡来人の錦織氏がいたことが知られている。同国には浅井郡にも錦部（長浜市）があり、古くから錦織一族がいたとみられる。また、『平家物語』には「錦古里」という漢字で登場していることでもわかるように、本来は「にしごり」と読んだらしく、公家の錦織家も「にしごり」と読むのが正しい。

中世、近江出身の佐々木一族が島根に下向して支配した。錦織一族も佐々木一族に従って島根県に移り住み、県内に広がっていったとみられる。ルーツから離れたことにより、漢字表記に従って「にしきおり」となり、さらに音便作用で「にしこおり」と変化した。島根県出身のテニスの錦織圭選手の「にしこり」という難しい読み方は、本来の読み方を今に伝えていることになる。なお、県内では「にしこおり」が多く、48位に入っている錦織は「にしこおり」である。

これ以下では、50位石倉、55位福間、56位石飛、60位曽田、68位小村、72位土江、73位梶谷、83位坂根、85位吾郷、90位江角、96位景山、97位園山、99位周藤と独特の名字が多い。

吾郷は実に全国の4分の3が島根県にあるという島根独特の名字。この他、江角は全国の7割近く、石飛と土江が6割以上、曽田と園山も全国の過半数が島根県にある。周藤は群馬県と島根県に集中している名字で、群馬県では「しゅうとう」と読むのに対し、島根県では「すとう」である。これは「周防の藤原」という意味だろう。

101位以下になるとさらに独特の名字は増え、柳楽、金築、藤江、多久和、寺戸、糸賀などがある。

● 地域による違い

島根県は、出雲国と石見国に分かれていた。

出雲北部はバラエティに富んでいる。平成大合併前の旧松江市では野津は最多だったが、全県で20位にも入らない名字が県庁所在地で最多となっているのはきわめて珍しいことだった。

平成大合併では松江市は八束郡の8町村と合併したが、この8町村では

一番多い名字がすべて違っていた。そのため、現在の松江市の最多は松本で、野津は4番目に多い名字となっている。旧八束町では門脇がきわめて多かったほか、旧島根町の余村、旧宍道町の小豆沢、旧東出雲町の越野など独特の名字も多い。

安来市と出雲市ではともに原が最多。出雲市では旧出雲市域で今岡や勝部、旧平田市域では多久和や土江が多い。

出雲南部では圧倒的に藤原が多く、雲南市、奥出雲町、飯南町ではいずれも藤原が最多。安部や石飛も目立つ。また、雲南市の白築、落部、飯南町の後長などが独特である。

ところが、石見北部になるとがらっと変わる。大田市では田中、江津市では佐々木が最多で、渡辺、三上、田中、小川などが中心となる。江津市に集中している山藤は「さんとう」と読むほか、旧仁摩町の橋目、温泉津町の青笹、瑞穂町の洲浜といった独特の名字も多い。

石見南部では佐々木、斉藤、三浦が多く、浜田市では佐々木、益田市では斉藤が最多。このほか、中島、山本、岡本も目立つ。日原町では水津、旧旭町では大屋が最多だった。

隠岐では斉藤と藤田が多い。島前の隠岐の島町では斉藤が最多で、村上・吉田の順。村上は隠岐の名家の一族である。島後地区では島ごとに違い、西ノ島町では真野、海士町では藤田、知夫村では崎が最多となっている。

● **出雲大社と神の付く名字**

出雲は、国引きなど独特の神話を持ち、古代から大和や北九州と並んで栄えていた地域であった。そして、その中心となったのが出雲大社である。出雲大社のある場所は神門郡と呼ばれ、ここには神門氏という古代豪族もいた。現在も出雲市には神門という名字があり、「ごうど」とも読む。

また、出雲市に神田は、神庭など、「神」にちなむ独特の名字も多い。出雲市の旧大社町には別火という名字もある。別火とは「食事炊飯のための火を別にすること、またその火、それをつかさどる職掌人のこと」だといい、代々出雲大社の神火を守り続けてきた一族という。

出雲大社の神官は、古代から出雲国造という独特の名で呼ばれている。阿蘇神社、諏訪大社、宗像神社など、古くから続く大きな神社では、神官は中世には武士化し、戦国時代にはその広大な社領を背景に大名に発展した家も多いが、出雲大社の北島家、千家家の2家は武士化することもなく、

両家が交代で神職を務め続けた。明治以降になると千家家からは、千家尊澄が国学者に、千家尊福が第一次西園寺内閣の司法大臣、千家元麿が詩人として活躍するなど、多彩な人物を輩出している。

◆**島根県ならではの名字**

◎鉱（あらがね）

出雲地方で盛んだった製鉄に関連する名字。「鉱」とは金属を取り出していない掘り出したままの鉱石のことで、出雲市にある。

◎田部（たなべ）

雲南市吉田の菅谷たたらの田部家は日本一の山林王ともいわれ、明治以降も代々の当主は島根経済界の重鎮として活躍している。映画『もののけ姫』に登場するたたら製鉄も、菅谷たたらがモデルである。

◆**島根県にルーツのある名字**

◎益田（ますだ）

戦国時代に石見の戦国大名として活躍した一族の名字。藤原北家というが実際には不詳である。平安時代末期に国兼が石見国司として下向し、そのまま土着して御神本（みかもと）（浜田市）に住み、御神本氏を称したのが祖という。源平合戦では兼高（兼恒）は源氏方に属し、元暦元（1184）年兼高は石見国押領使に任ぜられて美濃郡益田荘（益田市）に移って益田氏を称した。嫡流は長州藩家老となった。

◎目次（めつぎ）

全国の6割近くが島根県にあり、その大半が松江市に集中している。出雲国意宇郡津田郷目津木（松江市）に由来する。

◆**珍しい名字**

◎重栖（おもす）

隠岐の名字。隠岐国隠地郡重栖荘（隠岐郡隠岐の島町）がルーツ。宇多源氏佐々木氏の支流で、鎌倉時代以降、代々重栖荘の地頭を務めた。室町時代には隠岐国の小守護代も務めた。現在は隠岐の島町の国分寺住職が重栖家である。

〈難読名字クイズ解答〉
①あてき／②あらがね／③いだね／④いてまだに／⑤おむか／⑥かたらお／⑦しょうじ／⑧ぜっつ／⑨なめら／⑩にゅうわ／⑪はんのえ／⑫ひのけ／⑬ぼくら／⑭ほとり／⑮めずき

33 岡山県

〈難読名字クイズ〉
①垰／②五老海／③忍峡／④生水／⑤生咲／⑥杭田／⑦昌谷／⑧直／⑨住宅／⑩湛増／⑪直宿／⑫小童谷／⑬三十日／⑭無垢品／⑮従野

◆地域の特徴

岡山県の名字も西日本で一番多い山本が最多となっているが、それ以下には独特の名字も多い。

2位には岡山を代表する名字である三宅が入っている。三宅の全国順位は194位で、全国には2万数千世帯の三宅さんがいると思われるが、その半数以上は瀬戸内海沿岸にあり、その本拠地が岡山県である。

三宅一族の系譜ははっきりとしない。古代豪族に新羅からの渡来人の末裔である三宅連がいたことが知られるほか、中世の摂津国の国人や、江戸時代の大名の三宅氏もあるが、お互いの関係は定かではない。

岡山県の三宅のルーツは倉敷市内の地名で、南北朝時代に南朝方の武将として活躍した児島高徳の子孫といわれるが、本来は古代の屯倉に由来しているのではないだろうか。屯倉とは、古代に朝廷が穀物を貯蔵した倉のことだが、やがて貯蔵庫だけでなく、その米を作った田んぼや、耕作民までを含むようになった。備前にあった屯倉から、三宅の地名と名字ができ

名字ランキング（上位40位）

1	山本	11	難波	21	高橋	31	清水
2	三宅	12	小野	22	近藤	32	藤田
3	藤原	13	中村	23	林	33	石原
4	佐藤	14	原田	24	山下	34	木村
5	田中	15	松本	25	山田	35	妹尾
6	藤井	16	池田	26	川上	36	坂本
7	井上	17	片山	27	森	37	大森
8	小林	18	岡田	28	山崎	38	岡崎
9	渡辺	19	石井	29	太田	39	内田
10	岡本	20	吉田	30	橋本	40	赤木

たと考えられる。現在も倉敷市に集中している。

3位の藤原、6位藤井、14位原田は山陽地方一帯に共通する名字で、藤井は県西部の笠岡市と井原市に集中している。

40位までは、11位の難波と35位の妹尾(せのお)を除くと県独自の名字はみあたらない。なお、37位の大森は別に珍しい名字ではないが、他県ではあまり上位には入っていない。

41位以下では、48位平松、78位守屋、94位河本(こうもと)が独特。平松は各地にあるが、ベスト100に入っているのは岡山県のみ。県内では高梁市に多い。守屋は関東・甲信地区にも多いが、やはりベスト100に入っているのは岡山県だけである。こうした各地の守屋氏は物部守屋の子孫と伝えるものが多い。また、山で寝泊まりする小屋のことも守屋ということから、これに由来するものもあると思われる。

河本は全国的には「かわもと」と読むことが多いが、岡山県から兵庫県の播磨地方にかけての地域では「こうもと」と読むことが多い。岡山県では88%が「こうもと」である。

101位以下では、赤沢、白神、板野、矢吹、春名、仁科、角南(すなみ)などが特徴。このうち、白神は読みが「しらが」と「しらかみ」に分かれるが、4分の3が「しらが」である。清寧天皇の名代部である白髪部に由来する古い名字で、白髪と書くことも多い。

また、板野は全国の過半数、角南は3分の2が岡山県に集中している。板野は岡山市、角南は倉敷市に多い。

● 地域による違い

県庁所在地である岡山市は、広域合併で旧備中国にまで広がっているが、基本は備前国に属している。この岡山市を中心に、備前地区では山本と藤原が多く、平成大合併前の旧19市町村の大半は、このどちらかが最多だった。現在でも、赤磐市と和気町では藤原が最多、岡山市の東区でも藤原が最も多い。一方、備前市と瀬戸内市では山本が最多で、岡山市全体でも山本が最多である。

この2つ以外では、旧邑久町で太田、旧熊山町で矢部、旧建部町で河本、旧加茂川町で片山、旧日生町で橋本が最多だった。また、旧牛窓町の名字はかなり独特で、出射(いでい)、為房、神宝、鳴坂といった名字が多い。この他では、旧熊山町の金光、旧赤坂町の道満(どうまん)、旧建部町の善木、旧和気町の万代と草

加、旧日生町の星尾などが独特の名字である。

　備中地区は、南部と北部でかなり違っている。倉敷市を中心とする備中南部では三宅と藤井がとくに多く、倉敷市では三宅、笠岡市では藤井が最多。妹尾と難波も目立つ。旧山手村では守安が最多で、以下、友野、風早、高谷、剣持が上位の5つという独特の名字構成だった。この他では、旧金光町の中務・久戸瀬、旧寄島町の道広・応本、旧船穂町の中桐などが独特。

　備中北部は自治体ごとにばらばらで、合併前の12市町村では最多の名字がすべて違っていた。全体的には、小林、川上、藤井が多く、現在も新見市では小林、高梁市では川上が最多（合併前の旧高梁市では藤井が最多だった）。旧川上町では川上が最多で、自治体名と最多の名字が一致している珍しいケースだった。独特の名字としては、旧備中町の江草・物部・古米、旧大佐町の木曽田などがある。

　美作地区は平成大合併前には小規模な自治体が多かった。以前、津山市を中心とする美作西部には21もの市町村があり、山本、池田、横山、小椋などが最多となっているところが多かった。現在は津山市と美咲町で山本、真庭市と鏡野町で池田が最多となっている。独特の名字も多く、旧中和村では美甘が最多だったほか、旧湯原村の浜子、旧加茂町の厨子、旧中央町の貝阿弥、旧旭町の草地・氏平などがある。

　美作東部では、山本、春名、小林が多いほか、旧勝央町では植月、旧勝田町では皆木、旧奈義町では野々上が最多だった。この他、旧勝央町の竹久、旧勝田町の梶並、旧大原町の船曳・新免などが独特の名字である。

● **難波と妹尾**

　11位の難波と35位の妹尾はいずれも岡山県独特の名字で、ともに古い由来を持つ。

　難波は岡山県内に全国の38％の人が住んでいるという岡山県独特の名字。岡山以外では兵庫県南部や大阪北部にあり、この3府県だけで半数を超している。

　県内では南部に集中しており、備前国には中世から豪族難波氏がいた。御野郡や津高郡を本拠とし、源平合戦では平家方の武将として、難波経遠・経房の名がみえる。

　この難波氏は、古代豪族の葛城氏の末裔とされ、備前国に屯倉が設けられた際に赴任したといわれる。源平合戦でも平家方に属し、承久の乱でも

敗れた宮方に与したが、一族はしぶとく生き残った。室町時代には鳶淵山城主となり、戦国時代にも宇喜多氏の配下として活動している。

35位の妹尾も県内に全国の3分の1が住んでいる特異な名字で県南部に多く、とくに備中南部に集中している。ルーツは備中国妹尾郷（岡山市）で神官卜部氏の末裔という。平安末期の保元の乱の際に、平家方の武将として妹尾兼康（保）の名がみえるなど、難波氏とともに、古くからこの地方に力を持っていた一族だった。

難波一族と違って、鎌倉時代以降の活動は不明だが、戦国時代の同地の武士に妹尾を名字とするものがみられるなど、備中では一定の勢力を保っていたとみられる。なお、県外では「せお」と読むことも多い。

◆岡山県ならではの名字
◎赤木（あかぎ）

岡山県を中心に山陽地方に多い名字。ルーツは信濃国筑摩郡赤木郷（長野県松本市）で桓武平氏秩父氏の一族。承久の乱後、新補地頭として備中国川上郡穴田郷（高梁市）に移った。戦国時代に毛利氏に従い、江戸時代は長州藩士となった家と、帰農した家に分かれた。読み方は「あかぎ」と「あかき」に分かれている。

◎植月（うえつき）

全国の6割以上が岡山県にあり、県北部に集中している。ルーツは美作国勝田郡植月（勝田郡勝央町）で、現在も勝央町では最多名字である。菅原氏の庶流で、中世の武士団美作菅家党の一つ。元弘3（1333）年植月重佐が挙兵して赤松則村に従っている。

◎国富（くにとみ）

備前国上道郡国富（岡山市）がルーツ。比丘尼山城に拠り、宇喜多氏に仕えた。慶長4（1599）年宇喜多氏の内訌（ないこう）の際に退去し、関ヶ原合戦後は戸川氏に仕えた。現在も全国の半数以上が岡山県にあり、とくに岡山市と倉敷市に多い。

◎白神・白髪（しらが（しらかみ））

第22代清寧天皇は生まれつき白髪であったため白髪皇子といい、その名代部である白髪部に由来する名字。備中国窪屋郡には白髪部郷（総社市）があり、現在もこの付近に集中している。なお、現在では白髪よりも白神と書くことが多く、白神の3分の2は「しらが」と読む。

◎須々木(すずき)

中世、備前国御野郡（岡山市）に須々木氏があった。『太平記』には北朝方の武将として須々木高行の名がみえ、室町時代には同地に須々木行景がいたことが知られている。戦国時代、須々木行連は船山城（岡山市）に拠って松田氏に属した。現在でも岡山市に集中している。

◎花房(はなぶさ)

岡山県から兵庫県播磨地方にかけての名字で、とくに岡山市付近に多い。常陸国久慈郡花房（茨城県常陸太田市）がルーツで、清和源氏足利氏の庶流。足利泰氏の孫の職通が花房氏を称したのが祖である。のち備前国に移り、職之（職秀）と正幸はそれぞれ宇喜多氏に仕えて家老となった。職之はのちに宇喜多秀家の怒りを買って退去、関ヶ原合戦の際に東軍に属して功を挙げ、子孫は備中高松で7,220石を知行する旗本となった。

◆岡山県にルーツのある名字

◎黒住(くろずみ)

全国の半数以上が岡山県にあり、岡山市や笠岡市に集中している。備中国都宇郡黒住村（岡山市）がルーツ。岡山県三社宮の神官を務める黒住家があった。末裔から黒住教の教祖黒住宗忠が出ている。

◎新免(しんめん)

県北部に多く、とくに英田郡の旧東粟倉村・大原町（ともに美作市）に集中していた。美作国の土豪に新免氏がいた。粟井荘新免村（美作市）がルーツ。明応2（1493）年竹山城（美作市）に拠った。宗貫（伊賀守）の時、宇喜多氏に仕える。剣豪宮本武蔵の父（養父説もある）は新免無二といい、美作の国衆であった新免氏の一族ともいわれる。

◎角南(すなみ)

美作国英田郡江見荘角南（美作市）がルーツで、藤原姓とも桓武平氏千葉氏ともいう。重義は初め備前の宇喜多秀家に仕えていたが、慶長9（1604）年子重勝とともに徳川家康に仕えた。以来旗本として大和国で1,000石を領した。

◎真鍋(まなべ)

北四国に多い名字だが、ルーツは備中国真鍋島（笠岡市）。平安時代末期に真鍋島に移り住んで真鍋氏を称したという。戦国時代の紀伊の土豪に真鍋氏がいる。天正13（1585）年豊臣秀吉が根来衆と戦った時に、秀吉に与

している。のち蜂須賀氏に仕えた。
◎虫明(むしあけ)

全国の6割以上が岡山県にあり、岡山市から浅口市にかけて集中している。備前国邑久郡虫明村（瀬戸内市邑久町虫明）がルーツで、中世には国衆の虫明氏がいた。

◎和気(わけ)

備前国藤野郡（岡山県）の古代豪族。姓は朝臣・垂仁天皇の子鐸石別命(ぬてしわけのみこと)の子孫という。佐波豆の時に美作・備前の国造となる。神護景雲3（769）年清麻呂は宇佐八幡宮の神託を得て道鏡の野心を退けるが、怒りを買って大隅国に流された。のち許されて中央政界に復帰。清麻呂の長男広世は医薬学に通じて、医家和気氏の祖となった。時雨の時初めて典薬頭となり、以後一族は医家として典薬頭、医博士などを歴任した。

◆珍しい名字

◎一十林(いちじゅうばやし)

真庭市にある一十林という名字の読み方は「いちじゅうばやし」。現存する名字の中では読みが最も長いとされる8文字の名字の一つである。

◎湛増(たんそ)

湛増という名字は、源平合戦にも登場する熊野別当湛増の末裔と伝える。ただし、熊野別当は「たんぞう」と読むが、名字としての湛増は「たんそ」が正しいという。戦前の湛増庸一衆議院議員も、名字には「たんぞう」とルビを振られることが多いが、正しい読み方は「たんそ・よういち」である。

◎宿直(とのい)

倉敷市にある宿直は、古典に詳しい人だと読むことができる。宮中で夜の警備を行う人のことを「宿直」と書いて「とのい」といったことに由来する。

◎洰(みなもと)

津山市にある名字。洰「さんずい＝水、首＝大元」という意味で、「みなもと」と読む。源から漢字を変えたものと考えられる。

〈難読名字クイズ解答〉
①ありづか／②いさみ／③おしお／④おみず／⑤きさき／⑥くえだ／⑦さかや／⑧じく／⑨すみたく／⑩たんそ／⑪とのい／⑫ひじや／⑬みとおか／⑭むくしな／⑮よりの

34 広島県

〈難読名字クイズ〉
①着月／②淋蒔／③洞木／④天宮城／⑤可愛川／⑥大広邪／⑦水主村／⑧白日／⑨後久保／⑩川后／⑪梵／⑫富房／⑬這禽／⑭旭爪／⑮濫觴

◆地域の特徴

広島県でも西日本一帯に多い山本が最多の名字で、少し離れて田中、藤井、佐藤、高橋、村上、佐々木の6つが続く。いずれも全国に広がる名字だが、3位の藤井は山陽から関西にかけて多い名字で、実数では広島県が全国最多。6位の村上は信濃国をルーツとする村上水軍の名字で、とくに広島県と愛媛県に多い。

10位には岡田が入る。「小高い場所にある田」という意味の地形由来の名字のため、全国に広く分布しているが、県単位でベスト10に入っているのは全国で広島県だけ。

22位の藤原は、「ふじわら」と読むもののみ。広島市などでは「ふじはら」と読むことも多く、県全体では4分の1弱が「ふじはら」さん。そのため、「ふじはら」と読む藤原も、150位以内に入っている。

また、33位の河野は「こうの」。愛媛県をルーツとする河野は、宮崎県・大分県・徳島県など、愛媛県周辺では「かわの」と読むことが多いが、広

名字ランキング（上位40位）

1	山本	11	渡辺	21	橋本	31	加藤
2	田中	12	小林	22	藤原(ふじわら)	32	宮本
3	藤井	13	山田	23	林	33	河野(こうの)
4	佐藤	14	松本	24	山崎	34	清水
5	高橋	15	岡本	25	山口	35	山根
6	村上	16	池田	26	山下	36	上田
7	佐々木	17	木村	27	原田	37	小田
8	中村	18	吉田	28	藤本	38	平田
9	井上	19	小川	29	藤田	39	中川
10	岡田	20	伊藤	30	坂本	40	石田

島県では愛媛県と同じく「こうの」が主流。このあたりをみても、瀬戸内海を挟んで愛媛との結びつきが強かったことがわかる。

41位以下では、川本と西本がベスト50に入っているのが独特で、全国でも広島県のみ。ともに珍しい名字というわけではないが、実数でも人口比でも広島が一番多い。

50位以下では、向井、高田、桑田、竹本、浜本、杉原、大下、新谷が多いのが特徴。

高田は県内では「たかた」と読むことが多い。これは高田郡が「たかた」と濁らないのが理由。桑田は全国に分布している名字だが、とくに広島県に多い。県内では福山市と府中市に集中している。また、異体字を使用した桒田も多く、本書では両方を合わせたランキングとなっている。

また大下は「おおした」のみの順位で、広島市付近にある「おおしも」は含んでいない。新谷も読み方が多く地域によって違うが、広島県では99%近くが「しんたに」で、それ以外の読み方は少ない。

101位以下では、栗栖、神原（かんばら）、門田（もんでん）、沖本、瀬尾、沖、吉川（きっかわ）、寺岡が独特。栗栖はほとんどが「くりす」だが、広島市では「くるす」とも読む。吉川は、全国では9割が「よしかわ」で「きっかわ」は1割。しかし、県内では毛利家家臣の吉川家がいた広島県では3分の2近くが「きっかわ」である。

● 地域による違い

広島県は、大きく東部の備後と西部の安芸に分かれ、さらにそれぞれを南北に分けることができる。

西部の安芸地区では県全体と同じように山本、田中が多く、とくに広島市付近ではこの2つが圧倒的に多い。この地域では中村、山田、岡田も広がるほか、旧熊野町では荒谷、旧倉橋町では石崎が最多で、熊野町の福垣内、小田原、坂町の縫部が独特。呉市には神垣が多い。神垣は全国の6割が広島県にあり、その大半が呉市に集中しているという、呉市独特の名字である。この他、浜本や新宅も多い。島嶼部では、旧沖美町の久保河内、後河内、空久保、旧大柿町の浜先、二反田、旧倉橋町の尾浜など、独特の名字が多い。

北部で佐々木が圧倒的に多いほか、小笠原も目立ち、島根県の石見地区と共通している。この他では、栗栖や山本、井上も多い。また、旧大朝町では白砂が最多だった。独特の名字には、旧八千代町の浅枝などがある。

安芸東部では山本が全体に多いほかは統一性が乏しく、平成大合併以前にあった17市町村で一番多い名字はばらばらだった。なかでも、旧安芸津町では日浦、旧瀬戸田町では日坂、旧豊浜町では大成、旧豊町では須賀と、やや珍しい名字が最多となっていた。独特の名字には、竹原市の寄能・保手浜、安芸津町の要田(かなめだ)などがある。

　豊浜町では、ベスト10に北田・北倉・北森・北井と北で始まる名字が4つも入っており、さらに北尾も多い。また西中や西宮も多く、北と西で始まる名字で町のかなりを占めている。

　県東部の備後地方では名字の種類が大きく違っている。備後南部では、村上と佐藤が多く、これに藤井と高橋を加えた4つが上位を占めている。このうち、佐藤は東日本に多い名字であるほか、後藤や近藤など東日本の名字が多い。これは、鎌倉時代初めに、関東地方から東国の武士たちが新補地頭として多数入国して来たことや、備後福山藩には譜代大名が何家も入れ代わり立ち代わり入って来たことが影響しているとみられる。

　尾道市には柏原が集中している。柏原は大きく「かしはら」と「かしわばら」という読み方があり、西日本では「かしはら」が多く、東日本では「かしわばら」が多い。広島県では約8割が「かしはら」である。なお、関西では「かしわら」とも読む。また、尾道市の因島(旧因島市)では、村上と岡野の2つの名字が飛び抜けて多い。村上は瀬戸内海の村上水軍の末裔である。

　備後北部は、平成の大合併以前には23の市町村があったが、各市町村で一番多かった名字をみると、佐々木が旧吉舎町と旧三和町、赤木が旧油木町と旧豊松村の2カ所で最多となっているだけで、残りの19市町村はすべて一番多い名字が違っていた。なかには旧世羅西町の植永のように、かなり独特の名字が最多となっていたところもあった。全域を通じて多いのは佐々木くらいで、地域ごとにばらばらである。

　また、福山市の門田(もんでん)、府中市の橘高(きったか)をはじめ、尾道市の檀上、旧因島市(尾道市)の岡野など、各地域に激しく集中している名字がある。

● 毛利一族

　江戸時代の長州藩主毛利家のルーツは、相模国愛甲郡毛利荘(現在の神奈川県厚木市)。大江広元の四男季光が父からこの地の地頭職を譲られて毛利氏を称したのが祖である。季光は承久の乱では幕府軍に参加、三浦義

村の女婿となって天福元（1233）年には評定衆になるなど鎌倉幕府内で重要な地位にあったが、宝治元（1247）年の宝治合戦では、三浦氏の縁戚であったことから一族をあげて三浦氏方に与して敗れ毛利荘を没収された。しかし、季光の四男経光は越後刈羽郡佐橋荘（新潟県柏崎市）に赴いていたことから乱には参加せず、同荘と安芸国高田郡吉田荘（安芸高田市吉田町）の地頭職は安堵され、本拠地を佐橋荘に移した。さらに、経光の四男時親は安芸吉田荘を継いで安芸国に転じた。これが、安芸毛利氏の興りである。

鎌倉時代以降、安芸毛利氏は郡山城を本拠にして国衆としての地位を固めていった。そして、この間に次々と分家を出し、家臣に組み込んでいった。厚母、有富、桂、坂、志道、中馬、福原といった名字の家がそうで、いずれも安芸各地の地名を名字としている。維新の三傑の一人木戸孝允も、元は桂小五郎といい毛利氏の一族である。

一族以外にも、毛利家の家臣には県内の地名をルーツとするものが多い。そのため、江戸時代の長州藩士には、有地、井原、浦、木梨、高杉、乃美など、広島県の地名を名乗るものが多数みられる。幕末、奇兵隊を組織して活躍した高杉晋作の先祖も広島県出身である。

◆広島県ならではの名字
◎馬屋原
うまやはら

全国の3分の2が広島県にあり、その大半が福山市と神石高原町に集中している。中世、備後国神石郡の九鬼城（神石郡神石高原町）城主に馬屋原氏があり、上総国馬屋原荘（千葉県）がルーツで清和源氏という。南北朝時代に光忠が備後国神石郡（広島県）に下向、戦国時代に毛利氏に仕えた。江戸時代は長州藩士となっている。県内ではほぼ「うまやはら」なのだが、他県では「まやはら」とも読むことも多い。

◎河内
こうち

河内という名字には「かわうち」「かわち」「こうち」という読み方があり、その由来も少しずつ違っている。基本的には「川に挟まれた土地」がルーツなのだが、「かわち」の場合は河内国（大阪府）に由来するものも多い。また、広島県西部に多い「こうち」は、川の近くに開発された新田を意味している。そして、河内の上にその新田を特徴づける言葉を付与して、久保河内、桜河内、福河内など多くのバリエーションがみられる。

◎小早川(こばやかわ)

相模国足柄郡早川(神奈川県小田原市)をルーツとする桓武平氏の一族だが、鎌倉時代に安芸国豊田郡沼田荘(三原市本郷町)の地頭となり、さらに承久の乱後には賀茂郡竹原荘(竹原市)の地頭職をも得て備後に移り住んだため、現在は広島県に多く、とくに呉市に集中している。戦国時代は毛利氏の重臣として知られる。

◎九十九(つくも)

百のことを「もも」といい、百に一足りない九十九は「つぎもも」といわれた。この「つぎもも」が変化して「つくも」となったもので、名字としては西日本一帯に分布する。とくに広島県尾道市に多い。

◎門田(もんでん)

中世、豪族の門前に広がる田んぼのことを門田といった。門田はこれに因む名字で、一般的には「かどた」と読む。しかし、広島県では8割以上が「もんでん」と読み、「かどた」は少ない。福山市に集中している。

◎頼(らい)

備後国御調郡(みつぎ)頼金(三原市頼金町)をルーツとする名字で橘姓という。初めは頼金だったが、のちに縮めて頼氏と改称した。安芸国賀茂郡竹原(竹原市)に住み、のち広島藩士となった。『日本外史』を著した頼山陽をはじめ、頼春水、頼春風、頼杏平など多くの儒学者を輩出したことで知られる。また、幕末の志士頼三樹三郎は山陽の三男である。現在も山陽地方に多い。

◆広島県にルーツのある名字

◎世良(せら)

広島県を中心に瀬戸内海沿岸に多い名字。備後国世羅郡世良(世羅郡世羅町)がルーツ。いろいろな書き方のある「せら」名字の中で最も数が多い。嫡流は代々毛利氏に仕え、江戸時代は長州藩士となった。現在は福山市と安芸郡熊野町に集中している。福山市では瀬良とも書くほか、広島市北部では世羅が多く、安芸区では勢良とも書く。また瀬羅もある。

◎高杉(たかすぎ)

長州藩士の高杉家は備後国三谿(みたに)郡高杉村(三次市高杉町)がルーツで、清和源氏武田氏の一族。初め尼子氏に属していたが、春時の時毛利氏に仕え、江戸時代は長州藩士となった。幕末の志士高杉晋作が著名。

◆珍しい名字
◎石風呂(いしぶろ)

　石風呂とは蒸し風呂の一種で、岩穴をくりぬいたもの、あるいは石で造った密室に蒸気をこもらせて蒸気浴をするものである。こうした石風呂は瀬戸内海沿岸に多く、名字も広島県の瀬戸内海側に点在している。

◎後原(せどはら)

　広島には、後久保、後原など、「後」と書いて「せど」と読む名字がいくつかある。「せど」とは「背戸」とも書き、本来は裏口のことだ。やがて家の裏手の方も「せど」というようになり、「後」という漢字をあてるようになった。

◎梵(そよぎ)

　元広島カープの梵英心選手は三次市の出身。これで「そよぎ」と読む超難読名字。この漢字からも類推できるように、「梵」という名字は仏教系の名字である。「梵」というのは仏教用語で、宇宙の真理というような意味。また、「梵」という漢字自体の意味は、木の上を風がそよそよと吹くことを意味することから、「梵」と書いて「そよぎ」と読ませている。

◎鉄升(てつます)

　北広島町にある名字。この付近は古代からたたら製鉄の行われていた場所で、鉄を量る升に由来するものとみられる。

〈難読名字クイズ解答〉
①あきつき／②うずまき／③うつろぎ／④うぶしろ／⑤えのかわ／⑥おおまや／⑦かこむら／⑧しらくさ／⑨せどくぼ／⑩せんこう／⑪そよぎ／⑫とんぼ／⑬はっとり／⑭ひのつめ／⑮らんしょう

中国地方

35 山口県

〈難読名字クイズ〉
①伊秩／②転／③嶮岡／④鹿紫雲／⑤頂岳／⑥元浄／⑦教仙／⑧枳本／⑨兄部／⑩洗湯／⑪二十八／⑫鯨吉／⑬花表／⑭南野／⑮無漏田

◆地域の特徴

山口県も山本・田中という関西二大名字が1位、2位に並び、3位に中村、4位に山陽地方に多い藤井と、上位4位まではほぼ山陽地方に共通した分布。

5位には山口県と福岡県を中心に分布する原田が入る。原田は、実数では福岡の方が多いが、人口比では山口県が全国最多。この名字は両県を中心に九州・中国地方に多い。

独特なのが9位の河村。別に珍しい名字というわけではないが、県単位でベスト10に入るのは山口県だけ。全国的にみると、「かわむら」という名字は川村と書くことが多い。しかし、瀬戸内海沿岸や、山陰・北陸・岐阜では河村が主流。そのなかで、とくに山口県では9割以上が河村と書く。山口以外では、岐阜県でベスト100に入るほか、数は少ないものの、鳥取では「かわむら」さんの8割以上が「河村」と書く。

21位の中野は、秋田県・島根県・沖縄県を除く全国44都道府県で200位以内に入っているという全国にまんべんなく分布する名字だが、21位とい

名字ランキング（上位40位）

1	山本	11	山田	21	中野	31	山下
2	田中	12	松本	22	岡本	32	岡田
3	中村	13	福田	23	上田	33	吉村
4	藤井	14	藤田	24	岡村	34	山崎
5	原田	15	田村	25	村上	35	池田
6	伊藤	16	渡辺	26	小林	36	高橋
7	林	17	木村	27	清水	37	吉田
8	西村	18	山根	28	佐々木	38	石田
9	河村	19	村田	29	橋本	39	金子
10	藤本	20	井上	30	野村	40	松田

う順位は最も高い。人口比でも全国最多である。

41位の河野は「かわの」である。愛媛県をルーツとする河野は、愛媛と広島でこそ「こうの」だが、その周辺では「かわの」の方が多い。山口県では75%が「かわの」と読む。

46位の藤村は全国に広く分布している名字だが、50位以内に入っているのは全国で山口県だけ。100位以内となっているのも他には岩手県しかない。

48位には大田が入る。「おおた」は全国的には太田と書くことが多いが、山口県では圧倒的に点のない大田である。県内の「おおた」のうち、約8割が点のない「大田」を使用している。

この他、66位弘中と85位村岡も独特。弘中は全国の3分の2が山口県在住で、県内にはまんべんなく分布している。岩国市には漢字の違う広中も多い。村岡は沖縄以外に広く分布しているが、ベスト100に入っているのは山口県のみ。県内では岩国市、柳井市、長門市に集中している。

101位以下では、森重、古谷、縄田、水津、山県、末岡、吉武、三戸、兼重などが独特の名字である。古谷は、全国的には「ふるや」が多いが、県内では6割弱が「ふるたに」、4割強が「ふるや」と分かれ、ともに200位以内に入っている。三戸も東北北部と山口県に集中している名字で、東北ではほぼ「さんのへ」と読み、山口県ではほぼ「みと」である。

また、兼重は全国の7割弱、水津は5割強が山口県にある。

● 地域による違い

山口県では、山本と田中が全県にまんべんなく分布しており、地域による違いはそれほど大きくない。

旧周防国では、山本・田中に次いで藤井と原田が多く、山口市と防府市で田中、柳井市、岩国市、光市で山本が最多。周南市と下松市では藤井が最多となっている。この他、周防西部では、旧秋穂町（山口市）の安光・道中、周防東部では岩国市の村岡、下松市の武居、美和町の広兼、錦町の三家本、周防大島町の網本などが特徴。

下関市を中心とした長門南部では山本が圧倒的に多く、下関市、宇部市、山陽小野田市、美祢市はいずれも山本が最多である。この他では、中村・田中・中野が多く、旧楠町（宇部市）の千々松が独特。また、宇部市と山陽小野田市には縄田が集中している。

萩市を中心とした長門北部では、萩市と長門市では中村、阿武町では小

野が最多。ただし、地域によって名字の構成がかなり違い、かつてあった16市町村では最多の名字がほとんど違っていた。とくに珍しい名字が多いというわけではないが、萩市の井町、旧田万川町の野稲、阿武町の水津、旧福栄村の阿武などが独特である。

● 名家大内氏

室町時代、山口に住み中国地方全体を支配した名家大内氏は、百済の王族林聖太子の子孫と称している。

古代日本では大陸から渡来した一族は多かったが、中世の大名クラスで渡来人の末裔というのは珍しい。他には、土佐の戦国大名長宗我部氏くらいだろう。ただし、林聖太子という人物は大内氏の系譜以外には登場せず、本当に百済の王族の末裔であるかどうかには疑問もある。しかし、室町時代に積極的に明との貿易を行うなど、大陸と関係の深い氏族であったことは間違いない。

大内氏は、もともとは周防国佐波郡多々良郷で多々良氏を名乗っていたが、のち大内に移って大内氏を称した。源平の争いの際源氏に味方し、鎌倉時代には周防の守護となった。南北朝時代に弘世が本拠地を山口に移し、その子義弘は6カ国の守護を兼ねる大大名に成長した。

戦国時代中期に重臣の陶晴賢に敗れて滅亡したが、この陶氏も、大内氏の一族である。

● 毛利氏とその家臣

大内氏の滅亡後、陶氏を討って中国地方を制したのが毛利氏である。

毛利氏のルーツは相模国（神奈川県）にある。長らく安芸の一土豪にすぎなかったが、元就の時に一躍戦国大名に躍り出ると、中国地方の小大名や土豪たちを次々と家臣団に組み込んでいった。

関ヶ原合戦後は防長2国のみに押し込められたため、山口県には、県内だけでなく中国地方各地をルーツとする氏族がたくさんある。

長州藩の三家老として知られた、福原家、益田家、国司家もルーツはすべて県外にある。福原家のルーツは広島県安芸高田市の地名で毛利氏の庶流。国司家は国司を務めた家柄と勘違いしそうだが、こちらも同市国司をルーツとする地名由来の名字で、高階氏の末裔。この2家は古くからの毛利氏の家臣だった。

これに対して益田家は石見国の戦国大名であった。歴史も古く、源義経

に従った益田兼高が祖である。

◆山口県ならではの名字

◎宇佐川(うさがわ)

全国の半数以上が山口県にある。長門の大内氏の庶流に宇佐川氏がある。戦国時代に毛利氏に属したが、のち周防国玖珂郡大原村（玖珂郡錦町）で帰農した。玖珂郡を流れる錦川の支流に宇佐川があり、これに由来する。男爵の宇佐川家も長州藩士出身である。

◎三分一(さんぶいち)

佐伯氏の子孫で、代々大内氏に仕えた。江戸時代は阿賀村（玖珂郡美和町）で帰農している。現在は岩国市から玖珂郡に集中している。

◎四熊(しくま)

周防国都濃郡四熊村（徳山市）がルーツ。江戸時代には徳山藩士に四熊家があった。現在は周南市に多い。柳井市などでは志熊とも書く。

◆山口県にルーツのある名字

◎阿川(あがわ)

山口県を中心に中国地方西部に多い名字で、長門国豊浦郡阿川（下関市豊北町）がルーツで、清和源氏と宇多源氏の二系統がある。清和源氏系阿川氏はのちに武蔵に移って北条氏に仕えたことから、東京都日野市から八王子市にかけても集中している。

◎阿武(あんの)

長門国阿武郡阿武浦（阿武郡阿武町）がルーツ。北条氏系の阿武氏と宇多源氏の阿武氏がある。地名は現在では「あぶ」だが、古くは「あむ」であった。古代、阿武国造(あむのくにのみやつこ)がおり、この末裔とみられる。現在も「あんの」が多く、「あぶ」は少ない。また、中世にはこの地名をルーツとする、北条氏系の阿武氏と宇多源氏の阿武氏もある。現在は萩市付近に集中している。

◎厚東(ことう)

長門国厚東郡厚東（宇部市）をルーツとする、鎌倉時代の名族。嫡流は室町時代に没落。本来は「ことう」だが、現在は「こうとう」とも読む。

◎末益(すえます)

山口県を中心に、広島県西部から福岡県北九州市にかけての名字。とくに山口県萩市と阿武町に集中しており、宇部市にも多い。周防国厚狭郡末益村（山陽小野田市）がルーツ。

中国地方　219

◎光井(みつい)

　周防国熊毛郡光井(光市光井)がルーツで、安富氏の一族。代々大内氏に仕え、八海山城(光市)に拠った。大永3(1523)年安芸草津城に拠った光井兼種も一族。兼種の跡を継いだ隆貞は陶晴賢に属して毛利氏に敗れ、没落した。

◆珍しい名字
◎阿座上(あざかみ)

　山口県西部の名字で、長門国豊浦郡阿座上村(下関市)がルーツ。江戸時代は長州藩士となる。皆上など山口県と福岡県には「あさがみ」「あざかみ」と読む名字がいくつかあり、そのもとになるものとみられる。

◎馬酔(あせび)

　「馬酔木」と書いて「あしび」と読む俳句雑誌が有名だが、名字では「馬酔」と書いて「あせび」と読む。いずれも由来はツツジ科の植物であるアセビである。馬がこの葉を食べると酔ったようになるため、「馬酔」と書くようになったものである。

◎扣穀(きこく)

　田布施町にある名字。本来は枳穀だったが、戸籍登録の際の手違いで「扣穀」になったという。枳穀とはダイダイや夏ミカンなどの未成熟果実を乾燥した漢方薬。またカラタチの別称としても使われる。

◎金魚(きんぎょ)

　下関市にある珍しい名字。もとは廻船問屋で「魚屋金蔵」と称し、明治になって戸籍に登録する際に金魚にしたという。

◎五舛目(ごしょうめ)

　美祢市などにある名字。「舛」には本来「しょう」という読みはないが、名字では「升」と同じ意味で使われることから、「しょう」と読ませる。

◎目(さっか)

　目と書いて「さっか」と読む超難読名字で、宇部市と山陽小野田市に集中している。古代の朝廷の役職だった四等官の「さかん」に由来する。難読のため、読み方に従って作花、咲花などと変化したものもある。なお、大阪府泉佐野市に集中している目は「さかん」である。

◎洗湯(せんとう)

　岩国市玖珂町にある名字。洗湯とは公衆浴場のことで、湯につかるもの

を「洗湯」といって、蒸風呂と区別した。

◎二十八(つちや)

光市にある名字で、土屋から漢字が変化したもの。古語で「二十」のことを「つづ」といったことから、「つづや」→「つちや」となったものとみられる。

◎花表(とりい)

花表という名字は神社の鳥居に由来する。鳥居の起源については諸説あるが、その中に中国の華表が源であるという考え方がある。そこから、華表と書いて「とりい」と読ませる名字ができ、さらに「華」と「花」が同じ意味であることから、花表と書く名字が生まれた。長門市に集中している。

◎奈良定(ならさだ)

平安末期、東大寺再建のために周防国で伐り出された木材は、東大寺が任命した山行事職の 橘 奈良定(たちばなのならさだ)が検査していた。のちの子孫は八坂村で土着し、奈良定を名字とした。現在も山口市徳地町八坂に子孫が残っている。

◎宝迫(ほうさこ)

光市の名字。同地の賀茂大明神の大宮司職の宝迫家は大内氏の祖である琳聖太子が来国した時に従って来たと伝える。

◎無敵(むてき)

無敵という名字は、殿様から貰ったものという。ある戦場で、抜群の働きをした武士に感動した殿様が「これからは無敵と名乗れ」といったと伝える。

〈難読名字クイズ解答〉
①いずち／②うたた／③がけおか／④かしも／⑤かみおか／⑥がんじょう／⑦きょうせん／⑧げずもと／⑨こうべ／⑩せんとう／⑪つちや／⑫ときよし／⑬とりい／⑭のうの／⑮むろた

中 国 地 方

36 徳島県

〈難読名字クイズ〉
①阿麻橘／②苛原／③飯領田／④麻植／⑤賀好／⑥計盛／⑦姫氏原／⑧芥原／⑨答島／⑩工宗／⑪尺長／⑫洙田／⑬圍山／⑭撫養／⑮与能本

◆地域の特徴

徳島県の名字には大きく2つの特徴がある。一つは西日本では珍しく佐藤が最多となっていることである。佐藤は秋田県や山形県を筆頭に、関東から東北にかけて非常に多い名字だが、西日本ではあまり多くなく、ベスト3に入っているのも徳島県と大分県の2県のみ。この2県では佐藤に限らず、東日本系の名字が多い。いずれも、鎌倉時代に東国から多くの武士たちが移住して来たことが原因である。

そしてもう一つの特徴は、県全体に統一性が乏しいことである。平成大合併前の旧市町村単位でみても自治体ごとに名字の傾向がかなり違い、1つの名字が広い範囲にわたって集中しているということが少ない。

その結果、徳島県には飛び抜けて多い名字がない。秋田県や山形県では、県で一番多い佐藤が県人口の7％以上に及ぶのをはじめ、東日本各県では一番多い名字は人口の2～3％を占めている。比較的集中度の低い西日本でも、最多の名字は人口の1.5～2％前後であることが多いのに対し、徳島

名字ランキング（上位40位）

1	佐藤	11	阿部	21	山口	31	板東
2	吉田	12	岡田	22	坂東	32	中野
3	近藤	13	井上	23	橋本	33	新居
4	森	14	藤本	24	原田	34	小川
5	田中	15	河野	25	中村	35	藤田
6	山本	16	高橋	26	山下	36	西岡
7	林	17	宮本	27	田村	37	佐々木
8	大西	18	松本	28	岡本	38	篠原
9	山田	19	森本	29	多田	39	谷
10	中川	20	三木	30	前田	40	藤井

県では一番多い佐藤でも人口比ではわずか1％でしかない。

2位の吉田にいたっては0.8％以下で、上位40位とはいっても、各名字にはあまり差がない。したがって、調査の時期や方法によっては順位が大きく変動することも珍しくない。

3位の近藤は藤原氏の末裔で東海地方と四国に多く、4位の森は全国に分布しているが、ともに徳島県が全国最高順位である。8位には徳島県をルーツとして香川県で広がった大西が入り、10位には四国では珍しく中川が入っている。

15位の河野は「こうの」ではなく「かわの」と読む。河野のルーツは愛媛県にあり、今でも愛媛では「こうの」が圧倒的に多いが、徳島県や宮崎県などでは「かわの」が主流。29位の多田は香川県と共通する名字で板野郡に多い。

40位までで徳島県らしい名字は、22位坂東、31位板東、33位新居あたり。このうち、新居の読み方は「にい」である。他県では「あらい」が多いが、徳島では圧倒的に「にい」と読む。

41位以下では、42位湯浅、54位住友、55位笠井、77位武市(たけいち)、83位四宮(しのみや)、90位元木、95位井内、99位美馬などが特徴。武市は高知県にも多いが、幕末の志士武市瑞山でも知られるように、高知県では「たけち」と読む。井内も複数の読みがあり、徳島県では7割が「いうち」である。美馬は阿波国美馬郡をルーツとする徳島発祥の名字で、現在は徳島市に多い。

101位以下では、川人、鈴江、天羽(あもう)、後藤田、逢坂(おうさか)、200位以下では吉成、井内(いのうち)、小笠、久次米、蔭山、樫原などが多いのが特徴。

川人は全国の4割弱が徳島県にあり、そのほとんどは吉野川流域に住んでいる。古くから吉野川の川漁を生業にしていた一族の末裔だろう。天羽のルーツは千葉県で、千葉では「あまは」だが、徳島県ではほぼ「あもう」と読む。

● 地域による違い

徳島県では地域によって名字の傾向はばらばらで、統一性は全くない。徳島市と鳴門市はともに吉田が最多で、林、佐藤、森が上位4つ(順番は違う)と、よく似た名字構成だが、近くの小松島市では井内が最多となっており、かなり違っている。板野郡では北島町と上板町では板東、藍住町と板野町では近藤、松茂町で三木が最多で、やはりばらばら。特徴的な名

字としては、板野町の安芸と犬伏、上板町の切原と七条などがある。

阿波市の最多は坂東だが、合併前は旧吉野町が森本、旧土成町が稲井、旧市場町では近藤が最多で、坂東が最多だったのは旧阿波町のみ。

吉野川流域の吉野川市、美馬市、つるぎ町なども、合併前の旧麻植郡・美馬郡11町村の一番多い名字は、旧川島町と旧木屋平村が阿部であるほかはすべて違っていた。特徴的な名字には、旧鴨島町の川真田、旧美郷村の猪井、旧美馬町の逢坂、旧貞光町の宇山・森長、旧一宇村の桑平・切中・切東などがある。

祖谷(いや)地方では中世に栄えた大西が今でも多く、三好市では大西が最多。近藤、山口なども目立つほか、旧三野町では辺見が最多だった。

県南部では湯浅と森が多いほか、四宮、田中も多い。最南端の海部地区では、旧由岐町で別宮、旧海南町で乃一、旧宍喰町で戎谷(えびすだに)が最多だったなど、地域ごとにかなり独特の名字が集中している。この他にも、旧羽ノ浦町の竹治、数藤、旧那賀町の株田、旧木沢村の仁義、旧木頭村の走川など、独特の名字が多い。

● 「ばんどう」と読む名字

22位の坂東と31位の板東はいずれも「ばんどう」と読み、ともに徳島県を代表する名字である。いずれも吉野川流域に多い名字だが、その分布にはやや違いがある。

板東は徳島県独特の名字で吉野川の下流地域に集中しており、板野郡の上板町では最多、北島町では2位となっている。徳島市や鳴門市にも多い。板東とは「板野郡の東」という意味である。

坂東はもう少し広く、四国から関西にかけて広がっている。県内ではやはり吉野川流域に多いが、板東より少し上流に多く、阿波市で最多となっている。県境を超えた香川県東かがわ市などにも多い。また、関東地方を古くは「坂東」ともいうなど、坂東と言葉は広く使われるため、県外では板東さんは坂東と間違って書かれることも多い。

なお、この2つを合わせた「ばんどう」全体は吉田よりも多く、佐藤に次いで第2位相当となる。

◆徳島県ならではの名字
◎阿佐(あさ)

阿波国三好郡阿佐名(三好市東祖谷)をルーツとする祖谷の名家。源平

合戦後、平国盛が祖谷山に逃れ、のち阿佐名に住んで阿佐氏を称したのが祖という。戦国時代は金丸城（三好郡東みよし町）に拠り、江戸時代は徳島藩士となった。現在でも三好市に多い。

◆徳島県にルーツのある名字
◎美馬（みま）
阿波国美馬郡がルーツで、現在は徳島市に多い。勝浦郡上勝町瀬津には旧家の美馬家がある。戦国時代は一宮城主一宮氏の家臣で、一宮城落城後は瀬津に移って帰農、江戸時代は代々庄屋を務めた。

◎三好（みよし）
室町時代に畿内で大きな力を持っていた三好氏のルーツは阿波国三好郡である。清和源氏小笠原氏の一族が三好郡に住んで三好氏を名乗ったのが祖。守護阿波細川氏に仕えて側近となり、のちに細川氏とともに上洛。やがて政治の表舞台にも登場するようになり、摂津や山城の守護代なども務めた。室町末期には、将軍を追放して一時幕府の実権も握ったものの、やがて家臣だった松永久秀の台頭や、自家の内紛もあって没落した。県内では78位で、むしろ香川県や愛媛県に多い。

◆珍しい名字
◎阿麻橘（あおきつ）
吉野川市の旧麻植郡美郷村にある名字。「阿波国」の「麻植郡（おえ）」の「橘氏」という意味か。

◎麻植（おえ）
阿波国麻植郡がルーツ。忌部氏の子孫という。戦国時代内山城に拠った麻植持光が知られる。現在は徳島市と吉野川市に集中している。

◎撫養（むや）
地名由来の難読名字。撫養は鳴門市の地名で、同市の中心部はかつては撫養町と名乗っていた。現在は阿南市に多い。

〈難読名字クイズ解答〉
①あおきつ／②いらはら／③いろでん／④おえ／⑤かこう／⑥かずもり／⑦きしはら／⑧くぐはら／⑨こたじま／⑩たくむね／⑪たけなが／⑫なめた／⑬はたけやま／⑭むや／⑮よのもと

37 香川県

〈難読名字クイズ〉
①伊青／②鵜足／③楊盧木／④笑子／⑤角陸／⑥金集／⑦琴陵／⑧資延／⑨天竺桂／⑩野生司／⑪半蔀／⑫平宅／⑬百相／⑭勇野喜／⑮淘江

◆地域の特徴

香川県の名字の最大の特徴は、最多が全国で唯一、大西であることである。大西は全国順位では98位にすぎず、県別の名字ランキングをみても、宮崎県の黒木、沖縄県の比嘉とともに異彩を放っている。

大西のルーツは県内にはなく、隣の阿波国三好郡大西（徳島県三好市）。清和源氏の小笠原氏の子孫とも、藤原姓で近藤氏の末裔ともいう。戦国時代、大西頼武は土佐北部から讃岐国豊田郡に及ぶ広い範囲に勢力を伸ばした。現在でも、岐阜から四国の間に集中しており、とくに香川県・徳島県・愛媛県の3県に多い。県内では西部に多く、平成の大合併前は多くの市町村で最多の名字だった。

2位以下は、田中、山下、高橋、山本、森と続く四国では平均的な順位だが、7位の多田はユニーク。多田のルーツは摂津国河辺郡多田荘（兵庫県川西市）で、清和源氏の源頼光の子孫。現在は香川県東部から徳島県の北部にかけて集中しており、さぬき市と三木町で最多となっている。

名字ランキング（上位40位）

1	大西	11	木村	21	石川	31	宮本
2	田中	12	岡田	22	井上	32	矢野
3	山下	13	佐藤	23	近藤	33	橋本
4	高橋	14	吉田	24	池田	34	合田
5	山本	15	久保	25	安藤	35	山地
6	森	16	真鍋	26	林	36	藤井
7	多田	17	香川	27	高木	37	長尾
8	中村	18	藤田	28	藤本	38	秋山
9	松本	19	山田	29	宮武	39	三谷
10	三好	20	渡辺	30	佐々木	40	細川

10位の三好も徳島県の地名がルーツで、清和源氏小笠原氏の一族。現在は香川県と愛媛県に多い。

16位真鍋、18位藤田、21位石川、34位合田などは愛媛県の東予地区と共通している名字で、県内では西部に多い。

いかにも香川県らしい名字としては、17位香川、29位宮武がある。ただし、中世に香川で栄えた香川一族のルーツは香川県ではない。桓武平氏の一族が、相模国高座郡香川（神奈川県茅ヶ崎市香川）に住んで香川氏と名乗ったもので、のち鎌倉幕府の御家人となって各地に領地を得て全国に広がった。異説が多いため正確な系図は不明だが、安芸国（広島県）の香川一族が嫡流とされる。讃岐の香川一族は、南北朝時代に讃岐守護代となり、以来戦国時代まで讃岐の有力氏族として活躍した。

宮武は全国ランキングで1,400位前後のメジャーな名字にもかかわらず、全国の半数弱が香川県にある。とくに丸亀市から琴平町にかけて集中している。

41位以下では、90位香西、91位福家（こうざい）、98位十河（そごう）などが独特。91位の福家は「ふけ」と読む香川県独特の難読名字。稲作に適した低湿地のことを「ふけ」といい、各地でいろいろな漢字をあてた。香川県では「福家」と書いたのが理由である。十河は「そがわ」とも読み、十川と書くこともある。

101位以下では、六車（むぐるま）、宮脇、田尾、寒川が独特。六車は全国の半数以上が香川県にあり、県内では東かがわ市とさぬき市に集中している。寒川は地域によって読み方がきっぱりと分かれる名字で、香川県には「さんがわ」と読む地名があることから、ほぼ「さんがわ」である。「そうがわ」と読む地名のある和歌山県ではほぼ「そうがわ」と読み、両県の間にある徳島県では圧倒的に「かんがわ」と読む。そして、この3県以外には少ないのだが、それらの地域では「さむかわ」と読むことが多い。

● 地域による違い

香川県の名字は東西で違っており、東讃地区の名字は徳島県と、西讃地区の名字は愛媛県の東予地方の名字と共通しているものが多い。

高松市を中心とする中讃地区では、松本、山本、山下が多く、高松市では松本が最多。西に行くにつれて大西が増えてくる。塩田が広がっていたことから、塩田、塩入といった塩田に因む名字も多い。また、旧国分寺町では末沢、旧綾上町では萱原、旧仲南町では和泉と独特の名字が最多となっ

ていた。

　西讃地区では大西と高橋が多く、三豊市では大西、観音寺市では高橋が最多。この他、藤田、石川、合田が目立つなど、愛媛県の東予地区と似ている。旧仁尾町では河田、旧詫間町で田尾が最多であるなど、独特の名字も多い。

　東讃地区では多田が広がり、さぬき市と三木町で最多。東かがわ市では田中が最多で、木村や佐々木、六車も多い。旧寒川町（さぬき市）では広瀬、旧引田町（東かがわ市）では三谷が最多だった。

　小豆島地区では、土庄町・小豆島町ともに山本が最多だが、合併前の旧池田町では藤本、旧内海町では高橋が最多だった。この他、土庄町では佐伯（さいき/さえき）、三枝（さいぐさ）、小豆島町では真砂、黒島などが独特。

● **古代豪族の末裔**

　香川県阿野郡の古代豪族綾氏は日本武尊（やまとたけるのみこと）の子孫という古い一族である。現在でもこの付近には綾を始め、綾野、綾田など、「綾」の付く名字が多い。

　平安末期、讃岐国司となった藤原家成と、綾大領貞宣の娘との間に生まれた章隆は羽床氏と改称、藤原一族の末裔でもあることから讃岐藤家ともいわれた。一族には新居氏・香西氏・福家（ふけ）氏などがある。

　戦国大名の十河氏も、三好長基の子一存が養子となったことから清和源氏を称しているが、本来は景行天皇の子孫という古代豪族の末裔である。第12代景行天皇の皇子で、日本武尊の弟にあたる神櫛王は、讃岐国に下って子孫は讃岐国造になったとされる。そして、室町時代には、植田氏、神内氏、三谷氏などともに植田党と呼ばれる同族集団を形成していた。室町時代になると植田党らの国人は守護細川氏の家臣となり、その中で頭角を現してきた十河一族が、三好氏と血縁関係を結んで一躍戦国大名となった。

◆ **香川県ならではの名字**

◎ **萱原**（かやはら）

　讃岐国阿野郡羽床郷萱原（綾歌郡綾川町）をルーツとする名字で、現在も香川県の中讃地区に集中している。綾歌郡の旧綾上町（綾川町）では町内の最多名字だった。

◎ **藤目**（ふじめ）

　全国の半数以上が香川県にあり、高松市、さぬき市の旧志度町、観音寺市、三豊市の旧豊中町に集中している。観音寺市には藤目山があり、戦国時代

には藤目城があった。
◎三井(みい)

　三井は全国的に「みつい」と読むが、香川県では西部を中心に「みい」と読み、県全体では7割強が「みい」である。讃岐国多度郡三井郷（多度津町）がルーツで、現在は三豊市の旧仁尾町に多い。

◆香川県にルーツのある名字
◎香西(こうざい)

　讃岐国香川郡香西（高松市香西町）がルーツで、古代豪族綾氏の一族。承久の乱で新居資村が幕府方に属して功を挙げ、乱後綾部・香川の2郡を支配し、香西城を築城して香西氏を名乗った。その後は瀬戸内海にも勢力を広げ、鎌倉末期まで讃岐国最大の豪族であった。南北朝時代以降は細川氏に属し、洛中に常駐する上香西家と、讃岐の下香西家に分かれた。上香西家は細川氏とともに没落したが、下香西家は勝賀城（高松市）に拠って戦国大名となり、のち阿波の三好氏に属した。豊臣秀吉の四国征伐で滅亡、子孫は出雲に逃れた。

◎図師・図子(ずし)

　図面・地図を書いていた職業から生まれた職業由来の名字。関西から香川県にかけて広がる名字だが、図子は香川県に集中しており、全国の半数以上が香川県にある。とくに三豊市に集中している。

◆珍しい名字
◎天竺桂(たぶのき)

　坂出市にある名字。タブノキとはクスノキ科タブノキ属の常緑高木で、高さ10メートル以上にもなる巨木に成長する。漢字では通常「椨」と書くが、名字では「天竺桂」と書く。

◎米麦(よねばく)

　湯桶読みの珍しい名字。香川県東かがわ市の白鳥地区にごくわずかのみある。米麦は穀類一般を指す言葉である。

〈難読名字クイズ解答〉
①いせ／②うた／③うつぎ／④えみこ／⑤かどりく／⑥かなづめ／⑦ことおか／⑧すけのぶ／⑨たぶのき／⑩のうす／⑪はしとみ／⑫へいたく／⑬もあい／⑭ゆのき／⑮ゆるえ

38 愛媛県

〈難読名字クイズ〉
①明比／②雷／③斉宮／④魚海／⑤祖母井／⑥都谷／⑦鋸本／⑧告森／⑨枝茂川／⑩待夜／⑪竹箟平／⑫種植／⑬怒和／⑭返脚／⑮妻鳥

◆地域の特徴

　愛媛県の名字では高橋、村上、山本、越智の4つがとくに多い。高橋は全国第3位の名字ながら、県単位で最多となっているのは群馬県と愛媛県だけ。県内でもほぼ全県に分布する。一方、村上と越智は瀬戸内海沿岸に広がる名字で、県内でも越智地区に極端に集中している。

　村上は瀬戸内海の村上水軍に関わる名字で、現在でも瀬戸内一帯に集中している。清和源氏の一族である信濃村上氏の祖為国の弟に定国という人物がおり、保元の乱の後に淡路に渡り、さらに塩飽島を経て、伊予の能島に移ったのが祖といわれるがはっきりしない。源平合戦では源氏方に参加した河野氏のもとで従軍したが、鎌倉時代に独立。室町時代には、幕府から海上の警固を命じられて水軍に発展し、因島・来島・能島の3家に分かれて瀬戸内海を支配した。

　5位と6位に渡部・渡辺と同音の名字が並ぶのが愛媛県の大きな特徴の一つ。漢字を無視して読み方だけで数えると、「わたなべ」は「たかはし」

名字ランキング（上位40位）

1	高橋	11	近藤	21	山下	31	阿部
2	村上	12	矢野	22	山内	32	宇都宮
3	山本	13	石川	23	清水	33	山口
4	越智	14	白石	24	加藤	34	兵頭
5	渡部	15	大西	25	鈴木	35	中村
6	渡辺	16	藤田	26	池田	36	菅
7	松本	17	河野	27	大野	37	山田
8	田中	18	三好	28	森	38	菊池
9	伊藤	19	岡田	29	佐々木	39	武田
10	井上	20	二宮	30	藤原	40	上田

をはるかに上まわって最多となる。

12位の矢野は地形由来の名字で、「やち（湿地）」+「野」から生まれたとみられる。西日本一帯に広く分布し、とくに四国と九州東部に多く、愛媛県の12位というのは全国最高順位である。

14位白石、20位二宮、22位山内は珍しい名字ではないが、これくらい上位に入るのは珍しい。とくに二宮は県単位で100位以内に入っているのも、他には大分県だけである。

この他、32位宇都宮、34位兵頭、36位菅が愛媛県独特の名字である。

宇都宮は、文字通り栃木県の宇都宮をルーツとする名族宇都宮氏の一族。鎌倉時代に庶流が大洲に転じ、以後伊予宇都宮氏として栄えた。現在は栃木県には少なく、愛媛県や大分県に多い。県内では南予地区に多く、とくに西予市では最多の名字となっている。

兵頭(ひょうどう)は全国ランキングで1200位台というメジャーな名字だが、その6割以上が愛媛県に集中している。県内では西予市と宇和島市に集中しており、旧三間町（宇和島市）では最多名字だった。

菅は愛媛県以外では「すが」が多いが、県内では98％近くが「かん」と読む。平安時代、菅原家は省略して「菅家(かんけ)」と呼ばれたことに因むもので、菅原氏の末裔が名乗ったもの。

41位以下では、42位玉井、57位曽我部、61位清家(せいけ)、64位青野、73位桧垣、80位武智、89位仙波、91位重松などが独特。

45位の佐伯には「さいき」「さえき」の2通りの読み方がある。県内では、佐伯の集中している西条市では90％が「さいき」なのに対し、他の地域では「さいき」と「さえき」がほぼ半数ずつとなっており、全県では約75％が「さいき」である。したがって、45位の佐伯は「さいき」と読むもののみである。ちなみに、愛媛県と並んで佐伯の多い富山県では97％が「さえき」と読む。

61位清家は古代豪族の清原氏の末裔。清原氏の一族のことを「清家」と読んだことから、子孫が名字としたもの。南予地方の名字で、宇和島市の旧吉田町では2位の2倍以上という圧倒的な最多名字となっていた。

80位の武智は伊予国越智郡高市郷（今治市）がルーツで、伊予市から松山市にかけて集中している。四国に多い「たけち」と読む名字のなかでも最も数が多い。高知県では武市と書く。

89位の仙波のルーツは武蔵国入東郡仙波（埼玉県川越市）。武蔵七党の一つ村山党の一族で、現在は中予地方に多い。

また、67位宮内は千葉県銚子市付近、70位石丸は佐賀県にも多い。

101位以下では中矢、上甲、加地、高須賀、田窪、馬越、田坂が独特。上甲は全国の3分の2以上が愛媛県にある。南予地区に集中しており、とくに西予市に多い。田窪は伊予国温泉郡田窪村（東温市）がルーツとみられ、全国の半数が愛媛県にある。今治市に集中しており、とくに伯方島に多い。

● **地域による違い**

松山市を中心とした中予地区は渡部が一番多く、松山市では渡部が最多。この他、田中、大野、高須賀などが目立つ。松前町の大政や郷田、中島町の俊成や忽那など、独特の名字も多い。

県境に使い上浮穴郡では、片岡や西森といった高知県高岡地域と共通する名字が多く、仁淀川水系によって高知県側との人の交流が多かったことがうかがわれる。

今治市を中心とした越智地区では、古代から同地域に栄えた越智と、中世に水軍として栄えた村上の2つの名字が圧倒的に多い。平成大合併前には越智郡に15の町村があったが、うち7町村で村上、5町村で越智が最多で、違っていたのは、大三島町の菅、波方町の木村、魚島村の大林だけだった。その他では、矢野、桧垣、阿部が多く、越智地区独特の名字には、田窪、浅海などがある。また、島嶼部では島ごとに独特の名字も多く、伯方町の赤瀬、馬越、大三島町の国貞、多和、宮窪町の田頭、徳丸、菊間町の柚山、岩城村の田名後、生名村の津国、関前村の美藤などがある。

県の最東端に位置する東予地区では、高橋、伊藤、石川の3つが他を圧倒しており、新居浜市で高橋、西条市で伊藤、四国中央市で石川が最多である。また、香川県に多い大西、真鍋、合田が多いのも特徴。東予地区独特の名字には、曽我部、黒川、黒河などがある。

南予地区は東中予地区とは名字の分布がかなり違っている。中世には東国から来た宇都宮氏や、京都から移り住んだ西園寺氏が栄えたほか、江戸時代には仙台藩伊達氏の一族が宇和島藩主となるなど、県内の他の地域とは、常に政治的に別の支配構造があったためである。

大洲市・八幡浜市を中心とした北部では山本、菊池、二宮、上田が多く、肱川町では和気が最多。ちなみにこの和気、古代豪族和気氏の末裔で、県

内や岡山県では「わけ」だが、日本一和気の多い栃木県では「わき」と読み、全国を合計すると「わき」の方が多い。

宇和島市を中心とする南部でも山本が多いが、それ以外は地域によってばらばら。北宇和郡・南宇和郡のあった11町村では、旧日吉村と旧一本松町で山本が最多となっている以下はすべて違っていた。南予地区独特の名字としては、兵頭、清家、善家(ぜんけ)、上甲などがある。

●越智氏と河野氏

愛媛県を代表する名字といえば、やはり越智だろう。他県では隣の広島県を除いてあまりみられない。

越智氏のルーツは伊予国越智郡(今治市付近)で、古くからずっとこの地に根を張っている古代豪族。「古事記」や「日本書紀」に登場する饒速日命の子孫といわれている。

この越智氏の子孫といわれているのが、鎌倉・室町を通じて、瀬戸内海に大きな勢力を振るった伊予最大の名家・河野氏である。

河野氏は伊予国風早郡河野郷(松山市)をルーツとし、水軍を率いてこの地方に勢力を持っていた。政治の表舞台に登場したのは源平合戦の時。河野通清は源氏に与し、その子通信は鎌倉幕府の御家人に取り立てられて、伊予を代表する武家として認知された。鎌倉時代に時宗を開いた一遍も河野氏の一族である。室町時代には伊予の守護も務め、戦国時代まで水軍大名として活躍した。

●愛南町由良半島の名字

愛南町の由良半島にある網代地区では、3つの集落の名字が、それぞれ浜地(はまち)・鱒といった魚の名前、木網(生網=新しい網)・松綱(船をもやう綱)といった漁具の名前、大根(おおね=ダイコンの古語)・真菜・麦田(ばくた)といった作物の名前に集中している。これらはいずれも同地出身の実業家浦和盛三郎によった名付けられたものという。浦和家は網代地区の大地主で、寒村であった網代地区を漁業や農業によって振興するために水産加工業を興すと同時に、あえて関係する名字を名乗らせることで、意識改革を植え付けたという。

◆愛媛県ならではの名字
◎井門(いど)

愛媛県独特の名字で、松山市と今治市に集中しているが、松山市では「い

ど」、今治市では「いもん」と読み方が分かれており、県内を合計すると「いど」が過半数を占める。なお、愛媛県に次いで多い滋賀県では「いかど」と読む。

◎馬越(うまごえ)

今治市から芸予諸島を経て、福山市にかけて集中しており、とくに伯方島に多い。伊予国越智郡馬越村(今治市)がルーツ。なお、地名は「うまごえ」である。なお、関東では「まごし」とも読む。

◎西園寺(さいおんじ)

西園寺は本来公家の名字で、藤原家の一族が京都に建立した西園寺という寺に由来している。室町時代に一族が戦乱の京都を避けて、所領のある南予に下ったのが祖で、戦国時代には南予の戦国大名として活躍した。現在は八幡浜市と西予市に多い。

◎清家(せいけ)

南予地方独特の名字。菅原家を菅家といったように、清原家を「清家(せいけ)」といったことに因む。この地に降った清原氏の末裔が名乗ったもの。

◆愛媛県にルーツのある名字

◎忽那(くつな)

藤原北家で、藤原道長の子孫の親賢が伊予国風早郡の忽那島(松山市忽那諸島)に流され、忽那氏の祖となったという。忽那荘の開発領主で、鎌倉時代に地頭となる。以来、忽那島を本拠として海賊として活躍した。現在でも全国の半数以上が愛媛県にあり、旧中島町(松山市)に集中している。

◎二神(ふたがみ)

松山市付近と、南宇和郡愛南町から高知県幡多郡大月町にかけての2カ所に集中している名字。伊予国風早郡二神島(松山市中島)がルーツ。豊田氏の一族が二神島に移って二神氏を称したのが祖で、河野氏に属して水軍を率いた。江戸時代は宇和島藩に仕え、天和2(1682)年正種は宇和郡御荘(南宇和郡愛南町)の代官となった。

◎法華津(ほけつ)

伊予国宇和郡法華津(宇和島市)がルーツ。清原氏。法華津城に拠り、西園寺氏に従う。戦国時代に長宗我部氏に敗れ、豊後に逃れた。現在は愛媛県には法華津はほとんどなく、落ちた先の大分県に多い。

◎正岡（まさおか）

　全国の4割以上が愛媛県にあり、松山市から今治市にかけて多い。とくに上浮穴郡久万高原町や今治市玉川町に集中している。ルーツは伊予国風早郡正岡郷（松山市正岡）で、越智氏の一族。正岡郷を中心に勢力を振るった。戦国時代の鷹取山城主に正岡経貞がいた。

◎御荘（みしょう）

　伊予国宇和郡御荘（南宇和郡愛南町）がルーツ。藤原北家で、公家の町氏の一族が土佐一条氏に従って下向し、のち御荘に移って御荘氏を称した。常盤城（愛南町）に拠った。

◆珍しい名字

◎祖母井（うばがい）

　大洲市周辺に集中している名字。ルーツは下野国芳賀郡祖母井（栃木県芳賀郡芳賀町）がルーツで桓武平氏の一族。代々宇都宮氏に仕えており、大洲宇都宮氏とともに移って来たものとみられる。

◎返脚（へんきゃく）

　松山市にある名字。元は木地師で小椋を名乗っていたが、明治維新後木地師を廃業するにあたり、滋賀県の小椋宗家に免許とともに小椋の名字も返却した。その際にあらたに返脚という名字を貰ったという。

◎妻鳥（めんどり）

　全国の4割以上が愛媛県にある。伊予国宇摩郡妻鳥（四国中央市）がルーツで、現在も東予地方に集中している。天正年間（1573〜92）、大西氏によって滅亡した。他県では「つまどり」とも読む。

◎薬師神（やくしじん）

　全国の半数以上が愛媛県にあり、宇和島市を中心に南予地方に多い。戦国時代は飯之山城の城主だったが、落城して穴井に逃れ、薬師堂の神職になったことから「薬師」と改名し、のちに薬師神にしたと伝える。

〈難読名字クイズ解答〉
①あけび／②いかずち／③いつき／④うおみ／⑤うばがい／⑥おがい／⑦おがもと／⑧こつもり／⑨しもかわ／⑩たいや／⑪たけがなる／⑫たなえ／⑬ぬわ／⑭へんきゃく／⑮めんどり

39 高知県

〈難読名字クイズ〉
①五百蔵／②豚座／③木椋／④産田／⑤甲把／⑥外京／⑦家古谷／⑧下司／⑨勝賀瀬／⑩千頭／⑪野老山／⑫別役／⑬万々／⑭立仙／⑮和食

◆地域の特徴

高知県の名字の最多は西日本に多い山本。2位山崎、3位小松、4位浜田はいずれも全国的に多い名字だが、他県ではあまりベスト10に入らないものが上位に並んでいる。3位の小松は県東部に集中しており、安芸市で2位の6倍、市全体の約6分の1にも及んでいる。

8位には高知独特の名字である岡林が入る。全国の6割近くが高知県に集中しており、県内全域にみられるが、比較的仁淀川の流域に多い。14位の和田は全国に広く分布するが、高知県の14位は最高順位。この他では、12位の片岡、20位の西森、31位土居、38位中平などが高知県を代表する名字だ。

片岡と西森はともに仁淀川流域に極端に集中している名字で、仁淀川町では片岡が最多。また、西森は旧仁淀村で圧倒的多数な最多だったほか、県境を越えて愛媛県にまで分布している。土居も高知県や愛媛県に多い名字。全国的には「どい」といえば土井と書くが、高知には土井はほとんど

名字ランキング（上位40位）

1	山本	11	坂本	21	岡村	31	土居
2	山崎	12	片岡	22	中村	32	森
3	小松	13	松本	23	岡崎	33	松岡
4	浜田	14	和田	24	森田	34	尾崎
5	高橋	15	前田	25	中山	35	野村
6	井上	16	田中	26	矢野	36	安岡
7	西村	17	山下	27	横山	37	竹内
8	岡林	18	田村	28	森本	38	中平
9	川村	19	岡本	29	岡田	39	北村
10	山中	20	西森	30	伊藤	40	橋本

おらず、土居が圧倒的に多い。

中平は県内ではほぼ「なかひら」だが、高知県に次いで多い長野県では「なかたいら」と読む。

41位以下では、53位の藤原が特徴。県内では9割近くが「ふじはら」と読み、「ふじわら」は少ない。全国的にみても「ふじわら」より「ふじはら」が多いのは高知県を含めて4県のみ。57位の上田は濁らずに「うえた」と読む。また、いの町を中心に「あげた」と読むことも多い。

この他、63位公文、68位楠瀬（くすのせ）、70位笹岡、74位森岡、88位中越、89位西内、92位下元、93位津野、94位明神などが高知県を代表する名字である。

このうち公文は、中世に現地で荘園の管理をしていた下級官僚に由来するもの。楠瀬は吾川郡楠瀬（いの町楠瀬）がルーツで、楠木正儀の後裔と伝える。

津野は高岡郡の名家。藤原仲平と宇多天皇の女御伊勢の間に生まれた経高の子孫と伝える。経高は伊予に流されて浮穴郡川上荘山内谷に住み、延喜13（913）年河野氏の援助で土佐国に来て梼原を開発したという。明神は名神から変化した言葉で、年代が古く由緒正しい神社を指す。また、一般的には神の尊称としても使われる。

また、45位筒井、49位竹村、62位宮地などは独特というわけではないが、とくに高知県に多い。筒井は、筒井順慶の子という定次が市正と改称して郎党7人とともに土佐郡本川郷南野山（大川村南野山）に移り、屋敷を構えたのが祖と伝える。ただし、時代的には疑問があり、はっきりしない。旧吾北村で最多となっていたほか、仁淀川の上流地域に激しく集中している。

101位以下では徳弘、刈谷、近森、国沢、戸梶、仙頭、氏原、古味（こみ）、武政、恒石が独特である他、「ひろせ」は弘瀬、「ひろた」は弘田と書くことが多いのも特徴。恒石は全国の8割以上、徳弘も7割近くが高知県にある。

● 地域による違い

高知県では、高知市を中心とした県中央部に人口が集中していることから、この地域では名字の特徴が乏しい。しいてあげれば、溝渕、依光、恒石など。また、香南市の旧香我美町では百田が最多だった。

県東部の安芸地区では小松が多い。安芸市では圧倒的な最多であるほか、隣の安田町でも最多。仙頭も広く分布している。この他、北川村では浜渦、馬路村では清岡、奈半利町で安岡、芸西村では岡村が最多となっているな

ど、自治体によってかなり名字の傾向が違う。なかでも、徳島県との県境にある東洋町は、最多が蛭子で、以下島山、手島と続く全く独自の分布となっている。この他、安芸市の有光、室戸市の中屋、田野町の牛窓、北川村の大寺なども特徴。

西部の高吾地区では、仁淀川流域では片岡、西森が多く、片岡は越知町と仁淀川町、西森は佐川町で最多。なお、旧池川町では山中が最多だった。

四万十川上流域では梼原町で中越が圧倒的な最多であるほか、津野や中平、市川なども多い。旧東津野村では戸田が最多。

なお、この地域の中心都市である須崎市では、笹岡、堅田、梅原、森光といった独特の名字も多い。

幡多地区になると名字の構成がかなり違ってくる。室町時代に京から下ってきた一条氏が長く支配していたほか、愛媛県の南予地区と共通する名字も多い。地域全体に共通して多いのは山崎・山本だが、四万十市に合併前の旧十和村では芝、旧大正町では田辺が最多だった。黒潮町では宮地が最多で宮川も多く、澳本といった名字も集中している。この他、土佐清水市の倉松、宿毛市の有田・小島・所谷、大月町の中野・二神、三原村の杉本などが特徴。

● **落ち武者の末裔**

山深い地域の多い高知県では落ち武者の末裔と伝わる家も多い。その代表が県東部に広がる小松である。平清盛の長男で、小松殿といわれた平重盛の子孫と伝えている。重盛の子維盛が源平合戦後、屋島から土佐に逃れて小松氏の祖となったという。

また、門脇中納言といわれた平教盛の子国盛は香美郡韮生郷（香美市）に落ちて来たという落人伝説があり、この付近に多い門脇氏はその子孫と伝える。

越知町片岡をルーツとする片岡氏にも、宇多源氏の出で落人の末裔という伝説もある。

落人は源平合戦の際の落人とは限らない。香美市には明石という名字が集中しているが、同市韮生には大坂の陣で敗れたのちに行方不明となった明石掃部（全登）の子孫が移り住んだという言い伝えがあり、明石家はその末裔であると伝えている。

坂本龍馬の実家である才谷屋にも、本能寺の変後に土佐に落ちて来た明

智光秀の一族左馬之助の末裔である、という伝説が伝わっており、坂本という名字も居城のあった近江坂本に由来するという。

◆高知県ならではの名字
◎掛水(かけみず)

全国の半数以上が高知県にあり、土佐に落ちて来た安徳天皇のもとに樋を掛けて水を引いたことに由来すると伝える。

◎国沢(くにさわ)

長宗我部氏の祖能俊の弟の子孫で、土佐郡大高坂郷国沢名(高知市要法寺町)がルーツ。本山氏に属していたが、国沢将監の時、長宗我部元親に降った。江戸時代は土佐藩士となっている。

◎下司(げし)

荘園の官僚に発する職業由来の名字。下司は「げす」とも読み、荘園の現地で実際に実務を担当した荘官のこと。年貢や夫役を徴収して荘園の領主に届け、領主から給田を貰っていた。平安末期からは世襲化して下司が名字となった。香美郡久枝(南国市)の土豪に下司氏がいたことが知られている。江戸時代には久枝村の郷士となった。

◎幸徳(こうとく)

中村の豪商・俵屋が大坂から篤胤を養子に迎えた際に、実家の姓の幸徳を名乗ったことに始まる。幸徳家は京都の陰陽道の出という。以後代々薬種業を営み、4代篤道は町年寄となり、維新後は村長も務めた。篤道の孫が大逆事件で死刑となった幸徳秋水である。

◎西原(さいばら)

西原は他県では「にしはら」だが、県内では「さいばら」と読む。戦国時代の高岡郡仁井田5人衆に西原氏があり、紀伊国日高郡(和歌山県)発祥で菅原姓という。中江城(窪川町土居)に拠り、一条氏に仕えた。

◎三宮(さんのみや)

高岡郡日下(日高村)に古くからある一族。出自は藤原氏とも小笠原氏ともいうが不詳。南北朝時代、三宮頼国は葛掛城(日高村)城主で北朝方に属していた。戦国時代は蓮池城の大平氏を経て、中村の一条氏に従っていたが、元亀2(1571)年長宗我部氏に降った。

◎仙頭(せんとう)

全国の3分の2が高知県にあり、安芸地方に集中している。土佐国香美

郡専当（香美市物部町仙頭）がルーツ。のち安芸郡に移り、穴内、赤野、川北などに広がった。現在でも安芸市と室戸市には非常に多い。

◎武市（たけち）

伊予国越智郡高市郷（愛媛県）がルーツで橘姓という。室町時代に土佐に来国した。現在は高知県と徳島県に集中しており、高知県では「たけち」、徳島県では「たけいち」と読む。

◎千頭（ちかみ）

千頭は、香美郡大忍荘荘官を務めた専当氏がのちに千頭に改称し、読みも「ちかみ」と改めたものである。現在は高知市周辺に集中している。

◎浜渦（はまうず）

全国の8割弱が高知県にあり、安芸地方に集中している。安芸郡北川村では最多名字で安芸郡一帯に分布している。田野町では浜宇津とも書く。

◎目代（もくだい）

職業由来の名字。目代とは平安時代から鎌倉時代にかけての地方官僚のことで、平安後期以降、都を離れたくない国司の代わりに地方に下り、地元の在庁官人を統率して国司の代行を行った。高知市などにみられる。

◆高知県にルーツのある名字

◎安芸（あき）

県東部の名家安芸氏は、古代土佐に流された蘇我赤兄の子孫と伝えている。平安時代にはすでにこの地方の豪族になっており、『平家物語』にも源氏方の武将として登場している。

◎五百蔵（いおろい）

高知県を代表する難読名字で、土佐国香美郡五百蔵（香美市）がルーツ。五百蔵城に拠って長宗我部氏に属した。現在でも香北町に多い。五百蔵一族は、長宗我部氏の滅亡とともに他国に移り住んだものも多く、兵庫県の三木市や明石市にも集中している。また、高知県以外では「いおくら」に読み方を変えたものもある。

◎秦泉寺（じんぜんじ）

土佐郡秦泉寺（高知市）発祥。秦泉寺氏は元、本山氏に従っていたが、弘治2（1556）年秦泉寺豊後守の時、長宗我部国親に敗れ、以後長宗我部氏に属した。現在は高知市・南国市・安芸市・土佐町の4カ所に9割以上が集中している。

◎宗円(そうえん)

　香美郡大忍荘夜須川宗円地村（夜須町）がルーツで、大化元（654）年孝徳天皇の命で夜須に来て荒神神社の神官になったという旧家。戦国時代宗円城に拠り、文明年間安芸氏に降った。安芸氏滅亡後は長宗我部氏に仕えた。

◎別役(べっちゃく)

　香美郡別役（香南市香我美町別役）がルーツで、現在も全国の4分の3が高知県にある。橘姓とも在原姓ともいい、鎌倉時代初期に土佐に入国した。長宗我部氏に仕えていたが、その滅亡後は帰農した。他県では「べつやく」とも読む。

◆珍しい名字

◎入交(いりまじり)

　長岡郡片山荘蓋村入交（南国市衣笠井川）がルーツの難読名字。嵯峨源氏渡辺党13代の渡辺源次兵衛が鎌倉時代初期に土佐に下向、入交に住んで入交氏を称したのが祖という。15代源六兵衛尉が香美郡田村荘王子（香我美町）に移った。戦国時代には長宗我部氏に仕えた。

◎勝賀瀬(しょうがせ)

　吾川郡勝賀瀬（伊野町）をルーツとする名字。戦国時代の天文年間に勝賀瀬重信がこの地方を領し、孫の喜左衛門の時、庄屋となった。のち庄屋を退き郷士となった。

◎城武(しろたけ)

　香南市夜須町にある珍しい名字。城武家の祖城武安右衛門は朝鮮の武将の家に生まれたが、9歳の時、文禄の役で長宗我部元親の捕虜となり、来国した。その後、城武安右衛門と名を改めて夜須に住んだ。のち一族は廻船業や漁業を中心にして豪商となった。

◎和食(わじき)

　高安芸郡和食（芸西村和食）をルーツとする地名由来の名字。金岡城に拠り、南北朝時代は南朝に属していた。戦国時代柳瀬氏と結んで安芸氏に対抗したが、敗れて滅亡した。現在は高知市と安芸市に9割が集中している。

〈難読名字クイズ解答〉
①いおろい／②いのこざ／③おぐら／④おぶた／⑤かっぱ／⑥げきょう／⑦けごや／⑧げし／⑨しょうがせ／⑩ちかみ／⑪ところやま／⑫べっちゃく／⑬まま／⑭りっせん／⑮わじき

㊵ 福岡県

〈難読名字クイズ〉
①鵤／②独活山／③円垣内／④譜／⑤巫部／⑥沓脱／⑦熊懐／⑧許斐／⑨瀑布川／⑩吸山／⑪豊丹生／⑫籵／⑬馬男木／⑭京都／⑮矢野東

◆地域の特徴

　福岡県で最も多い名字は、他の西日本各地と同じ田中で、しかも2位以下を大きく引き離している。2位には九州に多い中村が入り、3位が再び西日本に共通の井上。続く4位は北九州独特の古賀で、5位が西日本を代表する名字の山本と、西日本と九州の特徴を合わせたようなランキングになっている。これは、福岡県には九州全体から人が集まって来ていることを示している。

　このうち、古賀は柳川・大川両市を中心に、福岡南部から佐賀県の小城市付近にかけて非常に多い名字で、作曲家の古賀政男や、平成の三四郎といわれた柔道の古賀稔彦選手なども福岡出身。8位松尾、10位山口なども北九州に多い名字。

　14位中島の読み方は「なかじま」と「なかしま」に分かれる。全国的には「なかじま」と濁ることが多いが、九州・山口地区では「なかしま」と濁らない人が多い。もちろん、ルーツや名字の意味に違いはなく、福岡出身の「な

名字ランキング（上位40位）

1	田中	11	松本	21	石橋	31	柴田
2	中村	12	山下	22	村上	32	平田
3	井上	13	山田	23	原	33	前田
4	古賀	14	中島	24	山崎	34	堤
5	山本	15	伊藤	25	中野	35	後藤
6	吉田	16	森	26	木村	36	福田
7	佐藤	17	原田	27	坂本	37	佐々木
8	松尾	18	池田	28	橋本	38	吉村
9	渡辺	19	林	29	野田	39	小林
10	山口	20	宮崎	30	高橋	40	矢野

かしま」さんも、東京などに出ると「なかじま」と名乗っていることが多い。このランキングでも読みの清濁の違いは同じとしているので、14位は「なかしま」「なかじま」両方合わせた順位である。

　ベスト40のなかで、いかにも福岡県らしい名字は21位の石橋。他県でもみられるが、実数では福岡県と千葉県、人口比では、福岡・佐賀・島根の3県に多い。とくに筑後地方に集中しており、島根県の出雲地区とならんで、全国有数の石橋さんの集中地帯となっている。有名なところでは、ブリヂストンの創業者石橋正二郎が久留米の出身。ブリヂストンという社名は、「石＝ストーン」「橋＝ブリッジ」をつなげて、逆転させたものである。

　41位以下では56位花田が目立つが、花田は青森県にも多く、福岡県独特というわけではない。なお、44位の「河野」は「かわの」。九州では「こうの」よりも「かわの」の方が多い。緒方、馬場、徳永、井手など、佐賀県や熊本県と共通する名字も多い。

　101位以下でも大庭は静岡県、重松と城戸は愛媛県にも多く、福岡県独特の名字というわけでもない。福岡県を中心に分布している名字としては、牛島、有吉、松藤、野見山、八尋、白水、香月などがある。とくに野見山と八尋は全国の7割以上が福岡県在住である。

　白水は地域によって読み方が違う。激しく集中している春日市を中心に、県北部では圧倒的に「しろうず」だが、県南部から佐賀県にかけての地域では「しらみず」が多い。同じ佐賀県でも厳木町に集中している「白水」は「しろみず」である。さらに、北海道では「しろず」とも読む。

　この他、永松、安武、藤、猿渡、梅崎、牟田、中園、安河内なども福岡県独特の名字である。

　このなかでは安河内の集中率が高い。全国ランキングは3,000位台というメジャーな名字だが、実にその8割は福岡県にある。県内でも粕屋町で最多となっているのを中心に福岡市東区から宇美町の間に集中している。

　安武も全国の半数が福岡県にあり、県内では古賀市から福岡市東部にかけて多い。

●地域による違い

　福岡市付近には県内のみならず九州全体から人が集まって来ているため特徴が少ない。宗像市の権田や、春日市の白水、筑紫野市の鬼木、八尋、前原市の波多江、福津市の占部、須恵町の合屋、志免町の権丈、粕屋町の

長などが目立つ。とくに波多江は、全国ランキングで4,000位以内という比較的メジャーな名字にもかかわらず、全国の4分の3が福岡県にあり、県内の6割弱が前原市に集中しているという一点集中型の名字である。権丈も全国の3分の2近くが志免町にある。

県南部の筑後地区は佐賀県や熊本県と共通する名字が多く、柳川市と大川市では古賀が最多。とくに大川市では人口の9％近い。みやま市では松尾、うきは市では佐藤が最多となっている。特徴的な名字には、久留米市の執行、渋田、津留崎、富松、豊福、大牟田市の奥園、猿渡、末藤、蓮尾、柳川市の梅崎、甲斐田、椛島、三小田、藤丸、八女市の牛島、橋爪、室園、大川市の岡、酒見、水落、うきは市の国武、広川町の丸山、高田町の永江、瀬高町の紫牟田、黒木町の月足などがある。なお、月足は「つきあし」「つきたり」の2つの読み方がある。

県北部も特徴は少ないが、北九州市若松区では大庭が最多となっているほか、旧津屋崎町（福津市）では花田が一番多かった。特徴的な名字には芦屋町の安高、遠賀町の舛添などがある。

県東部の豊前地区では豊前市では渡辺、築上町では井上が最多となっているが、全体的には大分県北部と共通する名字も多い。また、進、末松が広く分布しているほか、行橋市の屏、豊前市の内丸、尾家、上毛町の秋吉、吉富町の矢頭などが独特。

● **読み方の分かれる名字**

県内には読み方の分かれる名字が多い。その代表が熊谷である。熊谷は埼玉県熊谷をルーツとし、全国ランキングでも156位に入るメジャーな名字。全国的には圧倒的多数が「くまがい」と読み、関東では地名に倣って1割前後が「くまがや」とも読む。ところが、県内では約4割が「くまがえ」である。とくに、朝倉市付近では圧倒的に「くまがえ」が多い。

藤も、他県ではほとんどが「ふじ」と読むが、県内では8割以上が「とう」。平安時代、菅原家は菅家、大江家は江家など、姓を漢字1字に省略することがあった。藤原家は藤家といったことから、県内に多い藤は藤原一族の流れを汲むと考えられる。

馬田も他県ではほとんどが「うまだ」であるのに対し、全国一馬田の多い福岡県では9割近くが「まだ」と読む。なお、この名字、東京や長崎では「ばだ」とも読む。

神谷の場合は、全国の9割以上が「かみや」と読み、関西を中心に「かみたに」もある、という分布だが、岡垣町付近には「こうや」という独特の読み方が集中している。

一方、県外ではあまりみられない武末や待鳥といった福岡独特の名字も、その読み方が分かれている。武末が集中している柳川市大和町では圧倒的に「たけまつ」だが、他の地区では「たけすえ」。県全体では「たけすえ」がやや多い。待鳥も筑後地区に集中している名字で「まちどり」が多いが、柳川市では「まちどり」と「まつどり」に読み方が分かれている。

また、高口や合原も、9割以上は「こうぐち」「ごうばる」と読むが、1割弱は「たかぐち」「あいはら」であるなど、同じ漢字に違う読み方をする名字が多いのも特徴である。

逆に漢字が分かれるのが「つるた」で、全体の9割は鶴田と書くものの、県内には靍田、靎田、崔田などもある。

● 海人アヅミ一族とその末裔

古代、今の福岡県を本拠としたアヅミ氏という氏族がいた。政治の表舞台には立たなかったため知名度は低いが重要な氏族で、漢字は安曇か阿曇と書くことが多い。本居宣長が海人を掌握するという意味の「海人つ持」（アマツモチ）が語源であるとしているように、アヅミ一族は海に関わる人たちを掌握した氏族であった。

アヅミ氏のルーツは福岡市東部から新宮町あたりにかけてとされ、このあたりにはかつて阿曇郷という地名もあった。博多湾にある志賀島の志賀海神社は、アヅミ一族の守護神である綿津見三神が祭られ、現在でも宮司は阿曇さんが務めている。

アヅミ一族は、北九州に栄えた古代王朝が畿内の大和政権と結びついた時、摂津国西成郡（大阪市）に本拠を移したらしく、そこは安曇江という地名となった。そして、ここを拠点として、今度は全国の海人たちを統括したとみられている。

このことからもわかるように、アヅミ一族は多くの地名を残した。現在では「アヅミ」に関係する名字は少ないが、長野県の安曇野、滋賀県の安曇川など、各地にアヅミ関係の地名が残っている。それだけ、「アヅミ」一族の勢力が大きかったということであろう。

7世紀になるとアヅミ一族は外交分野に活躍した。というのも、もとも

と漁撈を本職とし海産物を朝廷に納めていたアヅミ一族は、有事の際には水軍に徴用されたからだ。やがて、その航海技術を生かして、外交にも乗り出すようになった。なかでも百済との交渉にあたった阿曇比羅夫(あべのひらふ)が有名。

8世紀になって朝鮮半島との外交交渉が少なくなると、アヅミ一族は天皇家の食事全般を担当する内膳司という部署に転じて活躍したが、平安時代初期に安曇継成が失脚して佐渡に流され、以後安曇氏は没落した。

● 古代豪族大蔵氏とその子孫

古代北九州には渡来人系の氏族である大蔵一族がいた。応神天皇の時代に、中国の後漢の霊帝(れいてい)の子孫という阿知使主(あちのおみ)が大陸から一族を率いてやって来たのが祖という。この子孫は漢(あや)氏と呼ばれ、大和政権内で大きな勢力を持った。一族の数も多く、平安時代初めに征夷大将軍となった坂上田村麻呂も末裔。このうち、朝廷の大蔵に仕えた一族が大蔵氏となり、のち太宰府の官人となって九州に土着したのが祖である。

子孫は福岡県に広がったが、なかでも著名なのが筑前国原田(前原市)発祥の原田氏と、筑前国秋月(朝倉市)がルーツの秋月氏である。秋月氏は戦国時代まで秋月の大名として活躍したのち、江戸時代は日向高鍋藩の藩主となった。原田氏の一族高橋氏は戦国時代にいったん断絶、豊後の大友氏の一族が跡を継いだことから、以後は大友氏の庶流となった。

◆ 福岡県ならではの名字

◎ 香月(かつき)

福岡県を代表する名字の一つで、直方市から田川郡にかけて多い。小狭田彦の末裔という。筑前国遠賀郡香月荘(北九州市八幡西区)がルーツ。畑城に拠る。平安末期は平氏に従い、承久の乱では上皇方についた。戦国時代は大内氏に従う。江戸時代は大庄屋となった。

◎ 許斐(このみ)

全国の6割が福岡県にある。筑前国宗像郡の許斐山(福岡県宗像市)に由来し、現在も福岡市から宗像市にかけて多い。

◎ 白水(しろうず)

筑前国那珂郡白水荘(春日市)がルーツで、現在も春日市を中心に福岡市周辺に集中している。なお、福岡県南部から佐賀県にかけてでは「しらみず」、佐賀県唐津市の旧厳木町では「しろみず」、北海道では「しろず」と読む。

◎武末(たけすえ)

須玖村武末名(春日市)がルーツで、春日市では南北朝時代から武末氏がいたことが知られている。現在でも春日市を中心に福岡市などに多い。なお、柳川市に集中している武末は「たけまつ」と読む。

◎則松(のりまつ)

全国の6割以上が福岡県に集中している。県内では広く分布しているが、朝倉市や築上町に多い。筑前国遠賀郡則松村(北九州市八幡西区)がルーツか。

◎待鳥(まちどり)

筑後地方に集中しており、とくに柳川市に集中している。なお、柳川市では「まちどり」と「まつどり」に分かれるが、その他では「まちどり」が多い。県全体では7割が「まちどり」である。

◎松延(まつのぶ)

全国の4割以上が福岡県にあり、八女市に集中している。筑前国朝倉郡松延村(筑前町)がルーツで、南北朝時代に松延氏がいたことが知られている。また、筑後国八女郡兼松村(八女市立花町)には柳川藩御用商人を務めた松延家があり、同家住宅は国指定重要文化財である。

◎真弓(まゆみ)

筑後の真弓氏は孝霊天皇の末裔という。後醍醐天皇の時に広有が紫宸殿の怪鳥を射たことで「真弓」の名字を賜ったと伝える。その後、懐良親王に従って筑後に下向した。現在は大牟田市に多い。なお、三重県には伊勢国飯高郡真弓御厨(三重県松阪市)をルーツとする真弓がある。

◎水城(みずき)

水城とは、外敵を防ぐために堤を築いて、前面に水をたたえた堀のこと。とくに、天智天皇3(664)年に大宰府防衛のために設けられたものを指す。同地は地名ともなっており、ここをルーツとする名字。現在も福岡県独特の名字で、全国の6割以上が福岡県にある。とくに朝倉市と、うきは市に多い。

◆福岡県にルーツのある名字

◎蒲池(かまち)

筑後の蒲地氏は三潴郡蒲池(柳川市蒲池)がルーツで宇都宮氏の一族。代々大友氏に属した。関ヶ原合戦では西軍に属して没落、江戸時代は福岡

藩士となった。

◎ 少弐(しょうに)

　福岡県の中世に栄えた名族の名字。藤原北家秀郷流で武藤頼平の子資頼が祖。資頼は源平合戦では平家方に属して三浦義澄に捕らわれたが、故実に明るいことから許され、御家人に取り立てられた。そして、建久年間に大宰少弐となって九州に下り、以後代々世襲したことから少弐氏を称した。

◎ 立花(たちばな)

　柳川藩主の立花家は筑前国宗像郡立花（糟屋郡新宮町立花）がルーツ。藤原北家秀郷流で、大友貞宗の三男貞載が立花山城に拠って立花氏を称したのが祖。宗茂の時に豊臣秀吉に仕えて、筑後柳川で13万2,000石を領した。関ヶ原合戦では西軍に属し、慶長8(1603)年陸奥棚倉1万石に減転。その後、3万石に加増され、元和6(1620)年柳川10万9,600石に復帰した。維新後は伯爵となる。

◎ 波多江(はたえ)

　筑前国志摩郡波多江（前原市波多江）がルーツで、原田氏の一族。鎌倉初期、種貞が波多江村に住んで波多江氏を称した。南北朝時代は南朝に属し、戦国時代は初め大友氏、のち原田氏に従う。

◎ 宗像(むなかた)

　筑前国宗像郡をルーツとする名字。同地には海を本拠とした古代豪族胸肩氏があり、宗像氏とも書いた。のち宗像神社大宮司となる。初代大宮司の清氏は宇多天皇の皇子という伝承もあるが、実在したかどうかも不明。鎌倉時代には御家人に列して武家としても活躍、南北朝時代は北朝に属し、室町時代以降は大内氏に従った。天正14(1586)年第80代氏貞の死で断絶した。

◎ 門司(もじ)

　豊前の名家。現在の北九州市門司区は「もじ」と読むが、門司氏は本来「もんじ」と読んだ。鎌倉時代にこの地域の官僚として下向した藤原氏の一族を祖とするものである。

◆珍しい名字

◎ 巫部(かんなぎべ)

　雄略天皇の難病を平癒したことで、巫部の姓を賜ったという。江戸時代にはいったん佐野となったが、明治以降に再び巫部に戻している。

◎香茸(こうたけ)
　飯塚市の香茸家は、江戸時代参勤交代途中の熊本藩主に香りのいい茸料理を出したところ、藩主から「香茸」という名字を賜ったという。香茸は松茸以上に風味がよく、幻のキノコといわれている。
◎瀬知(せち)
　福岡市付近にある。もともとは「瀬を知る」という意味で、「せしり」とも読み、水先案内人を務めた家だという。
◎瀑布川(たきがわ)
　福岡市付近にある名字。瀑布とは、『日本国語大辞典』には「高い所から白い布を垂らしたように、直下する水の流れ」とあり、滝のことである。滝川という名字から、「滝」を同じ意味の「瀑布」に変えたものだろう。
◎不老(ふろう)
　太宰府市天満宮の職である「不老太夫」に由来する名字。現在でも太宰府市付近に集中している。
◎京都(みやこ)
　北九州市などにある京都という名字は、「きょうと」ではなく「みやこ」と読む。これは、県東部の京都郡(みやこ)という地名に由来する。ここは、本来は都郡と書いたが、奈良時代に国郡名は漢字2文字にする、という決まりが出来たために京都に変えたもの。ちなみに京都と書いて「きょうと」と読む名字は実在しない。
◎問註所(もんちゅうじょ)
　柳川市にある問註所は、鎌倉時代の幕府の職名に由来する。鎌倉幕府の訴訟関係を扱う役所である問注所の執事は、三善康信の子孫が代々世襲したため、問註所を名字とした。室町時代に筑後国に下向して土着し、以後同地の土豪となった。江戸時代は柳河藩士となり、幕末には柳河藩の中老も務めている。なお、役職としては問注所と書くことが多い。

〈難読名字クイズ解答〉
①いかるが／②うどやま／③えんがうち／④かのう／⑤かんなぎべ／⑥くつぬぎ／⑦くまだき／⑧このみ／⑨たきがわ／⑩のみやま／⑪ぶにゅう／⑫へぎ／⑬まなぎ／⑭みやこ／⑮やのと

㊶ 佐賀県

〈難読名字クイズ〉
①蘭／②飯盛／③一番ヶ瀬／④合瀬／⑤皆良田／⑥執行／⑦高閑者／⑧田雑／⑨駄原／⑩苣木／⑪鳥巣／⑫仁戸田／⑬服巻／⑭馬郡／⑮満身

◆地域の特徴

　江戸時代以前、佐賀県は長崎県と合わせて肥前国だったことから、山口・田中が1位2位となっているなど、両県の名字ランキングには共通する部分が多い。3位古賀、4位松尾、5位中島は北九州に多い名字。中島は濁らない「なかしま」が多く、5位という順位は「なかじま」を合わせたものである。そして、5位という順位も全国で最も高い。

　6位の池田は、「池」と「田」というきわめて普遍的な風景に由来する名字のため、沖縄も含めて全国にまんべんなく分布している。そのため、全国順位は24位だが、とくに集中している地域はなく、佐賀県の6位という順位は全国最高。また、人口に占める割合が1%を超しているのも全国で佐賀県だけである。

　9位江口は佐賀県を代表する名字の一つ。江口とは、川（江）の河口部分を意味する名字で、佐賀平野を中心に、福岡県や長崎県あたりまで広がっている。県内では佐賀市から白石町の間に集中している。

名字ランキング（上位40位）

1	山口	11	山田	21	西村	31	山本
2	田中	12	古川	22	福田	32	内田
3	古賀	13	前田	23	野中	33	馬場
4	松尾	14	松本	24	中山	34	堤
5	中島	15	山下	25	江頭	35	大坪
6	池田	16	宮崎	26	井手	36	佐藤
7	中村	17	森	27	野口	37	原田
8	井上	18	山崎	28	野田	38	松永
9	江口	19	原	29	副島	39	渡辺
10	吉田	20	坂本	30	川崎	40	石橋

12位の古川も全国に分布する名字で、やはり佐賀県が順位・人口に占める比率ともに全国一高い。

この他では、25位江頭、29位副島、35位大坪が独特。江頭は佐賀市付近の名字で、とくに旧川副町に集中している。福岡県の久留米市や大川市にも多い。副島は全県に広く分布し、全国の副島さんの約3割が県内在住と、集中度が高い。大坪は県東部から福岡県の上陽町にかけて集中し、脇山は全国の3分の1以上が佐賀県にあり、県内では9割近くが唐津市にあるという特異な名字で、合併前の旧浜玉町では圧倒的に多く最多だった。

41位以下では、70位石丸、79位横尾、87位牟田、88位武富、97位大串、99位本村、100位脇山が特徴。

牟田はこの地域で低湿地を意味するもので、中牟田など派生する名字も多い。本村は県内ではほぼ「もとむら」。他県でも「もとむら」が圧倒的に多いが、鹿児島や東京の一部では「ほんむら」とも読む。

101位以下では、南里、陣内、草場、一ノ瀬、納富、秀島、東島、嘉村、峰松、糸山、市丸、川久保、溝上、天本、藤瀬、大隈、松隈、吉富、江里口と一挙に独特の名字が増える。

陣内は佐賀県を中心として九州北部に広がる名字で、県内では8割以上が「じんのうち」だが、周辺の熊本・福岡・長崎の各県では「じんない」が過半数。読みづらい名字の場合、ルーツの県以外では漢字本来の読み方に変化するということが多い。東島も佐賀県を中心に北九州3県ではほとんどが「ひがしじま」なのに対し、九州以外で集中している関東南部では「とうじま」と「ひがしじま」に読み方が分かれる。

● 地域による違い

佐賀市を中心とした佐賀平野一帯では、県全体と同じく、山口、田中、古賀の3つの名字が多い。その一方、旧小城町（小城市）で江里口、旧脊振村（神埼市）で広滝、旧富士町と旧三瀬村（ともに佐賀市）で嘉村が最多となっていた。白石町の島ノ江・島の江、旧久保田町（佐賀市）の蘭、旧富士町の小副川、満行、無津呂、旧脊振村の一番ヶ瀬、徳川、旧山内町（武雄市）の多久島などが独特。

地図上では福岡県に食い込む形になっている鳥栖市付近は、やはり福岡県と共通する名字が多い。平成大合併以前の6市町の一番多い名字をみると、鳥栖市が古賀、基山町が天本、上峰町が鶴田の他、みやき町のうち旧

北茂安町が宮原、旧三根町が中島、旧中原町が大塚とばらばらだった。独特の名字には、鳥栖市の松隈、旧北茂安町の最所、旧中原町の碇などがある。基山町では長野を「ちょうの」と読むのも独特。

　鹿島市付近では圧倒的に山口が多く、鹿島市の峰松や塩田町の光武などが特徴。

　玄界灘に面した唐津地方は、これらの地域と名字の分布がかなり違う。合併前には13市町村もあったが、自治体によってかなり違っていた。唐津市となった旧浜玉町で脇山、旧厳木町で田久保、有田町に合併した旧西有田町で岩永が最多となっていたほか、旧鎮西町（唐津市）の裃婆丸、旧七山村（唐津市）の諸熊など独特の名字も多い。

● 松浦党と名字

　佐賀県北部から長崎県にかけての松浦地方には、中世に松浦党と呼ばれる海賊（水軍）の一族が繁栄した。

　松浦党は嵯峨源氏の流れで、渡辺綱の孫の久が平安末期に肥前国宇野御厨の検校となって今福（長崎県松浦市）に下向し、松浦氏と名乗ったのが祖である。一族は松浦郡各地に広がって松浦党という同族集団を形成した。松浦党は大きく、宇野御厨を中心とする下松浦党、松浦荘を中心とする上松浦党、五島列島に広がった宇久党の3つがある。

　のち、下松浦党の一族だった平戸松浦氏出身の松浦隆信が上下松浦党を統一し、江戸時代には平戸藩6万5000石の藩主となった。直系は「まつら」と読み、嵯峨源氏らしく名前が漢字1字の人物が多いのが特徴だ。

◆ 佐賀県ならではの名字

◎ 大隈

　早稲田大学の創立者大隈重信は菅原氏の末裔と伝える。筑後国三潴郡大隈村（福岡県久留米市）がルーツで、戦国時代に大隈に住んで大隈氏と称したのが祖。のち肥前国に移り住み、江戸時代は佐賀藩の砲術家となっていた。現在でも佐賀県南部から福岡県南部にかけて集中している。

◎ 執行

　職業由来の名字。寺社で実務を管掌する職を執行といい、これを世襲した家が名字とした。各地に執行氏があったが、なかでも肥前国神埼郡櫛田荘（神埼市）の執行別当職を務めた執行氏が著名。現在も佐賀県から福岡県南部にかけて多く、特に鳥栖市と久留米市に集中している。

◎松雪(まつゆき)

　鳥栖市の名字。鳥栖市のみに全国の6割以上が集中しているという、鳥栖市独特の名字である。周辺の久留米市や福岡市にもある。鳥栖は九州では雪の降る地域で、「松に雪」という画題に因むものか。

◆佐賀県にルーツのある名字
◎鍋島(なべしま)

　肥前国佐嘉郡鍋島(佐賀市鍋島)がルーツで、少弐氏の一族というが不詳。戦国時代龍造寺氏に仕える。龍造寺政家の死後、直茂が実権を握り、肥前佐賀35万7,000石を実質的に支配した。関ヶ原合戦では直茂は初め西軍に属したが、のち東軍に転じ、江戸時代も引き続き佐賀藩主を務めた。

◎南里(なんり)

　全国の4割弱が佐賀県にあり、佐賀市と小城市芦刈町に集中している。肥前国佐嘉郡河副荘南里名(佐賀市川副町南里)がルーツで、嵯峨源氏松浦党の一族。松浦翔の子有宗が元久2(1205)年河副荘に下向、南里名を領して、南里氏を称したのが祖という。

◎納富(のうとみ)

　九州北部の名字。全国の半数以上が佐賀県にあり、佐賀市と小城市に集中している。ルーツは肥前国藤津郡納富(鹿島市)で平教盛の子教満の子孫という。戦国時代は龍造寺氏に仕え、納富信景は龍造寺隆信の家老を務めた。

◆珍しい名字
◎百武(ひゃくたけ)

　とくに珍しいというわけではないが、この名字には由来が伝わっている。戦の際にたいへん活躍した先祖が、主君から「武勇百人にまさる」として与えられたものと伝える。

〈難読名字クイズ解答〉
①あららぎ／②いさがい／③いちばんがせ／④おおせ／⑤かいらだ／⑥しぎょう／⑦たかがわ／⑧たぞう／⑨だばる／⑩ちさき／⑪とす／⑫にえだ／⑬はらまき／⑭まごおり／⑮みつみ

42 長崎県

〈難読名字クイズ〉
①鯨臥／②五貫／③蛙石／④護広迫／⑤七種／⑥彭城／⑦真孫／⑧西極／⑨田毎／⑩音琴／⑪這越／⑫馬田／⑬泓／⑭股張／⑮路木

◆地域の特徴

　長崎県も名字ランキング1位が山口で2位が田中となっており隣の佐賀県と同じである。以下も共通する名字が多く、ベスト10のうち、9位の山本以外はすべて佐賀県でも20位以内に入っている。また、岩永、井手、古川などは佐賀・長崎両県に広がるなど、もともと同じ肥前国だったことから名字も共通したものが多い。

　そうしたなか、いかにも長崎県らしい名字には16位の林田がある。林田は島原半島に多く、半島の南端に近い旧加津佐町（南島原市）では町内で一番多い名字だった。ここを中心に広がっており、有明海を挟んだ熊本県の天草や宇城地区にも多い。

　12位の宮崎は全国にまんべんなく広がっている名字だが、12位という順位は全国一高い。「宮」とは神社のことで、「崎」は山の稜線の突き出しているところ。神社は小高いところに造られることが多いため、稜線の先端には神社が多かった。宮崎はこうした場所に因む名字である。

名字ランキング（上位40位）

1	山口	11	山田	21	小川	31	本田
2	田中	12	宮崎	22	松永	32	渡辺
3	中村	13	山崎	23	馬場	33	古賀
4	松尾	14	福田	24	川口	34	近藤
5	松本	15	池田	25	井上	35	本多
6	山下	16	林田	26	橋本	36	野口
7	吉田	17	岩永	27	坂本	37	中尾
8	森	18	佐藤	28	永田	38	太田
9	山本	19	中島	29	林	39	古川
10	前田	20	荒木	30	松田	40	井手

17位の岩永も佐賀県や熊本県にまで広がっているが、やはり長崎県が圧倒的に多い。県内にはまんべんなく広がっている。

この他、31位に本田、35位に本多と、「ほんだ」と読む名字がベスト40に2つ入っているのも長崎県ならでは。全国的にも本田の方が120位と多く、熊本県と福島県を中心に分布している。一方、本多の全国順位は291位で東海から関東にかけて多いが、人口比でみると長崎県が全国一。県内では両方とも島原半島に集中している。

41位以下では、41位平山、53位浜崎、65位田川、79位浦、80位田崎、88位浦川が特徴。このうち、41位の平山は対馬や五島列島に多く、人口では全国最多。長崎の他には栃木県北部にも集中している。

101位以下では、阿比留、出口、高比良、一ノ瀬、深堀、一瀬などが特徴。このうち、出口には2つの読み方があり、「でぐち」の方が多い。五島列島では「いでぐち」と読み、こちらも200位を少し下まわるあたりに入っている。高比良は全国の半数以上が長崎県にあり、長崎半島に集中している。長崎市の旧三和町では最多名字だった。

深堀は上総国夷隅郡深堀（千葉県いすみ市大原）がルーツで、桓武平氏三浦氏の一族。承久の乱の功によって肥前国彼杵郡の地頭となり、地名を深堀と改めて下向したのが祖。現在は長崎市に集中している。

この他、早田、大串、下釜、鴨川、里、田浦、佐々野、後田などが独特である。

早田は長崎県から佐賀県にかけて集中している名字で、この地域では9割近くが「そうだ」と読むが、その他の地域では「はやた」の方が多い。下釜は全国の6割以上が長崎県にあるという、長崎県を代表する名字の一つで、その大多数は長崎市と諫早市に集中している。とくに旧飯盛町（諫早市）には地名もあり下釜が最多名字だった。佐々野も全国の過半数が長崎県にあり、五島市に集中している。

長崎県は海岸線が長いことから、漁村のことを意味する「浦」や「浜」の付く名字が多い。ベスト100に浜崎、浜田、浦、浦川、浜口と5種類入っているほか、101位以下でも浦田、浜本、白浜、田浦などが上位に入っている。

● **地域による違い**

長崎市周辺は圧倒的に山口が多く、長崎市をはじめほとんどの市町村で

最多。次いで田中、中村が多い。旧三和町（長崎市）の高比良、旧香焼町（長崎市）の時津、旧飯盛町の下釜など、ところどころに独特の名字が集中していることもある。旧野母崎町（長崎市）の熊、旧飯盛町の囲(かこい)なども独特。

佐世保市から東西彼杵地区にかけても山口が圧倒的に多いが、以下は松尾、田中、福田などが多い。西彼町の朝長(ともなが)が独特。

松浦地区でも佐世保市や西海市では山口が最多だが、松浦市では前田、平戸市では松本が最多。この他、松田、福田なども多く、旧市町村によって名字の分布はかなり違う。

島原半島では山口は少なくなり、田中、前田、中村、吉田、松本が広がっている。また、林田、宇土など熊本と共通する名字が多くなるのも特徴。南島原市の小嶺、飛長、雲仙市の茂(しげ)などが独特の名字である。

島原半島の名字は、県内の他地域とはちょっと雰囲気が違っている。また、合併前の町村によって名字の分布がかなり異なっていた。これには歴史的な理由がある。

江戸時代初期、島原半島で起こった島原の乱によって、島原地区は人口が減り農村は荒廃した。そこで、島原藩や幕府は新たに荒れ地を耕作する農民の年貢を減免し、四国や九州などの大藩や天領から農民の移住を募ったのだ。たとえば、小豆島からは串山村（雲仙市南串山町）を中心に700世帯もの農民が移住したという。そのため、移住元の影響で、現在でも県内他地域とは違った分布になっているものだ。

五島列島では全体的に中村が多いことを除けば、島によって名字が違う。特徴的な名字には、福江島の佐々野、小値賀島の博多屋、中通島の大瀬良、鉄川、奈留島の夏井、宿輪(しゅくわ)などがある。

壱岐でも島内にあった旧4町で斉藤、篠崎、平田、山内がそれぞれ最多となっていたなど、名字の分布は地域によってかなり違うが、壱岐全体では山口が最多である。

一方、対馬では阿比留が圧倒的に多く、その他では小島、糸瀬が特徴。糸瀬は旧上対馬町では最多となっていた。独特の名字には扇、比田勝(ひだかつ)などがある。

● 対馬の名字

県内には離島が多いが、対馬では一番多い名字が阿比留(あびる)である。本土で珍しい名字といわれる阿比留だが、対馬では阿比留こそ最も普通の名字で

ある。

かつて、島内が六つの町に分かれていたころ、厳原・美津島・豊玉・峰の4町では阿比留が一番多く、上県町では第2位の名字だった。残る上対馬町でもベスト10に入っており、全島でみれば圧倒的な最多である。

しかし、阿比留のルーツは対馬にも県内にもなく、上総国畔蒜荘（千葉県袖ヶ浦市付近）。平安時代初期に対馬に渡り、朝鮮半島から侵攻してきた刀伊の将・龍羽を討ってそのまま土着したと伝える。以後代々対馬の在庁官人（地方官僚）を務め、子孫が対馬内に広がったものだ。

ところで、対馬は鎌倉時代から江戸末期まで一貫して宗家が支配していた。宗氏は日本と朝鮮半島の間で特異な立場にあった大名である。

江戸時代に編纂された宗氏の家譜『宗家家譜』では、自らの出自を桓武平氏とし、平知盛の孫の重尚が寛元4（1246）年に対馬に入って阿比留氏を討ち、以後対馬の島主になったとしている。しかし、実際には対馬の在庁官人（現地の役人）である惟宗氏の出で、惟宗を省略して宗を名字にしたといわれている。

もともと対馬では、平安時代のはじめに朝鮮半島から侵攻してきた刀伊の将・龍羽を討った阿比留氏が支配していた。

鎌倉時代になると、対馬の守護となった少弐氏が重尚に命じて阿比留氏を討たせ、以後対馬の守護代となったという。そして、重尚の跡を継いだ実弟の助（資）国が宗氏の祖であるという。ただし、このあたりの事情は明確な資料が存在せず、重尚についてもよくわからない。

宗一族が資料に登場するのは、元寇の際に助国が討ち死にしているという記録である。南北朝時代には北朝に属して九州本土に転戦し、澄茂は対馬守護となって名実ともに対馬の支配権を確立した。

●水軍大名松浦氏

鎌倉時代から戦国時代にかけて、九州北部に松浦党という海の一族が割拠していた。肥前国松浦地方から、壱岐や五島列島に及ぶ広い範囲を勢力下においた一族で、瀬戸内海の村上氏とともに水軍（海賊）としても知られていた。

松浦党は嵯峨天皇を祖とする嵯峨源氏の末裔で、摂津渡辺党の一族がこの地の地方官僚となって住み着いたのに始まる。渡辺党が水軍を率いたのと同様、松浦党も水軍を組織し、玄界灘に広がった。また、嵯峨源氏らし

く1文字の名前の人物が多いのもその特徴。

源平合戦では平家方の水軍として参加したものの、水軍としての技術力を買われたのか、鎌倉幕府にも御家人として仕えた。

松浦党は、本来嵯峨源氏の末裔による同族集団で、有田、波多、山代など、この地域の地名を名字として名乗った。しかし、松浦党の勢力が広がるにつれ、宇久氏など嵯峨源氏以外の武士たちも参加するようになった。松浦党の一族と婚姻関係を結び、生まれた子どもに漢字1文字の名前を付けることで同化していったのだ。江戸時代に松浦家によって編纂された『松浦家世伝』によると、松浦党の一族として実に78家もの氏族が挙げられている。

こうして勢力範囲の広がった松浦党は、その勢力圏によって、下松浦党・上松浦党と、五島列島に広がる宇久党の3つに分かれ、戦うようになった。

戦国時代には下松浦党嫡流の相浦松浦氏と、上松浦党の一族で朝鮮半島や中国との貿易によって富を集めた平戸松浦氏の2家が盟主の座をめぐって争い、永禄年間に平戸松浦氏の隆信が相浦松浦氏を降して全党を統一。元亀2（1571）年には壱岐も支配した。

松浦鎮信は豊臣秀吉に従って所領6万3000石を安堵され、江戸時代もそのまま平戸藩の藩主となっている。なお、平戸松浦氏は「まつうら」ではなく「まつら」と読むのが正しい。

◆長崎県ならではの名字
◎小佐々
　肥前国松浦郡小佐々（佐世保市）がルーツ。佐々木氏の庶流で、小佐々城に拠った。江戸時代は大村藩士となった。現在も全国の6割が長崎県にあり、長崎市や佐世保市に多い。
◎朝永・朝長
　いずれも長崎県に集中している名字で、全国の半数以上が長崎県にある。朝永は佐世保市、朝長は大村市に多い。

◆長崎県にルーツのある名字
◎青方
　宇久党に属した青方氏は、中通島を本拠とする一族で藤原道長の末裔という。鎌倉時代初期から江戸時代初期までの400通にものぼる「青方家文書」を現在に伝えたことで、中世史研究上重要な一族として知られる。

◎宇久(うく)

　五島列島の水軍。平安末期に宇久島を領した宇久家盛が祖で、清和源氏武田氏の末裔と伝えるがはっきりしない。室町時代には福江島を本拠とし、嵯峨源氏ではないにもかかわらず、嵯峨源氏の同族集団である松浦党にも属していた。戦国時代末期に豊臣秀吉に従い、江戸時代は名字を五島と改めて五島の大名となっている。

◎大村(おおむら)

　地名由来の名字で各地にルーツがあるが、肥前国彼杵郡(そのぎ)大村(大村市)をルーツとする大村氏が著名である。藤原純友の子直澄が肥前国彼杵郡に下向して土着したのが祖というが、実際はよくわからない。文治2(1186)年に忠澄が源頼朝から藤津・彼杵2郡の地頭に任ぜられている。戦国時代の大村純忠はキリシタン大名として知られた。江戸時代も引き続き大村藩2万7,900石の藩主を務めた。

◆珍しい名字

◎五輪(いつわ)

　長崎市に集中しているほか、五島列島にもある。五島列島の久賀島に地名があるといいルーツか。なお、五島市では「ごわ」とも読む。

◎何(が)

　長崎の唐通事に何家がある。初代何高材は中国福建省の生まれで、江戸時代は代々唐通事を務める。子孫の何礼之は明治維新後、元老院議官、貴族院議員などを歴任した。この他にも、唐通事の家には中国にルーツを持つものが多い。

◎保家(ほけ)

　対馬の保家家は大和国の出。小野姓で周防の大内氏に仕えていたが、大内氏滅亡後対馬に移り、帆開・帆夏と称した。豊臣秀吉の朝鮮出兵に功を挙げて宗氏の家臣となり、本家は小野氏に戻したが、分家は保家を名乗った。

〈難読名字クイズ解答〉

①いさふし／②いぬき／③かわずいし／④ごまさこ／⑤さいぐさ／⑥さかき／⑦さなつぐ／⑧せいきょく／⑨たごと／⑩ねごと／⑪はえこし／⑫ばだ／⑬ふけ／⑭またはり／⑮みちき

㊸ 熊本県

〈難読名字クイズ〉
①安詮院／②筌場／③網田／④歩浜／⑤傘／⑥黄檗／⑦源島／⑧淪／⑨磨墨／⑩淋／⑪湛／⑫父母／⑬塘内／⑭奴留湯／⑮闇

◆地域の特徴

　熊本県は北九州全域に広がる田中と中村の2つが飛び抜けて多い。ともに市町村単位で最多となっているところはそれほど多くないが、田中は阿蘇地区以外に、中村は天草地区以外に広く分布している。

　3位には松本が入る。植物の名の付く名字は多く、なかでも松の付くものが圧倒的に多い。これは、松が全国的に広く分布しているだけではなく、冬になっても葉を落とさない松は神聖な木と考えられており、正月の松飾りなど神事にも使われたからだ。こうした松の付く名字のうちで最も多いのが松本で、熊本県の3位という順位は全国一高い順位である。

　5位の坂本も全国に広く分布している名字だが、県単位でベスト10に入っているのは熊本県だけで、人口比でみても熊本県が全国一高い。ただし、全体としてみるとランキングの上位には熊本県独特というものはみあたらない。これは、九州の中央部にある熊本県は古くから人の行き来が多かったことを示しているのだろう。したがって、隣県と共通する名字も多

名字ランキング（上位40位）

1	田中	11	本田	21	木村	31	中川
2	中村	12	緒方	22	藤本	32	中島
3	松本	13	佐藤	23	西村	33	東(ひがし)
4	村上	14	宮本	24	福田	34	松永
5	坂本	15	宮崎	25	山田	35	林田
6	山本	16	山口	26	後藤	36	中山
7	山下	17	井上	27	荒木	37	上野
8	渡辺	18	上田	28	森	38	坂田
9	前田	19	池田	29	田上(たのうえ)	39	永田
10	吉田	20	橋本	30	上村(うえむら)	40	松岡

く、27位荒木、34位松永、35位林田は長崎県と共通するものである。

そうしたなか、比較的熊本県独特のものといえるのは、12位の緒方と29位の田上である。田上は熊本県を中心に西日本に多い名字で読み方にはいくつかある。熊本県では「たのうえ」が中心で、九州南部も「たのうえ」が主流。他地域は「たがみ」と「たのうえ」が混在しており、「たうえ」もある。北陸では圧倒的に「たがみ」が多い。したがって、九州以外では「たがみ」が一番多いが、全国をトータルすると熊本県の影響で「たのうえ」が最多である。

30位の上村の読み方は「うえむら」。この名字は新潟県と熊本県に集中しており、新潟県では「かみむら」、熊本県では「うえむら」と読み方が分かれている。その結果、全国的にみても東日本では「かみむら」さんが多く、西日本では「うえむら」さんが主流。

41位以下をみると、42位の園田は九州全域に多いが、50位以内となっているのは熊本県のみ。51位の徳永は九州と愛媛県に集中しており熊本県独特というわけではないが、人口比では熊本県が一番高い。

70位以下になると、熊本県独特の名字が登場する。71位清田、78位古閑(こが)、81位田尻などがそうで、古閑は全国の6割近くが熊本県にあり、さらにその多くは熊本市在住という、熊本市を代表する名字である。

71位の清田は熊本県と神奈川県に集中している名字で、こちらも、神奈川県では「きよた」と「せいた」が混在しているのに対し、熊本県はほぼ「きよた」と読む。

94位の小山も読み方は「こやま」ではなく「おやま」。小山という名字には「こやま」と「おやま」の2つの読み方があり、全国的には約85%が「こやま」と読む。したがって、「おやま」と読む小山は全国ランキングで107位に入っているが、「おやま」と読む小山は600位以下。しかし、「おやま」と読むのは地域的な偏りが激しく、青森・岩手・秋田・宮城の東北北部4県と熊本県では、「おやま」の方が過半数。とくに、岩手・宮城両県と並び熊本県では、「おやま」が8割を超えて圧倒的に多い。

101位以下では、赤星、有働(うどう)、鬼塚、蓑田(みのだ)、古庄(ふるしょう)などが特徴。とくに有働、蓑田、坂梨は全国の半分近くが熊本県にある。また那須、椎葉、黒木といった宮崎県の名字も多い。

●地域による違い

 熊本市付近では中村が多く、熊本市でも中村が最多。ついで田中、本田、坂本などが多い。旧旭志村（菊池市）では岩根、旧富合町（熊本市）では紫垣と、独特の名字が最多となっていた。七城町の栃原、嘉島町の鍋田などが独特。

 県北部では田中と前田が多いが、地域的な違いも大きく、玉東町で清田、南関町で猿渡が最多であるほか、旧三加和町（和水町）で牛島、旧菊鹿町（山鹿市）で栗原が最多となっていた。山鹿市には有働が多い。玉東町の大城戸、南関町の津留（つる）、旧天水町（玉名市）の上土井なども独特。

 阿蘇地区では佐藤が多く、次いで甲斐、河津、後藤、穴井など、大分県と共通する名字が多い。こうしたなか、産山村では井が最多となっている。読み方は文字通り「い」。林や森、原など、漢字1字の名字はたくさんあるが、読みも1音の名字は珍しい。歴史的には「土佐日記」の著者である紀貫之の紀が有名だが、李などの外国由来の名字を除けば、現在では20種類ぐらいしかない。そして、そのほとんどは稀少な名字なのだが、井だけは熊本県を中心にまとまった数がある。

 「井」とは井戸だけではなく、広く水汲み場のことを指す。阿蘇山の麓には今でも清流が多く、古くはたくさんの水汲み場があったに違いない。こうした場所に由来するのが井という名字である。

 この他、阿蘇市の家入（いえいり）、高森町の瀬井などが特徴。

 八代地区では山本、田中、中村が多く、園田、山下といった鹿児島県と共通の名字が増える。この地域では独特の名字は少ない。

 球磨地区も中村が最も多く、ついで宮崎県に集中している椎葉が多い。ここは小さな自治体が多く、それぞれ最多の名字が違っている。球磨村で高沢、相良村で西、五木村で黒木が最多であるほか、合併したあさぎり町では、旧上村で尾方、旧免田町と旧深田村で中村、旧岡原村で宮原、旧須恵村で恒松が最多だった。独特の名字には、人吉市の赤池、球磨村の大無田（おおむた）、毎床（まいとこ）、地下（じげ）、境目、あさぎり町の皆越、星原、水上村の蔵座（ぞうざ）などがある。

 天草地区は、平成の大合併で天草市、上天草市、苓北町の2市1町となったが、以前は15の市町村があり、そのほとんどで一番多い名字が違っていた。全体的には田中、山下が多く、天草市では旧牛深市の矢田、旧有明町の今福、井手尾、旧倉岳町の山並、旧天草町の鬼海（きかい）、上天草市では旧姫戸

町の寺中など独特の名字も多い。

● 阿蘇氏

天皇家初代の神武天皇のあとを継いだ第2代綏靖天皇は、神武天皇の長男ではなく、3番目の息子であったとされている。神武天皇が亡くなった時、綏靖天皇は兄の神八井耳命とともに、長兄（異母兄）の手研耳命を討った。その際、順当なら兄にあたる神八井耳命が天皇に即位することになるのだが、神八井耳命は天皇位を勇猛な弟に譲り、自らは神祇を祭る仕事についたという。そして、代々阿蘇神社の大宮司を務める阿蘇家は、系図上この神八井耳命の子孫となっている。

阿蘇神社のある阿蘇市一の宮町は熊本県の東部。一方、天皇家発祥地の地ともいえる高千穂地方は宮崎県で、県が違うため遠く感じるが、実は地図で見ると一山超えた場所にあり、距離的には意外と近い。

おそらく、高千穂時代の大王家（天皇家）と、阿蘇神社の阿蘇家の間には、かなり古くから交流があったのだろう。天皇家に兄にあたる家柄という神八井耳命の逸話も、古代社会における阿蘇神社の格の高さを象徴するものと考えられる。阿蘇神社は、当時各地にある神社の中でも別格の存在だったのではないだろうか。古代の系図は事実をそのまま記載しているとは限らず、政治的な要素も濃いのだ。

神八井耳命の孫の速瓶玉命が阿蘇国造に任ぜられたと伝え、景行天皇の時代に阿蘇神社を建立して、以後代々大宮司職を務めた。

● 菊池氏

中世の熊本県を代表する氏族は菊池氏である。菊池氏は肥後国菊池郡がルーツ。長らく関白藤原道隆の子である大宰権帥藤原隆家の子孫といわれていたが、現在は菊池氏の祖則隆は藤原隆家の郎党で、藤原姓を仮冒したものとされる。その出自は菊池郡郡司の末裔とも紀姓ともいわれるがはっきりしない。また、則隆の父政則は対馬守藤原蔵規と同一人物であり、藤原氏に連なる一族である、という説もある。

いずれにしても、則隆以降の菊池氏は在庁官人（地方官僚）から武士化し、菊池城を本拠とした。源平合戦の際、隆直は当初平家方に属していたが、壇ノ浦合戦では源氏方に転じ鎌倉時代には幕府の御家人となった。元弘3（1333）年、武時は後醍醐天皇の挙兵に呼応して鎮西探題を攻めて戦死。南北朝時代には一貫して南朝に属してその中心勢力となり、武光は九州全土

に勢力を振るった。しかし、北朝方の今川了俊の九州下向で力が衰えた。菊池氏の一族には、西郷、合志、山鹿、赤星、詫磨、宇土、米良(めら)などがある。

◆熊本県ならではの名字
◎有働(うどう)
　全国の半数近くが熊本県にあり、その大多数が山鹿市付近に集中している。山鹿市の鹿央町岩原にあった岩原城主は有働氏であったといい、古くから同地を支配した一族である。戦国時代には肥後の戦国大名だった隈部氏の重臣にも有働氏がいたことが知られており、有働一族は山鹿市付近を本拠として、戦国大名に仕えていた。ただし、有働一族のルーツの地は、同じ熊本県内でも宇城市三角町波多にあった小さな地名であるとみられる。

◎相良(さがら)
　藤原南家の出で、そのルーツは熊本県ではなく静岡県にある。平安時代に周頼が遠江国佐野郡相良荘(静岡県牧之原市)に住んで相良氏を称したのが祖で、頼景が源頼朝に仕えて御家人となり、建久4(1193)年に肥後国球磨郡多良木荘(多良木町)の地頭として下向した。以後、明治維新まで代々人吉地方を支配した。

◎志垣(しがき)
　熊本市付近に集中している「しがき」と読む名字のなかで最も数が多い。肥後国天草郡志柿村(天草市本渡町)をルーツとする中世武士志柿氏の末裔が漢字を変えたものか。

◆熊本県にルーツのある名字
◎赤星(あかほし)
　菊池武房の弟の有隆が同郡赤星(菊池市赤星)に住んだのが祖。元寇の際、赤星三郎有隆が活躍したことが知られている。南北朝時代は南朝方に属し、隈部氏とともに菊池氏の重臣であった。

◎鹿子木(かのこぎ)
　肥後国飽田郡鹿子木荘(熊本市)がルーツ。藤原北家秀郷流大友氏の一族。鹿子木荘の地頭となって鹿子木氏を称した。南北朝時代は菊池氏に従って南朝に属し、戦国時代は大友氏に従った。

◎北里(きたざと)
　肥後国阿蘇郡小国郷北里(阿蘇郡小国町)がルーツで、全国の半数以上が熊本県にある。清和源氏といい、桜尾城に拠って阿蘇氏に従っていた。

戦国時代は大友氏に属した。江戸時代は熊本藩士となったほか、北里の惣庄屋を世襲した一族もあり、その分家から北里柴三郎が出た。

◆珍しい名字

◎金栗（かなくり）

和水町に多い名字。筑後国山門郡金栗村（福岡県みやま市瀬高町小川）がルーツで、鷹尾社の神官に金栗家があった。製鉄に関係する「金凝」という言葉に佳字をあてたものという。

◎傘（からかさ）

傘は「かさ」ではなく「からかさ」と読む。「かさ」には笠と傘という2つの漢字がある。現在ではあまり違いは意識していないが、本来は別のものを指していた。日本に古来からある「かさ」は菅笠のように、頭に直接のせるもので「笠」という漢字を使う。その後、中国から柄がついて手に持つかさが入ってきた。これには「傘」という漢字をあてて区別し、中国から来たかさなので「からかさ」ともいわれ、これが名字となって残っている。

◎奴留湯（ぬるゆ）

阿蘇地区から大分県にかけての名字。阿蘇の小国町に地名がありルーツか。同地には、温度が低かったことに由来するという奴留湯温泉がある。菊池市の旧七城町域には怒留湯と書く名字もある。

◎閗（ひのくち）

閗とは水門という意味の漢字である。川から取水する際に、水門を設けて水量などを調節した。こうして分水した水を流すところを「ひ（樋）」といい、取水口のことを「ひ」の「くち」といった。一般的には樋口と書いて、読み方も「ひぐち」になったが、熊本では、同じ意味の漢字である閗を使った家がある。

◎毎床（まいとこ）

熊本県南部の名字。肥後国球磨郡毎床谷（球磨村）がルーツ。現在でも球磨郡球磨村と、隣接する人吉市に集中している。毎床地区はかつて米が穫れないことから桑畑となっており、「繭所」から転じたものという。

〈難読名字クイズ解答〉

①あぜぶ／②うけば／③おうだ／④かちはま／⑤からかさ／⑥きわだ／⑦げじま／⑧さざなみ／⑨するすみ／⑩そそぎ／⑪たたえ／⑫たらち／⑬ともうち／⑭ぬるゆ／⑮ひのくち

㊹ 大分県

〈難読名字クイズ〉
①安心院／②孔井／③永星／④御鱗／⑤魚返／⑥曜日／⑦神尊／⑧古我城／⑨銅直／⑩大戸／⑪刎／⑫洞ノ上／⑬卍山下／⑭己年後／⑮孔

◆地域の特徴

大分県の名字は他の九州各県とは大きく異なっている。九州全体に多い田中、山口、中村をはじめ、北九州に多い古賀、松尾、南九州に多い山下、坂元などもベスト10には全く登場しない。

県内で最多の名字は西日本では珍しく佐藤で、しかもその比率は人口の3％を超える高い値を示している。西日本では徳島県や岡山県でも佐藤が多いが、この2県での佐藤さん率はともに1％強なので、大分県での佐藤さんの集中ぶりは目立っている。

2位も東日本に多い後藤。実数は佐藤の6割程度でしかないが、それでも人口比は2％近くもあり全国で最も高い。以下も、3位渡辺、4位小野と東日本に多い名字が並んでいる。

さらに、工藤、首藤、衛藤、伊藤、加藤、江藤、安藤といった「藤」で終わる名字が並んでいるほか、高橋や阿部がベスト10に入るなど関東地方の名字構成に似ている。

名字ランキング（上位40位）

1	佐藤	11	田中	21	加藤	31	山田
2	後藤	12	首藤	22	江藤	32	姫野
3	渡辺	13	井上	23	橋本	33	麻生
4	小野	14	山本	24	安藤	34	中野
5	河野（かわの）	15	衛藤	25	梶原	35	藤原
6	安部	16	吉田	26	松本	36	坂本
7	工藤	17	矢野	27	中村	37	足立
8	高橋	18	伊藤	28	森	38	安東
9	阿部	19	三浦	29	阿南	39	大塚
10	甲斐	20	川野	30	河野（こうの）	40	中島

40位以内では、29位阿南、32位姫野が大分県独特。いずれも他県では全く上位には入らない。

それ以下では、71位吉良、72位板井、73位羽田野、74位穴井、75位岩尾、91位三重野なども大分県特有の名字。

羽田野は豊後大野市に集中しており、大分市と竹田市を合わせた3市に県全体の9割以上がある。穴井の全国の半数以上が大分県にあり、日田市・玖珠町・久重町に激しく集中している。岩男は豊後高田市の地名がルーツ。古くは岩男と書き、現在は漢字が岩尾に変化していることから、大分県には岩尾・岩男ともに多い。

101位以下には独特の名字が多く、幸、釘宮、野上、荒金、財津、染矢、秦、御手洗、利光、生野、塩月、小手川、芦刈、江田、加来などがある。

このうち、幸は全国の約半数が大分県内にある名字で、県内ではほぼ「ゆき」と読む。県外では鹿児島県の奄美地方や関西に多いが、ここでは「みゆき」が主流で、徳之島では「こう」とも読む。

秦は大分県以外では「はた」、生野は県外では「いくの」と読み、「しん」「しょうの」は大分県独特の読み方。江田も大分県以外では「えだ」と読む。

● 東日本の名字が多い理由

大分県の名字が関東地方の名字と似ていることには、歴史的な背景がある。

平安時代、豊後国に大神氏という武士団がいた。かつては宇佐神宮宮司の一族といわれていたが、現在では9世紀末頃に豊後介となった大神良臣の末裔とされている。系図では祖母嶽大明神を祖とし、三輪信仰の影響を受けている。

平安末期には、大神氏は豊後国府付近を本拠として日向国北部にまで一族が広がり、多くの荘園の荘官や、郡司、郷司といった役職を務めるなど在庁官人として大きな勢力を有していた。有名な国東半島の磨崖仏も大神氏のもとでつくられたものだ。

寿永2(1183)年、木曽義仲によって京を追われた平家は、筑紫の大宰府に落ちて来た。当時、筑前・筑後・豊前の北部九州は平家方で占められていたことから、後白河法皇は藤原頼経を通じて、豊後大神一族の緒方氏に平家追討を命じた。緒方惟栄はこれに応じて大宰府を攻め落とし、平家は九州を逃れて讃岐屋島に転じたのだ。惟栄は、さらに平家方に属していた

宇佐神宮も攻め、さらに頼朝に追われた義経にも加担している。

鎌倉幕府が成立すると、頼朝は宇佐神宮乱入の罪で緒方惟栄を流罪としたが、実際には惟栄が源義経に加担したのが理由だった。

こうして、西国では珍しく豊後国は頼朝の直轄地となった。そして、豊後一帯に強大な勢力を持っていた大神一族は没落し、代わって頼朝の側近である藤原季光や中原親能が派遣された。やがて、親能の養子となっていた大友能直（よしなお）が守護として豊後に入部。大友氏は大神氏の勢力を駆逐して、自らの勢力を広げていった。その結果、豊後には関東の地名を名乗る武士が支配するようになった。

戦国時代が終わると、再び地元国衆を多く抱えた大友氏が滅亡。江戸時代、大分県域には大大名はおらず、小藩が分立した。その藩主たちの多くは東国武士の末裔で、家臣を引き連れて来国し、住み着いた。

こうして、今でも大分県の名字は西日本にもかかわらず、関東のような名字構成になっている。

● **地域による違い**

地域別にみると、大分市付近では圧倒的に佐藤が多く、次いで後藤、河野、小野が目立ち、県全体の傾向と似ている。ただし、大分市に合併した旧佐賀関町では姫野が最多で、現在では姫野の85％は大分市に集中している。この他では、日出町の笠置、杵築市旧山香町の岩尾などが特徴。

国東半島地区では地域によって名字が大きく違い、かつてこの地域にあった旧10市町村でも、旧安岐町（国東市）と旧大田村（杵築市）が河野だった以外はすべて違っていた。とくに、姫島村では大海（だいかい）という珍しい名字が最多となっているほか、旧真玉町（豊後高田市）では土谷、旧国見町（国東市）で国広、旧国東町（国東市）で吉武が最多だった。独特の名字には、豊後高田市の米光（よねみつ）、隈井、国東市の岐部（きべ）、萱島（かやしま）、幸松（こうまつ）、相部などがある。

豊前地区も全体的に多い名字は少なく、渡辺、佐藤、田中といった全国的な名字が広がる。独特の名字には中津市の友松、宝珠山（ほうしゅやま）などがある。

日田地方では梶原、河津、佐藤、穴井が多く、玖珠郡の玖珠・九重両町ではともに佐藤が最多。旧天瀬町（日田市）の江田、旧大山町（日田市）の矢羽田（やばた）・矢幡、三笘（みとま）、玖珠町の梅木、宿利（しゅくり）、九重町の時松も独特。

県南部も佐藤や後藤が多いが、平成合併前にはこの地域には小さな町村がたくさんあり、旧上浦町（佐伯市）では森崎、旧鶴見町（佐伯市）で成松、

旧朝地町（豊後大野市）で羽田野が最多となっていたなど、独特の名字も多かった。主なものには佐伯市の五十川、佐保、森竹、三股、臼杵市の姫嶋、豊後大野市の日小田（ひおだ）などがある。

● 読みや漢字の分かれる名字

　大分県の名字の特徴は、同じ漢字で読み方の分かれる名字や、同じ読み方でも漢字が違う名字が多いことだ。

　なかでも、「あべ」は6位に安部、9位に阿部とベスト10に同じ読み方の名字が入っている。ともに大分市から県北部にかけて集中しているが、どちらかというと阿部は国東半島に多く、安部は国東半島から宇佐市にかけて広がっている。

　「えとう」もベスト40に2つ入っている。全国的には江藤と書くのがほとんどだが、大分では6割強が衛藤と書き15位、一方の江藤も22位。江藤は全県に広く分布する一方、衛藤は大分市や大野郡などに多い。また、全国の衛藤さんの過半数は県内に在住している。

　さらに、「あんどう」も24位に安藤、38位に安東が、「いとう」は18位に伊藤、41位に伊東が、「あだち」は37位に足立、121位に安達が入る。大分独特の名字である赤嶺、小手川、加来も、それぞれ赤峰、古手川、賀来と書くことも多い。

　これとは逆に、河野は県内で「こうの」と「かわの」の両方の読み方が多い。河野は愛媛県発祥の名字で、愛媛県や広島県では「こうの」、徳島県や宮崎県では「かわの」が多いなど、県によってどちらかに偏っているのが普通。しかし、大分県では、県北部で「こうの」、大分市から南部にかけては「かわの」が多いため、全県的には「かわの」が5位、「こうの」が30位と、ともにベスト30に入っており、これも全国唯一。さらに20位には川野も入っている。この他、秦が「しん」と「はた」、菅が「かん」と「すが」、中谷も「なかたに」と「なかや」に分かれている。

　もう一つの大きな特徴は、「古」で始まる名字を「こ〜」と読むことが多い、ということだ。たとえば、古屋という名字は全国に広く分布しているが、そのほとんどは「ふるや」。しかし、大分県では9割近くが「こや」で、「ふるや」は少数派。熊本県を中心に大分県・福岡県と合わせた3県に集中している古庄も、他の2県はほとんどが「ふるしょう」なのに対して、県内では4分の1が「こしょう」である。これ以外にも、古城（こじょう）、古長（こちょう）、古本（こもと）、古

山など、「古」を「こ」と読む名字は多い。

◆大分県ならではの名字
◎阿南(あなん)
　豊後国大分郡阿南郷(由布市)をルーツとする名字で、豊後大神氏の一族。鎌倉時代に惟家が大友能直に敗れて波来合に逃れ、以後しばらく波来合氏を称した。その後、大友氏の家臣となって阿南氏に復した。読みは「あなみ」ともいい、どちらが本来のものであるかは不明。ただし、同じ地域に「穴見」も多いことから、「あなみ」が本来の読み方である可能性が高い。現在でも大分県に多く、全国の過半数が大分県に在住している。県内では竹田市を中心に県の南西部にとくに集中しており、読み方は「あなん」が多い。

◎指原(さしはら)
　大分市の名字で、丹川地区に集中している。「さし」とは上代語で焼畑を指すとも、真っすぐな地形を指すともいわれる。丹川地区は丹生川に沿って長く延びる谷間で、古代から「丹生郷」として資料にも登場する。この古くから開けた谷間を「さしはら」と呼び、ここに住んだ「さしはら」一族が、指原という漢字をあてたのが由来とみられる。佐志原とも書く。

◎生野(しょうの)
　大分県を中心に福岡県南部にかけて分布する名字。県内では生野の96％が「しょうの」と読む。豊後国大野郡生野村(しょうの)(臼杵市野津町)がルーツ。なお、関西に多い生野は「いくの」と読む。

◎御手洗(みたらい)
　御手洗とは本来神社に参拝する前に手を洗い、口を漱(すす)ぐ場所のこと。そのため、神社の前の清流はしばしば御手洗川と呼ばれ、地名も各地にある。とくに瀬戸内海の大崎下島にある御手洗集落は、江戸時代西廻り航路の風待ちの港として栄えた。また、九州の大名は参勤交代に船を使うことが多く、中津藩も参勤交代の際には御手洗港に寄港した。

◆大分県にルーツのある名字
◎宇佐(うさ)
　古代から豊前国で力を持っていた一族が宇佐氏である。代々宇佐神宮の神官を務める古代豪族の末裔で、のち到津(いとうづ)家・宮成家の2家に分裂した。一族は周辺の地名を名字としており、稲用(いなもち)、出光、岩根、益永、高田、平田、

鏡山、元永、麻生などが宇佐一族の名字。

◎辛島（からしま）

　豊前国宇佐郡辛島郷（宇佐市辛島）に因む渡来人系古代豪族の辛島氏があり、江戸時代には中津藩医に辛島家があった。現在も宇佐市から中津市にかけて多い。

◎財津（ざいつ）

　日田市に多い名字で、豊後国日田郡財津（日田市）がルーツ。日田氏の一族で、財津城に拠っていた。戦国時代は大友氏に従っていた。

◎田北（たきた）

　全国の半分弱が大分県にあり、とくに竹田市直入町に集中している。豊後国直入郡田北村（竹田市直入町）がルーツで、藤原北家秀郷流。大友親秀の子親泰が田北氏を称した。代々大友氏に従う。

◎都甲（とごう）

　全国の4割が大分県にあり、杵築市山香町や豊後高田市に多い。豊後国国東郡都甲荘（豊後高田市）がルーツ。大神氏の一族の貞俊が、都甲荘を開発した源経俊の女婿となって都甲氏を称したのが祖である。鎌倉時代は幕府の御家人となった。戦国時代は大友氏に従い、一族は日向にも転出した。

◆珍しい名字

◎安心院（あじみ）

　大分県と福岡県の県境付近の名字。豊前国宇佐郡安心院荘がルーツで、宇佐神宮の神官・宇佐氏の庶流。とくに日田市に多い。地名は「あじむ」だが、名字は「あじみ」が多い。

◎黒豆（くろず）

　中津市の名字。平安時代に貴族に黒豆を献上したことで「黒豆」の名字を賜ったと伝える。黒豆は古くは黒大豆といったことから、「くろまめ」ではなく「くろず」と読む。

〈難読名字クイズ解答〉

①あじみ／②あない／③えぼし／④おいら／⑤おがえり／⑥かがひ／⑦こうそ／⑧こがのき／⑨どうべた／⑩ねぎ／⑪はね／⑫ほきのうえ／⑬まんざんか／⑭みねんご／⑮むなし

㊺ 宮崎県

〈難読名字クイズ〉
①莫根／②内杤保／③大平落／
④大河平／⑤邪答院／⑥爱野／
⑦砂糖元／⑧銀鏡／⑨八重尾／
⑩早生／⑪蓬原／⑫五六／⑬真
早流／⑭霊元／⑮済陽

◆地域の特徴

宮崎県の名字の最多は、全国順位308位の黒木。全国ランキングで300位台の名字が県で最多というのはきわめて異例で、他には沖縄県の比嘉(全国順位400位台)しかない。

黒木は県内にほぼまんべんなく分布しているが、読み方には「くろき」と「くろぎ」の2通りがある。本書では清濁の違いのみは同じとしているので、このランキングでは両方を合わせたものである。ルーツは、南朝で活躍した熊本の菊池氏の一族や、鹿児島の島津氏の一族、日向の古代豪族阿万(あま)氏の一族など、多くの系統がある。というのも、黒木とは冬になっても葉を落とさない針葉樹のことを「くろき」「くろぎ」といったことに由来するもので、県内各地にルーツがあるからだ。

黒木に次ぐ第2位は甲斐で、この2つの名字が飛び抜けて多い。甲斐は大分県と共通する名字で、県内でも延岡を中心に県北部に多い。ルーツは肥後の菊池氏で、この一族が甲斐国(山梨県)に住んで甲斐を名乗った後

名字ランキング(上位40位)

1	黒木	11	井上	21	山口	31	橋口
2	甲斐	12	高橋	22	松田	32	坂元
3	河野(かわの)	13	吉田	23	川越	33	森
4	日高	14	谷口	24	斉藤	34	安藤
5	佐藤	15	後藤	25	前田	35	山田
6	長友	16	矢野	26	池田	36	中武
7	田中	17	山本	27	金丸(かねまる)	37	坂本
8	児玉	18	渡辺	28	鈴木	38	柳田
9	中村	19	横山	29	川崎	39	川野
10	山下	20	岩切	30	原田	40	松本

に日向に移り住んだのが始まりと伝える。

3位には「かわの」と読む河野が入る。河野は「こうの」と「かわの」の2つの読み方があり、全国的には「こうの」さんの方がやや多い。しかし、宮崎では実に97％が「かわの」さん。したがって宮崎県には河野は多く、「かわの」と読む河野さんの4分の1近くは宮崎県にいる計算になる。

4位の日高は鹿児島県と共通するもので、6位に宮崎独特の長友が入る。8位の児玉は埼玉をルーツとする名字だが、実数、人口比とも宮崎が全国一多い。

以下、20位岩切、23位川越、27位金丸、36位中武などが宮崎独特の名字。このうち金丸は「かねまる」と読む。金丸と宮崎県と山梨県の2県に集中している名字で、両県ともに「かねまる」が主流。また、岩切は全国の半数以上、中武は7割以上が宮崎県にある。とくに中武は県内でも宮崎市・西都市・西米良村に県全体の8割近くが集中している。

それ以下では、42位押川、57位戸高、59位椎葉、60位浜砂、65位外山、71位興梠、81位永友、93位飯干が独特。押川と永友、飯干は全国の6割、浜砂は実に4分の3が県内在住。また、飯干は県境を越えて熊本県山都町にまで広がるが、山都町では飯星と漢字が変化することも多い。

101位以下では、杉尾、新名、奈須、蛯原、津曲、米良、時任、図師、串間、平原などが独特の名字である。

このうち、押川は全国の半数以上が宮崎県にある。また、永友は長友から、奈須は那須から漢字が変化したもの。また、米良、串間は県内の地名がルーツである。

● 地域による違い

地域別にみると、宮崎市付近では黒木と日高が多く、次いで河野、長友、永友など。田野町の船ヶ山、都農町の土工、西米良村の上米良などが独特。上米良は「かみめら」とも読む。

県南部では圧倒的に河野が多く、日南市・串間市ともに河野が最多。谷口、田中も多い。日南市の蛯原、串間市の津曲が特徴。蛯原は日南市と茨城県南部に集中している名字で、「蛯」は蛇行する川に由来する。

霧島地区では、旧市町村によってばらばらで、旧須木村（小林市）では八重尾が最多だったほか、小林市には鶲野という難読名字も多い。

都城地区は、県内でも他の地域とは大きく違う。中村、坂元、東が多く、

九州・沖縄地方

三股町では山元が最多となっているなど、鹿児島県の影響が強い。都城市に合併した旧山之口町（都城市）では蔵屋（くらや）、旧高城町では天神（てんじん）、旧山田町では竹脇などが特徴。

都城地区の名字が、県内の他の地域とは大きく違っているのには歴史的な理由がある。というのも、この地域は江戸時代薩摩藩領に属しており、島津氏の一族が支配していたからだ。薩摩藩は独自の鎖国制度をとっていたため、同じ県内でも、人の行き来が少なかった。そのため、「元」や「之」「園」を使う名字が多いなど鹿児島県の特徴を色濃く残している。また、阿久根（あくね）、安楽（あんらく）、黒葛原（つづらはら）といった鹿児島由来の名字も多い。その他、都城市で清水を「きよみず」と読むことが多いのも鹿児島県の影響だ。

日向市を中心とした県中部は黒木と甲斐が多い。椎葉村では村名と同じ椎葉が最多となっているほか、美郷町の宇和田などが独特。

延岡市を中心とする県北部では、大分県と共通する甲斐、小野、佐藤の3つが多いほか、高千穂地区では飯干や興梠も多い。飯干は日之影町の地名がルーツで高千穂を中心に広がる。

● **独特の読み方をする名字**

宮崎県には、他県とは違った独特の読み方をする名字が多い。

宮崎市付近に多い小城という名字は、県内では8割以上が「こじょう」と読む。隣の鹿児島県でも「こじょう」が多いが、小城市（おぎ）のある九州北部では「おぎ」が主流。ちなみに、東京では「おぎ」「こじょう」「こじろ」がほぼ3分の1ずつである。

小村は宮崎県と島根県に多い名字で、島根県では97％以上が「おむら」なのに対し、宮崎県ではほぼすべて「こむら」と読む。したがって、「こむら」と読む明治の外交官小村寿太郎は宮崎県日南市の出身である。

海野は長野県東部の地名をルーツとする名字で、山梨県から静岡県にかけてと、宮崎県に集中している。このうち、最も海野の多い静岡県ではほぼ「うんの」と読むが、宮崎県では逆にほぼ「うみの」で、一部に「かいの」もある。

木下も、全国的には「きのした」がほとんどだが、県内では国富町を中心に4割強は「きのした」ではなく「きした」と読む。

● **伊東氏**

室町時代から戦国時代にかけて、日向国で大きな勢力を振るったのが伊

東氏である。

　伊東氏は藤原南家の出で、そのルーツは今の静岡県伊東市。平安時代末期に、維職が伊豆押領使となって伊豆国伊東荘に住んで伊東氏を称したのが祖で、以後各地に広がった。日向の伊東氏は、源頼朝の寵臣となった伊東祐経を祖とし、まず分家を日向に移住させて支配した。しかし、南北朝時代に本家が北朝に属したのに対し、日向に土着していた分家が南朝方に属したことから、本家も日向に移り住み、分家を家臣化してやがて戦国大名へと脱皮した。一族の数は多く、早川氏、三石氏、田島氏、門川氏、木脇氏、稲用氏、清武氏などがある。

● 椎葉村と椎葉

　平家の落人伝説でも知られる東臼杵郡椎葉村は、村で一番多い名字が椎葉である。名字の由来のうち、最も多いのは地名由来のため、市町村名と名字が同じなのは別に珍しくないのでは、と感じるかもしれないが、実は自治体名と一番多い名字が一致している例はほとんどない。

　確かに名字のルーツは地名が多いが、発祥地となった土地でその名字を名乗れるのは、領主とその一族だけ。同じ場所に住んでいる人がみな地名を名字をすると、名字本来の役割である「家と家を区別する」という機能が果たせなくなるからだ。

　そこで、住んでいる地名を名乗ることができるのは、領主などその地で一番偉い人の一族だけというのが普通だった。しかも、名字のルーツとなる地名は大字や小字レベルの小さなものが多い。近年の自治体は合併によってかなり広範囲となっているうえ、本来の地名ではないものを名乗っている自治体も多いことから、自治体名と同じ名字が多数を占めることはないのだ。

　かつては岡山県川上郡川上町でも町名と同じ川上が最多だったが、平成の大合併で高梁市に編入されて消滅した。それに対して、椎葉村は単独で村制を続けているため、今では自治体名と最多の名字が一致しているのは全国で椎葉村だけである。

　しかも、旧川上町の川上が人口の8％だったのに対し、椎葉村の椎葉は人口の26％も占める圧倒的な最多である。さらに、川上は「川の上流の方」を指す方位由来の名字で、川上町がルーツとは言い難いのに対して、椎葉という名字は確実に椎葉村をルーツとしている。そして、椎葉村を中心と

して県境を越えた熊本県球磨地方にかけての地域に全国の半数以上が集中している。

◆宮崎県ならではの名字
◎岩切（いわきり）

日向国国富荘岩切（宮崎市）をルーツとする名字で、古代豪族日下部氏の子孫。土持氏に仕えていたが、戦国時代に主家が滅亡したために帰農した。現在も宮崎市付近に集中している。

◎興梠（こうろぎ）

高千穂地方に多く、ここではむしろメジャーな名字。県全体でも71位に入っており、県内に限れば珍しいとはいいがたい。振り仮名を振る際には「こおろぎ」と書く人と「こうろぎ」と書く人がいるが、どちらもルーツは同じ。「こうろぎ」と振る人の方が多い。「梠」とは家の庇や軒を表す言葉で、興梠とは軒の部分が上がった家を指すといわれている。

◎浜砂（はますな）

全国の4分の3が宮崎県にある。鈴木七郎民部少輔惟継が米良為重から「浜砂」の名字を与えられたのが祖という。室町時代に創建された銀鏡神社の神官に浜砂氏がいた。現在は西都市と児湯郡西米良村を中心に児湯郡と宮崎郡に分布する。

◆宮崎県にルーツのある名字
◎上米良（かんめら）

全国の3分の2が宮崎県にあり、西都市と西米良村に集中している。日向国児湯郡上米良（西米良村上米良）がルーツ。なお、県境を越えた熊本県側では「勘米良」とも書く。

◎中武（なかたけ）

菊池氏一族の甲斐氏の庶流。重房が高千穂の中武に住んで中武氏を称したのが祖で、のち米良氏の重臣となった。西米良村で村内の最多名字、西都市で第2位の名字となっているなど、宮崎市から児湯郡にかけて非常に多い。

◎新名（にいな）

延岡市や日向市に多い。日向国臼杵郡新名（日向市）がルーツ。大分県や鹿児島県にもある。なお、香川県に集中している新名は「しんみょう」と読む。

◎温水(ぬくみず)

全国の6割以上が宮崎県にあり、その大半が都城市から小林市にかけて集中している。日向国諸県郡小林郷温水村（小林市）がルーツ。

◎真方(まがた)

全国の4割以上が宮崎県にあり、宮崎市、小林市、高原町に集中している。日向国諸県郡真方村（小林市真方）がルーツ。

◎柚木崎(ゆきざき)

日向国諸県郡柚木崎（東諸県郡高岡町）がルーツで、戦国時代の伊東氏の家臣に柚木崎氏が見える。本来は「ゆのきざき」と読んだ。現在も半数以上が宮崎県にあり、宮崎市や小林市に多い。

◆珍しい名字

◎五六(ふのぼり)

西都市にある五六は、日本を代表する難読名字の一つ。これで「ふのぼり」と読む。将棋の初手に五六歩と打つことがあり、歩が1マスのぼることから五六で「ふのぼり」になったのでは、といわれる。

◎砂糖・砂糖元(さとう・さともと)

日南市の砂糖は、かつて飫肥藩内で砂糖屋を営んでおり、藩主から砂糖という名字を賜った。また宮崎市や日南市にある砂糖元は、薩摩から脱藩した武士を助けたことからお礼にサトウキビを貰い、それをもとにサトウキビ栽培に成功したことから、藩主より砂糖元の名字を賜ったと伝えている。

◎重黒木(じゅうくろき)

延岡市の名字。延岡の土持氏に仕えていた黒木氏が、土持氏から褒美として名字の上に「重」を付けるようにいわれたものと伝える。

◎鶸野(ひばりの)

小林市の名字で「ひばりの」と読む。ヒバリは漢字では一般的に「雲雀」と書くが、1字で「鶸」とも書く。JIS第2水準までで表示できない漢字を使った名字としては、この名字の人がかなり多い。

〈難読名字クイズ解答〉

①あくね／②うちへぼ／③おおでらおとし／④おこびら／⑤けどういん／⑥ここんの／⑦さともと／⑧しろみ／⑨はえお／⑩はやなり／⑪ふつはら／⑫ふのぼり／⑬まさる／⑭よしもと／⑮わたよう

46 鹿児島県

〈難読名字クイズ〉
①上別府／②文／③上酔尾／④汾陽／⑤芳／⑥特手／⑦賞雅／⑧黒葛原／⑨賦／⑩図／⑪流合／⑫吹留／⑬三／⑭物袋／⑮泉二

◆地域の特徴

鹿児島で最も多い名字は中村である。中村は沖縄も含めてすべての都道府県で60位以内という、まんべんなく分布している名字だが、県単位で最多となっているのは鹿児島県のみ。2位の山下も山の麓という普遍的に地名に由来するため全国に多いが、2位という順位は全国最高である。3位には西日本に共通する田中が入り、この3つの名字が飛び抜けて多い。

以下、前田、浜田、東、山口、池田と続く。前田の4位は全国最高順位、浜田の5位は高知県の4位に次いで多い。6位の東は、他県では「ひがし」と「あずま」に読み方が分かれるが、鹿児島県では「ひがし」が98％を占めて圧倒的に多い。鹿児島県の「ひがし」さんは、実数でも人口比でも全国最多である。9位川畑も珍しい名字ではないが、全国の3分の1強が鹿児島県に集中している。

ここまでは比較的普通の名字だが、これ以下には鹿児島県独特の名字がずらっと並んでいる。とくに10位松元、14位有村、21位福元、26位鮫島、

名字ランキング（上位40位）

1	中村	11	西	21	福元	31	井上
2	山下	12	久保	22	中島	32	南
3	田中	13	日高	23	有馬	33	林
4	前田	14	有村	24	中野	34	山元
5	浜田	15	森	25	松下	35	山田
6	東(ひがし)	16	坂元	26	鮫島	36	田畑
7	山口	17	橋口	27	上村(かみむら)	37	大迫
8	池田	18	今村	28	原田	38	福留
9	川畑	19	上野	29	福永	39	山崎
10	松元	20	永田	30	岩元	40	大山

37位大迫、38位福留などは県外ではあまりみられない。

有村のルーツは桜島の南部、鍋山川河口部の地名。安永噴火以前、有村には温泉があったが、噴火によって埋没したという。現在も全国の半数以上が県内にあり、まんべんなく分布している。

鮫島のルーツは県内にはなく、駿河国富士郡鮫島（静岡県富士市鮫島）。藤原南家工藤氏の末裔で、建久2（1191）年宗家が薩摩国阿多郡の地頭となり下向したのが祖という。現在は静岡県には少なく、鹿児島県に全国の半数が集中している。県内では、南さつま市や種子島に多い。

大迫の「迫」は谷間のこと。西日本では谷間のことを「さこ」といい、様々な漢字をあてた。県内では垂水市に多い。

福留は鹿児島県と高知県に多いが、鹿児島には全国の4割強が集中している。また、高知県では「ふくとめ」と濁らないのに対し、鹿児島県では「ふくどめ」と濁ることが多い。

41位以下では、56位迫田（さこた）、62位瀬戸口、74位堀之内、83位宇都（うと）、100位吉留が特徴。宇都と吉留は全国の半数以上が県内にある。

それ以下にも、徳留（とくどめ）、肥後、野元、木場（こば）、仮屋、別府、折田、市来（いちき）、徳重、栄（さかえ）、四元（よつもと）、安楽、堂園、伊地知、上園など独特の名字が並んでいる。

こうした独特の名字が多いのには理由がある。鹿児島県は地理的に本土の最南端にあるため、ここを通って人が行き来するということが少ない。さらに、鎌倉時代から幕末まで、ほぼ一貫して島津氏だけによって支配されてきた。領主の交代がなかったことから、他県から人の流入する機会がきわめて少なかったのだ。また、江戸時代の薩摩藩は独自の鎖国政策を敷いており、他国からの人の流入を認めていなかった。

名字は人に付随しているもので、人の移動の激しいところでは名字は平均化し、逆に移動の少ないところでは、その地域独特の名字が残るため、結果的に珍しい名字が多くなる。他国から人の流入が少なかった鹿児島県では、独自の名字が残り続けている。

● **地域による違い**

地域別にみると、県庁所在地である鹿児島市には県内から人が集中しているため、名字の偏りは少なく、県全体の分布に近いが、他の地域では名字が激しく偏っているところが多い。それも、市町村といった大きなくくりではなく、大字程度の単位で特定の名字が集中している。

薩摩半島では、中村、田中、東が多く、南九州市の菊永、塗木(ぬるき)、南さつま市の栗野、黒瀬、枕崎市の大工園(だいくぞの)、俵積田(たわらつみた)、指宿市の七夕(たなばた)、田之畑などが特徴。枕崎市では最多が立石で、2位が田畑、3位が山崎という独特の分布となっている。

薩摩北部では、浜田、川畑。橋口などが多く、薩摩川内市の新(しん)、十島(としま)、阿久根市の浜崎、さつま町の現王園(げんおうぞの)、錦江町の半下石(はんげいし)が特徴。

大隅半島では自治体ごとにかなり違い、鹿屋市の福留、垂水市の岩元、篠原などが特徴。また、鹿屋市の郷原、西小野(にしおの)、垂水市の北方、篠原、肝付町の西之園、南大隅町の上籠(うえごもり)なども目立つ。

霧島地区は宮崎県の都城地区と共通する名字が多いほか、霧島市で池田、曽於市で山下が最多である。また、霧島市の福丸、堀切、曽於市の牧之瀬などが特徴。また、今別府、岡別府、上中別府(かみなかべっぷ)、北別府、東別府など、「別府」の付く名字が多数ある。

種子島や屋久島、吐噶喇(とから)列島などでは日高が圧倒的に多く、種子島の西之表市では榎本、上妻(こうづま)、中種子町では石堂、南種子町では砂坂などが特徴。

● **奄美群島の名字**

これより南、沖縄との間に点々と並ぶ奄美列島では、名字の種類がかなり違っている。

この地域で最も多いのは前田で、以下、栄、山田、川畑、森、山下、池田、泉、林、平の順。とくに、漢字1文字の名字が多いのが特徴で、なかには伊、喜、記のように、読み方も1文字のものもある。

さらに政(つかさ)、中(あたり)、前(すすむ)、井(わかし)、程(のり)、太(ふとし)、元(はじめ)など、独特の読み方をするものも多い。江戸時代に薩摩藩が1字名字を強制したのが理由で、琉球の一部に偽装して中国との貿易を円滑に進めるためだったという。

● **元と之**

鹿児島県の名字で一番大きな特徴は、「〜もと」という名字の場合に「〜元」と書くことだろう。鹿児島県以外では、「〜もと」という名字に対して「元」の漢字を使うことが多いのは「秋元」くらいで、ほとんどの「〜もと」は「〜本」と書くことが多い。全国のベスト100をみても、「本」で終わるものは山本、松本、橋本、坂本、岡本、宮本、藤本、杉本と8個もあるが、「元」で終わるものは1つもない。

ところが、鹿児島県ではベスト50だけで松元、坂元、福元、岩元、山元

と5つもの「〜元」が入っている一方、「本」で終わる名字は100位までに1つもない。101位以下でも野元、岡元、吉元、西元といった名字が多いが、これらはいずれも他県では「〜本」と書く名字だ。とくにも岩元や福元は全国の半数以上が鹿児島県にある。

もう一つの特徴が「之」の付く名字である。竹内や堀内という名字は全国に多いが、鹿児島県では間に「の」が入って、「たけのうち」「ほりのうち」となることが多い。そして多くの場合、「之」という漢字を使って漢字3文字の名字になっている。

100位以内にも、74位堀之内、96位竹之内と2つ入っているほか、山之内、田之上、竹之下、池之野、牛之浜など、多くのパターンがある。

● 3文字以上の名字

鹿児島県では漢字3文字以上の名字が多いのも特徴である。前記のように、「の」に対して「之」を使うことで3文字となってしまうほか、既存の名字に上下や東西南北を付けることで3文字や4文字となったものも多い。

3文字名字は、上位100位までには、瀬戸口、堀之内、竹之内の3つしかないが、大久保、山之内、加治屋、田之上、木佐貫、阿久根、久木田、瀬戸山、海江田、伊集院なども多い。

さらに、漢字4文字の名字が多いことでも知られ、猪ヶ宇都(あべかうと)、今久留主(いまくるす)、上久木田(かみくきた)、小椎八重(こしいばえ)、下西ノ園(しもにしその)、野間川内(のまかわうち)、東麻生原(ひがしあそうばら)、牟田神西(むたがみにし)などがある。

● 院と園

九州南部には「院」の付く地名が多く、これらに由来する「〜院」という名字も多い。院とは本来垣根を巡らせた独立した建物のことで、正倉院などいろいろな建物に使われたが、中央ではやがて譲位した天皇（太上天皇）の住まいを指すようになり、さらに太上天皇そのものも院と呼ぶようになった。これに対し、九州南部では荘園制における私領（在庁官人などの私的な領地）も院と呼んだ。

最も有名なのが、日置市伊集院町をルーツとする伊集院氏である。この他、祁答院(けどういん)氏、入来院(いりきいん)氏なども中世から活躍した。

県内に多い「〜園」という名字は、屋敷内の野菜畑などを指す独特の言葉が由来。40位以内には1つもないが、中園、小園、堂園、上園、宮園、外園、森園、西園、下園など、「園」の付く名字は県内に多い。また、「その」

に対して「薗」や「囿」という漢字を使うこともあり、とくに「囿」を使う名字は、さつま町に集中している。

● **門割制度**

鹿児島県の農村部では地域ごとに特定の名字が激しく集中している。それには、門割（かどわり）という薩摩藩独特の制度が大きく関係しているといわれる。

江戸時代、各藩は農家各個人を把握して徴税などを行っていたが、薩摩藩では各家ではなく門割という単位で農民を支配していた。

門割とは、農村での生産の確保と年貢徴収のためにつくられた土地制度で、数戸を単位に門（かど）に編成し、1つの門には1名の名頭（みょうず）・乙名（おとな）と何家かの名子（なご）がいた。その門に対して藩から耕地が割り当てられ、年貢・賦役も門ごとに割り当てられた。そして、門単位で共同農業を行っていた。

そもそも、豊臣秀吉の刀狩り以降、全国的には兵農分離が進んだが、薩摩藩では有事の際には武士身分の郷士のもと、農民も兵士化するという、中世以来の仕組みを残していた。この仕組みを支えたのが門割で、同じ門に属しているからといって、とくに血縁関係にあるというわけではなかった。

これらの各門には名前が付けられており、農民の名字はこの門名に由来するものが多いという。そのため、同じ耕地に住む農民はみな同じ名字となり、現在でも集落ごとに決まった名字が固まっている。

なお、門名には地名だけでなく、縁起の良い言葉を使ったことから、今でも鹿児島県には「福」「幸」など、縁起のいい言葉を使った名字が多い。

◆ **鹿児島県ならではの名字**

◎安楽（あんらく）

鹿児島県から宮崎県南部にかけて広がる名字。日向国諸県郡志布志郷安楽（志布志市安楽）がルーツで、肝付氏一族の安楽氏と平姓安楽氏の2系統があった。江戸時代は新城島津氏に仕えた。

◎伊地知（いじち）

島津忠久は、畠山重忠の孫の季随を飛び地であった越前国大野郡伊地知村（福井県勝山市）の領主として派遣、伊地知氏の祖となった。室町時代に大隅に移り島津氏の重臣となる。現在は鹿児島市に多いほか、維新後上京した一族も多く、東京にも多い。

◎今給黎(いまきいれ)

　伊集院忠国の九男久俊が今給黎氏を称したのが祖で、代々伊集院氏に仕えた。本来は「いまきいれ」だが、難読であることから、「いまきゅうれい」など、多くの変化したものがある。

◎栫(かこい)

　「かこい」と読む難読名字。とくに鹿児島市や旧加世田市(南さつま市)、旧伊集院町(日置市)に多い。伊集院には門割制度による栫門があり、これに由来する。

◎塩満(しおみつ)

　鹿児島市や霧島市に集中している名字。江戸時代、大隅国国分郷(霧島市)には門割制度による塩満門があり、これに由来する。宮崎県南部や島根県益田市付近にも多い。鹿児島県では「潮満」「汐満」とも書く。

◎羽生(はぶ)

　古代に埴輪などをつくるための粘土質の赤土のことを「はに」といい、この「はに」のとれた場所が「はにふ」で羽生と書いた。「はにふ」はやがて「はにゅう」に変化したが、鹿児島県では「はぶ」となった。戦国時代から種子島氏の家臣に羽生氏があり、江戸時代も代々種子島氏に仕えていた。将棋の羽生善治も祖父が種子島の出身である。

◆鹿児島県にルーツのある名字

◎伊集院(いじゅういん)

　九州南部には「院」の付く地名が多く、これらに由来する「〜院」という名字も多い。その代表が伊集院である。院とは本来垣根を巡らせた独立した建物のことで、正倉院などいろいろな建物に使われたが、中央ではやがて譲位した天皇(太上天皇)の住まいを指すようになり、さらに太上天皇そのものも院と呼ぶようになった。これに対し、九州南部では荘園制における私領(在庁官人などの私的な領地)も院と呼んだ。なお、伊集院の「いじゅう」とはイスノキのことであるという。伊集院家は中世から続く名家で、江戸時代には薩摩藩士に多くの分家があったが、明治維新後、新政府の要職となった一族を頼って次々と上京したことから、現在では鹿児島県と東京近郊の2カ所に多い名字となっている。

◎市来(いちき)

　薩摩国日置郡市来(いちき串木野市・日置市)がルーツで、宝亀年間(770

九州・沖縄地方　283

～780) に大蔵政房が下向して市来院司となり、鍋ヶ城に拠って市来氏を称したのが祖。

◎加治木
薩摩国姶良郡加治木（姶良市加治木町）がルーツで、現在は鹿屋市や志布志市に多い。渡来人の子孫である大蔵良長の娘肥喜山女房と、寛弘3(1006)年に加治木に流された藤原頼忠の子経平の間に生まれた経頼が加治木を領して加治木氏を称したという。

◎喜入
薩摩島津氏の庶流。島津忠国の七男忠弘が薩摩国給黎郡喜入郷（鹿児島市喜入）を与えられたのが祖。季久（摂津）は島津相州家に従って各地を転戦した。永禄元(1558)年義久の命で喜入氏を称し、のち島津義久の家老となって鹿籠城に拠った。江戸時代は薩摩藩重臣となる。幕末久高（摂津）は主席家老となり、大久保利通、伊地知貞馨などを登用した。

◎肝付
鹿児島県を中心に九州南部に多い名字で、大隅国の名族肝付氏の末裔。大隅国肝付郡がルーツで大伴姓。伴兼行が薩摩国鹿児島郡神食村（鹿児島市伊敷町）に住み、兼貞は平季基の婿となって島津荘荘官を務めたのが祖である。長元9(1036)年兼俊の時、大隅国肝付郡の弁済使となる。以後、肝属郡に勢力を持ち、室町時代には大隅国の有力国人に発展した。

◎種子島
ポルトガルから鉄砲が伝来した際に、受け取った人物として種子島時堯の名は教科書にも登場する。この種子島氏は種子島の「島主」といわれ、代々種子島を支配した。江戸時代も薩摩藩の家老として種子島を支配し、明治以降は男爵を授けられている。

◎帖佐
大隅国姶良帖佐（姶良市）がルーツで、桓武平氏高棟流。代々山崎郷（薩摩郡さつま町）に住んだ。全国の半数近くが鹿児島県にあり、鹿児島市に多い。

◆珍しい名字
◎鰻
指宿市山川にある池田湖という火口湖は大鰻が生息していることで知られる。湖の北東部の集落はかつて鰻村と称し、住民の大半は鰻を名字とし

ていた。戦後名字を改称した人が多く、現在では少ない。

◎狩集（かりあつまり）

鹿児島市と南さつま市に集中している。鹿児島県内には、日置市、指宿市、出水市に地名がある。

◎桑鶴（くわづる）

鹿児島市と指宿市に集中している名字。鹿児島市には桑水流も多く、「水流」とは小さな水の流れを指す。この「水流」に佳字である「鶴」をあてたものとみられる。

◎幸福（こうふく）

鹿児島市伊敷がルーツで、薩摩藩で禁止されていた隠れ念仏（浄土真宗）の信徒。維新後、新しい概念である「幸福」をあえて名字に付けたという。

◎左近充（さこんじゅ）

本来は「左近允」と書いて「さこんのじょう」と読むが、鹿児島県では「さこんじゅ」と読み、漢字も「允」から「充」に変化したものが多い。現在では日置市吹上町や伊佐市に多くみられる。

◎知識（ちしき）

薩摩国出水郡知識村（出水市上知識・下知識）がルーツ。現在は、薩摩川内市と鹿児島市に集中している。

◎日本（にっぽん）

肝属郡肝付町にある名字。元は小幡という名字だったが、善作が藩主を船に乗せた際、日本晴れになることを予測して見事に当て、島津氏から日本という名字を与えられた。

◎東麻生原（ひがしあそうばら）

霧島市横川町の名字で、「ひがしあそうばら」と読む。読みで8文字にもなり、日本最長の名字の一つである。

〈難読名字クイズ解答〉

①うえんびゅう／②かざり／③かみえのお／④かわみなみ／⑤かんばし／⑥こって／⑦たかまさ／⑧つづらはら／⑨つもり／⑩はかり／⑪はぎえ／⑫ひいどめ／⑬みたび／⑭もって／⑮もとじ

九州・沖縄地方

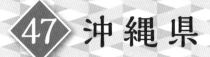

47 沖縄県

〈難読名字クイズ〉
①東門／②東小橋川／③上江洲／④具志頭／⑤後間／⑥東風平／⑦後嵩西／⑧勢理客／⑨瑞慶覧／⑩沢岻／⑪大工廻／⑫仲村渠／⑬饒波／⑭平安名／⑮山入端

◆地域の特徴

沖縄県の名字ランキングは本土とは全く違っている。西日本全体とも、九州の名字とも全く違い、独自の名字構成である。

40位以内のうち、本土でも多いのは、5位上原、25位石川、34松田、38位中村、39位山内の5つのみ。この他では4位の宮城が関東地方に、16位の砂川が兵庫県南部にも多いくらいである。以下、ベスト100までみても、本土と共通するのは、52位岸本、66位山田、69位長浜、72位前田、73位平田、77位仲田、82位山川、100位末吉などである。

県最多の比嘉の場合、全国にいる比嘉さんのうち、約87％が県内在住。この他、島袋、新垣、知念、仲宗根といった名字も、やはり全国の85％以上が沖縄に住んでいる。沖縄を出て関西や首都圏に住んでいる人も多いことを考えると、これらの名字はほぼすべて沖縄ルーツと考えていいだろう。

なお、新垣には「あらか（が）き」「しんがき」両方の読み方があってともに多いほか、玉城は「たましろ」「たまき」、喜友名も「きゆな」「きゅうな」

名字ランキング（上位40位）

1	比嘉	11	知念	21	安里	31	新城（しんじょう）
2	金城（きんじょう）	12	宮里	22	伊波	32	仲間
3	大城	13	照屋	23	上地（うえち）	33	国吉
4	宮城	14	下地	24	玉城（たましろ）	34	松田
5	上原	15	仲宗根	25	石川	35	与那覇
6	新垣（あらがき）	16	砂川	26	又吉	36	長嶺
7	島袋	17	城間	27	具志堅	37	仲里
8	平良	18	仲村	28	高良	38	中村
9	玉城（たまき）	19	新里	29	当山	39	山内
10	山城	20	赤嶺	30	与那嶺	40	外間（ほかま）

の両方とも多い。

本土と共通する名字では、新田が「にった」と「あらた」の両方が多いほか、神田は「かんだ」より「かみた」、奥平は「おくだいら」より「おくひら」、久田は「ひさだ」より「くだ」の方が多いのが独特。

● **地域による違い**

地域別にみると、かつての琉球政府の都だった首里があり、現在でも県庁所在地となっている那覇市や、隣の豊見城市にはあまり特徴がない。しいていえば、豊見城市の地名をルーツとする赤嶺や、那覇市の地名をルーツとする高良などが目立つ。

県南部では、糸満市で上原、玉城（「たましろ」とも）、伊敷が多いほか、新垣は「あらかき」よりも「しんがき」の方が多い。南城市では城間や嶺井、八重瀬町では神谷、野原が目立っている。

本島中部では、沖縄市の島袋、仲宗根、うるま市の伊波、山城、浦添市の又吉、棚原、宜野湾市の仲村、金武町の仲間、北中城村の安里、恩納村の当山などが特徴。

本島北部では全体的に岸本、具志堅が多く、名護市の玉城、本部町の上間、今帰仁村の上間、与那嶺、大宜見村の平良、山城などが特徴。

離島ではそれぞれの島によって名字がかなり違う。

本島に近い慶良間諸島では、座間味村で宮平、中村、渡嘉敷村で新垣が多く、久米島では新垣と糸数が多い。

宮古島では下地と砂川が多く、平良、友利、与那覇が特徴。多良間島では垣花が多い。

石垣島周辺では宮良、大浜が多く、石垣島では島名と同じ石垣、与那国島では崎原も目立つ。

なお、南大東島では新垣、城間、北大東島では仲宗根が多い。

● **独特の名字が多いわけ**

沖縄にはこれほどまでに独特の名字が多いのには、2つの理由がある。

まず一つは言葉の問題である。沖縄に限らず、名字の大多数は地名から付けられている。そして、その地名はそこに住む人が命名したものが多い。そのため、地名には方言を含むものが多い。

沖縄の場合、古くから使われているウチナーグチは、本土の言葉とはかなり違っている。このウチナーグチで付けられた地名をルーツとしている

九州・沖縄地方

ため、そもそも沖縄発祥の名字は独特のものが多いのである。

二つめの理由は地理的な要因である。沖縄は、古くは独立した琉球王国であり、江戸時代は薩摩の属国として他国に人が動くことはなかった。明治以降は交流が始まったものの、戦後は米国の統治下になって、再び人の交流が途絶えていた。そのため、本土に移り住む人はいても、本土からまとまった数の人たちが移住してくることは少なかった。その結果、今でも沖縄の名字は県内をルーツとする名字がほとんどを占めている。近年は本土から移住して来る人が増えているが、まだ県全体のランキングに大きな影響を与えるほどの数にはなっていない。

沖縄の名字の特徴は「城」という漢字が多いことである。ただし、読み方はそれぞれで、大城、名城、花城、真栄城、山城、与那城など「しろ」と読むことが多いが、「ぎ」と読む宮城、「じょう」と読む金城もある。なかには、「たまき」と「たましろ」の両方とも多い玉城や、「しんじょう」「あらしろ」に分かれる新城という名字もある。

この他、「堅」「与」「覇」「当」「儀」「嘉」「喜」といった漢字も、本土の名字にはあまり多くない。そして、「与」は「與」、「当」は「當」という旧字体を使用する名字が多いのも沖縄の特徴の一つだ(本書では新旧の違いは同一とみなしている)。

さらに、江戸時代に薩摩藩の政策によって漢字表記を変えさせられたこともあり、賀数・嘉数、当間・当真、仲間・名嘉真・仲真、花城・波名城・玻名城など、読み方が同じで漢字が違うものも多い。

● 唐名と名字

琉球王朝時代の沖縄は中国の影響を大きく受けている。中国は周辺各国との間で冊封という貿易を行っており、琉球王国もそのなかの一つであった。そのため、琉球政府の官僚たちは唐名(からな)という中国でも通用する「姓」を持っていた。「毛(もう)」「向(しょう)」「呉」といったものがそうで、琉球全体で450ほどあったという。そして、この唐名とは別に地名に由来する名字があり、唐名と名字で一族を区別した。

同姓の氏族は門中といわれる同族集団を形成した。一つの門中では、代々名前の1字に同じ漢字を使用したが、同じ名字でも門中によって通字は異なっている。たとえば、習姓(しゅう)の具志堅家の通字は「幸」、允姓(いん)の具志堅家の通字は「用」で、今でもこの通字が使われていることが多い。たとえば、

ボクシングの元世界チャンピオン具志堅用高氏は允姓の具志堅家の出であることがわかる。

17世紀末、琉球政府は系図奉行を設置、門中の家譜の編集を開始した。内容は中国南部や朝鮮半島の族譜と似ており、日本の系譜類とはやや違った印象を受けるものが多い。

これらは第2次世界大戦で焼失したものも多いが、それでもかなりの数の家譜が現存している。そして、現代でも家譜を書き続け、門中誌という一族誌の刊行も盛んである。

沖縄で珍しい名字が多いのには歴史的政治的な理由もある。江戸時代初頭、徳川家によって薩摩・大隅両国と日向の一部だけに押し込まれた島津家は、南下して琉球王国に攻め込み、武力で支配した。もともと貿易立国で平和を謳歌していた琉球王国は、剽悍で鳴らした島津勢の前になすすべもなく、幕末までその支配下におかれることになる。そして、薩摩藩は、琉球人であることを明確にするため、「大和風の名字の使用禁止」と改名を強制している。たとえば、船越は冨名腰に、前田は真栄田に、という具合である。

明治以降、こうした名字の人たちの一部は本来の名字に戻したものの、200年以上もこの名字を使用してきたため、明治以降もそのまま使用し続けた人が多い。

◆沖縄県ならではの名字
◎小禄（おろく）

琉球王家尚家の一族。尚真王の第一王子浦添王子朝満は世子ながら家を継ぐことができず、その子朝喬は浦添間切総地頭となる。三世朝賢の子は宗家を継いで尚寧王となり、朝賢は尚懿王といわれた。尚懿王の子朝盛は具志頭間切総地頭職となって、以後代々世襲した。1774年、尚穆王の四男宜野湾王子朝祥が家を継ぎ、その長男朝恒は小禄間切（那覇市）総地頭職となって小禄家を称した。

◎尚（しょう）

琉球王家の名字。琉球では12世紀から按司と呼ばれる首長が各地に出現し、グスク（城）を築いて地域支配を始めた。そして、1429年に尚巴志が初めて全琉球を統一し、尚王朝を開いた。以後、明治時代までの400年以上尚王家は琉球を支配したが、1469年に第7代尚徳が死去すると宮廷内

でクーデターが起こり、不満分子が王の世子を追放して、家臣の金丸という人物を王に擁立した。金丸は王座につくと、尚氏の姓を継いで尚円と名乗っている。そのため、現在では尚円以降の尚氏を第二尚氏として呼んで、初期の第一尚氏と区別している。
◎今帰仁（なきじん）
　琉球王家尚家の分家。尚育の三男朝敷は分家して具志川王子と称し、のち今帰仁間切（今帰仁村）に転じた。明治維新後は華族に列して今帰仁家を称し、のち男爵となった。
◎与世山（よせやま）
　1600年に福建省から琉球を訪れた毛国鼎の末裔。1607年、中国との交易などにあたっていた中国人の住む久米村が衰退したため、国鼎はこれを補うために琉球に帰化した。国鼎は明との貿易にあたる一方学者としても知られ、琉球儒学の先駆者である「四先生」の一人に数えられる。与世山家は久米村毛姓一族の嫡流にあたる。
◎和宇慶（わうけ）
　琉球の久米三六姓の一つ紅姓の本家。祖紅英が中国から渡来し、琉球王朝の通事となった。以後代々通事を務め、16世泰熙の時、中城間切和宇慶村（中頭郡中城村）地頭職となる。

◆沖縄県にルーツのある名字
◎伊江（いえ）
　伊江島総地頭。琉球王家尚清王の七男朝義が伊江島（国頭郡伊江村）総地頭職となったのが祖。以後、代々伊江島総地頭職を務め、伊江氏を称した。江戸末期に尚灝王の四男朝直が伊江家を継ぎ、その長男朝永は明治維新後男爵を授けられた。
◎喜屋武（きゃん）
　琉球王朝尚家の庶流。尚真王の四男朝福が喜屋武間切（糸満市）の地頭織となり、喜屋武氏を称したのが祖である。現在は那覇市周辺に多い。
◎具志堅（ぐしけん）
　本部間切具志堅村（国頭郡本部町）に因む名字。17世紀から具志堅氏がいた。現在も本部町から名護市にかけて集中している。この他、南城市の旧知念村にも多い。

◎豊見城(とみぐすく)

首里系毛姓の本家。読谷山間切の山田按司の子という護佐丸が、中城城に拠って中城按司となったのが祖である。1458年勝連城主阿摩和利按司に敗れて自害、幼児だった三男の盛親のみが脱出した。盛親は尚円王の時代に新たに取り立てられ、尚真王時代に豊見城間切(豊見城市)総地頭職となり、以後代々世襲した。

◎辺土名(へんとな)

琉球王家尚家の庶流。今帰仁王子朝典5世の朝芳の二男朝智が大里間切与那原地頭職となったのが祖という。のち玉城間切総地頭職に転じ、以後、玉城親方を称した。朝薫は組踊の創始者として知られる。朝郁の時、辺土名親雲上となり、辺土名を名字とした。

◆珍しい名字

◎東江(あがりえ)

沖縄では、太陽が上がってくる方向の東を「あがり」といい、日の入りの方向の西は「いり」という。西表島の「西」を「いり」と読むのもこれに由来している。したがって東江は「あがりえ」と読む。他にも東里(あがりさと)、東筋(あがりすじ)などがあるが、こうした琉球語の読み方を残した名字は今では少ない。

◎東新川(ありあらかわ)・東小橋川(ありこばしがわ)

琉球本島で「あがり」と読む東は、先島諸島では「あり」と読み、石垣島の東新川や東小橋川は、それぞれ「ありあらかわ」「ありこばしがわ」と読む。この他、与那国島には東久部良(ありくぶら)、東崎原(ありさきはら)という名字もある。また、竹富島では「あい」ともいい、同島にある東門は「あいじょう」である。

◎読谷山(よみたんざん)

琉球の尚王家の一族。尚敬王の二男読谷山王子朝憲(ゆんたんざ)が祖。朝憲は摂政を務め、沖縄三六歌仙の一人にも選ばれている。以後、代々読谷山(中頭郡読谷村)按司を務めた。現在は「よみたんざん」と読む。

〈難読名字クイズ解答〉
①あいじょう／②ありこばしがわ／③うえず／④ぐしちゃん／⑤くしま／⑥こちんだ／⑦しいたけにし／⑧じっちゃく／⑨ずけらん／⑩たくし／⑪だくじゃく／⑫なかんだかり／⑬のは／⑭へんな／⑮やまのは

付録1　同じ名字で読みの異なるものの全国都道府県別分布

「菅野」の読み方の違い

「上村」の読み方の違い

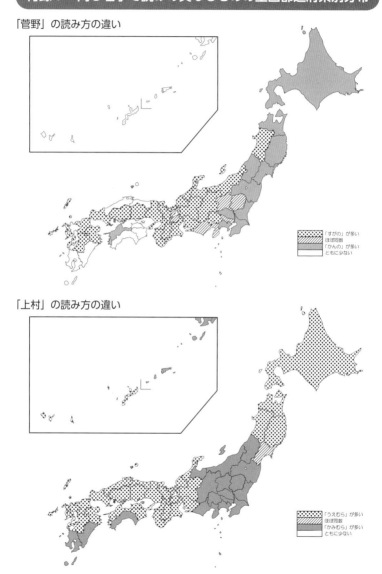

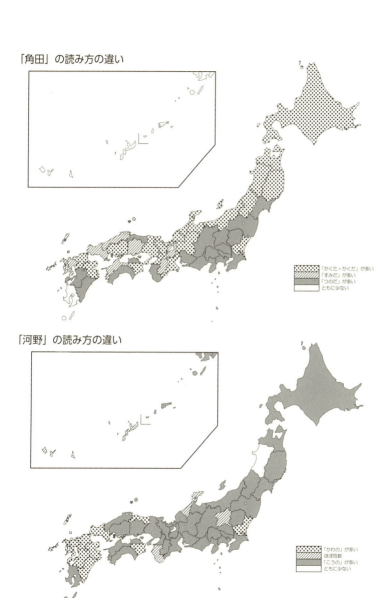

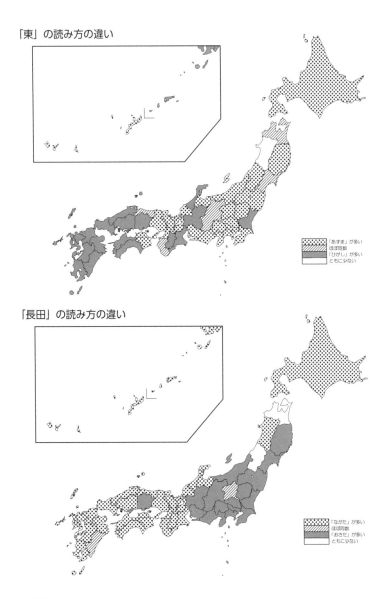

付録2　同じ名字の全国都道府県別分布

佐藤分布図

鈴木分布図

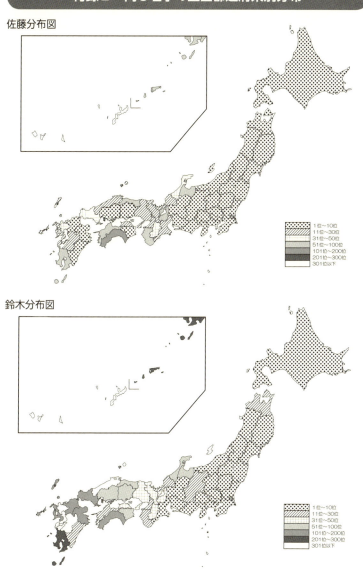

高橋分布図

田中分布図

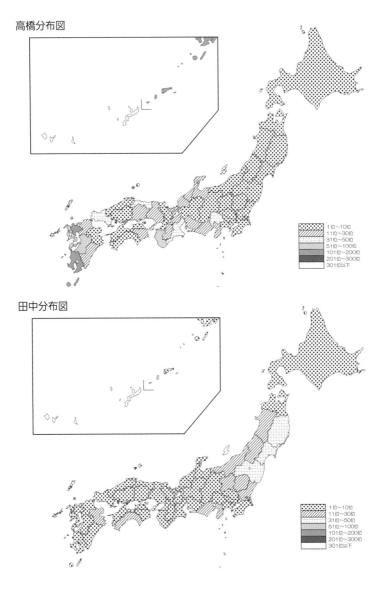

296

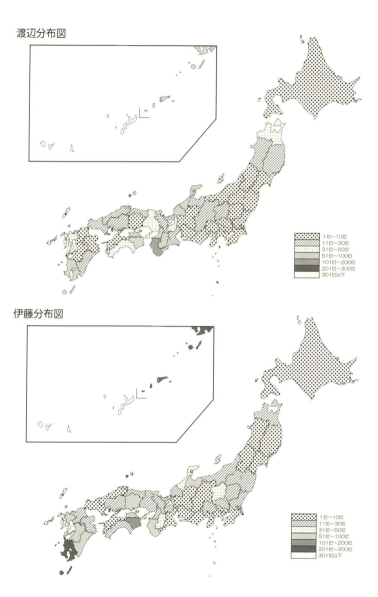

付録 2

山本分布図

中村分布図

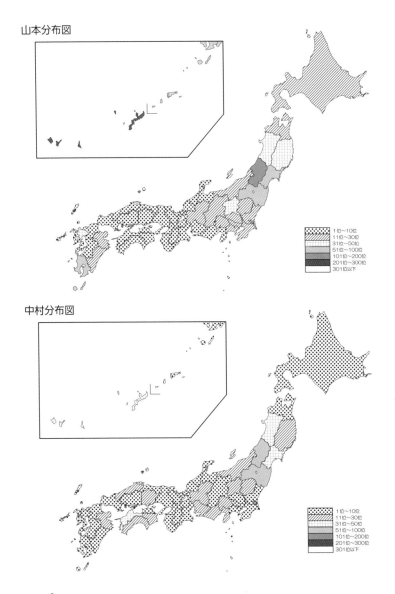

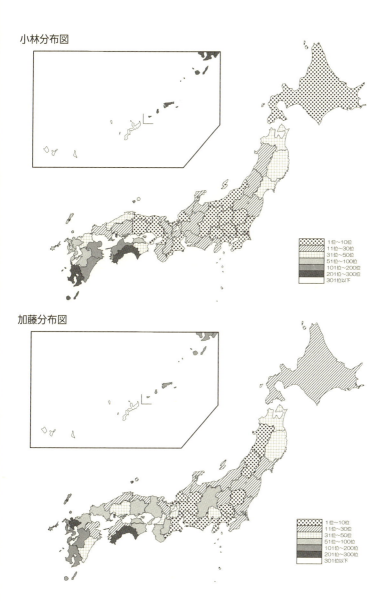

付録2 299

名字索引

あ 行

相 あい 86
藍 あい 86
阿井 あい 143
相内 あいうち 25
愛甲 あいこう 96
合砂 あいしゃ 32
相内 あいない 25
合原 あいはら 245
相見 あいみ 198
四十物 あいもの 107
阿江 あえ 180
青方 あおかた 258
青木 あおき 95
阿麻橘 あおきつ 225
青山 あおやま 90
赤池 あかいけ 123
明石 あかし 238
赤祖父 あかそふ 107
赤木 あかき／あかぎ 207
我妻 あがつま 36
赤星 あかほし 264
赤嶺 あかみね 287
東江 あがりえ 291
阿川 あがわ 219
安芸 あき 240
秋保 あきう／あきほ 37
秋田 あきた 44
秋田谷 あきたや 20
秋月 あきづき 246
悪七 あくしち 49
圷 あくつ 62
阿久津 あくつ 62
芥川 あくたがわ 174

阿久根 あくね 274
悪虫 あくむし 27
明智 あけち 138
吾郷 あごう 201
阿佐 あさ 224
浅井 あさい／あざい 164
朝倉 あさくら 117
皆上 あさがみ／あざかみ 220
阿座上 あざかみ 220
阿佐美 あさみ／あざみ 77, 78
浅見 あさみ／あざみ 77, 78
足利 あしかが 149
芦田 あしだ 167
阿字地 あじち 114
安心院 あじみ 271
東 あずま 185, 191
東井 あずまい 32
畔地 あぜち 156
馬酔 あせび 220
阿蘇 あそ 263
遊馬 あそま 79
安達 あだち 198
足立 あだち 167, 177
中 あたり 280
阿知波 あちわ 151
旦来 あっそ 195
安曇 あづみ 245
阿曇 あづみ 245
穴井 あない 267
阿南 あなみ 270
穴山 あなやま 124
阿南 あなん 267, 270
阿比留 あびる 256

阿武 あぶ 219
安倍 あべ 30, 187
安部 あべ 187
阿倍 あべ 187
阿部 あべ 187
安保 あほ 182
阿万 あま 182
天谷 あまがい 118
雨谷 あまがい 60
天谷 あまがや 118
雨谷 あまがや 60
雨木 あまき 74
尼子 あまこ 164
天谷 あまたに／あまや 118
天羽 あもう 223
綾 あや 228
荒井 あらい 76
新井 あらい 76
新垣 あらかき／あらがき 286
鉱 あらがね 203
荒木田 あらきだ 158
新城 あらしろ 288
新田 あらた 287
東新川 ありあらかわ 291
有泉 ありいずみ 124
東小橋川 ありこばしがわ 291
有村 ありむら 279
有賀 あるが 127
淡路谷 あわじや 173
粟津原 あわづはら 133
安東 あんどう 269
安藤 あんどう 269

阿武　あんの　219	118, 121	宇久　うく　259
安保　あんぽ　41	一戸　いちのへ　26	宇佐　うさ　270
安間　あんま　143	伊調　いちょう　27	宇佐川　うさがわ　219
安楽　あんらく　274, 282	鴨脚　いちょう　170	宇佐美　うさみ　144
井　い　262	一色　いっしき　149	鵜沢　うざわ　84
飯　いい　55	一筆　いっぴつ　114	牛奥　うしおく　125
井伊　いい　144	五輪　いつわ　259	牛抱　うしだき　33
井内　いうち　223	井出　いで　144	宇田川　うだがわ　89
伊江　いえ　290	出口　いでぐち　255	内海　うちうみ／うちみ　36
家崎　いえさき　156	井門　いど　233	宇都宮　うつのみや　66, 231
五百蔵　いおくら／いおろい　240	伊東　いとう　142, 275	有働　うどう　264
五十嵐　いからし／いがらし　46, 100	伊藤　いとう　13, 154, 298	鰻　うなぎ　284
生田　いくた　197	稲垣　いながき　155	東川　うのかわ　189
生野　いくの　267	乾　いぬい　186	祖母井　うばがい　235
王生　いくるみ　114	犬飼　いぬかい　148	馬越　うまごえ　234
池井戸　いけいど　139	伊能　いのう　86	馬屋原　うまやはら　213
生貝　いけがい　85	井上　いのうえ　129, 176	海野　うみの　131, 274
池坊　いけのぼう　169	猪股　いのまた　35	卜部　うらべ　169
池谷　いけや　141	猪俣　いのまた　79	瓜生　うりゅう　119
砂金　いさご　38	伊吹　いぶき　161	宇留賀　うるが　133
十六沢　いざさわ　91	今川　いまがわ　149, 152	宇留野　うるの　60
石井　いしい　82	今給黎　いまきいれ／いまきゅうれい　283	浮気　うわき　165
石垣　いしがき　287	一口　いもあらい　170	海野　うんの　131, 141, 274
石黒　いしぐろ　106	井門　いもん　233	江頭　えがしら　251
伊地知　いじち　282	入交　いりまじり　241	江口　えぐち　250
石橋　いしばし　243	岩切　いわきり　276	江藤　えとう　269
石風呂　いしぶろ　215	岩谷　いわたに　25	衛藤　えとう　269
伊集院　いじゅういん　281, 283	岩永　いわなが　255	鰻目　えのめ　112
石渡　いしわた　93	岩元　いわもと　281	蛭子　えびす　238
伊勢亀　いせかめ　102	外郎　ういろう　97	蛯名　えびな　25
磯　いそ　66	上坂　うえさか　164	蝦名　えびな　25
磯崎　いそざき　59	上杉　うえすぎ　171	海老名　えびな　94
磯和　いそわ　156	上田　うえた　237	海老原　えびはら　58
一円　いちえん　164	植月　うえつき　207	遠田　えんだ　47
市来　いちき　283	上村　うえむら　261	及川　おいかわ　29
一十林　いちじゅうばやし　209	魚住　うおずみ　182	王隠堂　おういんどう　189
一条　いちじょう　168	鵜飼　うかい　148	淡河　おうご　182
一瀬　いちせ／いちのせ	浮気　うき／うきぎ　165	麻植　おえ　225

名字索引　301

大内　おおうち　218
大江　おおえ　48, 171
大神　おおが　267
大喜　おおき　114
大隈　おおくま　252
大蔵　おおくら　246
大桑　おおくわ　113
大迫　おおさこ　279
大城　おおしろ　288
大田　おおた　217
大平　おおだいら　128
太田垣　おおたがき　180
大谷　おおたに　169
大槻　おおつき　166
大友　おおとも　268
大西　おおにし　169, 223, 226
大豆生田　おおまみゅうだ／おおまめうだ　66
大村　おおむら　259
小粥　おかい　145
小笠原　おがさわら　124
岡田　おかだ　210
岡林　おかばやし　236
岡部　おかべ　79
小川　おがわ　82
王来王家　おくおか　159
小口　おぐち　127
小城　おぎ　274
小木曽　おぎそ　137
興津　おきつ　144
奥平　おくひら　287
淡河　おごう　182
小此木　おこのぎ　74
越阪部　おさかべ　79
小山内　おさない　24
長内　おさない　24
押切　おしきり　49
小瀬　おぜ　58
小関　おぜき　148

尾関　おぜき　148
小田　おだ　60
織田　おだ　118
小田部　おたべ　59
越智　おち　233
乙幡　おっぱた　90
女屋　おなや　74
小沼　おぬま　53
小野　おの　79
小原　おはら／おばら　29
大日方　おびなた　130
小保方　おぼかた　72
小村　おむら　274
重栖　おもす　203
表　おもて　111
小柳　おやなぎ　99
小山　おやま　35, 67, 261
及川　およかわ　84
小禄　おろく　289
小和田　おわだ　101
音揃　おんぞろ　175
御守　おんもり　95

か　行

何　が　259
甲斐　かい　123, 272
買手　かいて　114
鶏冠井　かいで　171
垣内　かいと　194
各務　かかみ／かがみ　135
加賀美　かがみ　124
香川　かがわ　227
垣内　かきうち　194
鍵掛　かぎかけ　33
柿崎　かきざき　102
鍵渡　かぎわたり　97
掛水　かけみず　239
勘解由　かげゆ　153
栫　かこい　283
河西　かさい　121

葛西　かさい　26
加治木　かじき　284
柏原　かしはら　212
梶原　かじはら　122, 173
加集　かしゅう　182
柏木　かしわぎ　92
春日　かすが　187
数野　かずの　124
加瀬　かせ　85
荷田　かだ　169
片岡　かたおか　236, 238
片貝　かたがい　72
香月　かつき　246
勝部　かつべ　200
勝又　かつまた　95, 141
勝亦　かつまた　95
勝俣　かつまた　95
桂　かつら　213
葛城　かつらぎ　188
勘解由小路　かでのこうじ　170
加藤　かとう　14, 134, 146, 300
上遠野　かどの　54
角川　かどかわ　108
門田　かどた　214
香取　かとり　83, 85
門脇　かどわき　200
金栗　かなくり　265
金刺　かなさし　129
京　かなどめ　175
金丸　かなまる　122, 273
可児　かに　138
蟹江　かにえ　152
金　かね　107
金子　かねこ　79
金丸　かねまる　122
狩野　かの　36
嘉納　かのう　180
鹿子木　かのこぎ　264

下野　かばた　168	上米良　かんめら　276	草彅　くさなぎ　43
加畑　かばた　168	帰家　かんや　20	具志堅　ぐしけん　287, 290
蒲田　かばた　168	紀　き　169	九条　くじょう　168
河辺　かべ　90	喜入　きいれ　284	鯨　くじら　66
壁谷　かべや　151	菊池　きくち　29, 263	久田　くだ　287
蒲池　かまち　247	木暮　きぐれ　69	朽木　くつき　165
一尺八寸　かまつか　145	扣穀　きこく　220	忽那　くつな　234
神田　かみた　287	木下　きした　274	轡田　くつわだ　108
上村　かみむら　99, 261	岸本　きしもと　287	工藤　くどう　22, 142
加茂　かも　20	木曽　きそ　131	国沢　くにさわ　239
賀茂　かも　169	北　きた　112	国富　くにとみ　207
鴨　かも　169	北川　きたがわ　160	国府田　くにふだ　59
金持　かもち　198	北出　きたで　112	功刀・切刀　くぬぎ　124
萱場　かやば　38	北条　きたじょう　102	九戸　くのへ　26
萱原　かやはら　228	北爪　きたづめ　72	熊谷　くまがい／くまがえ　78, 244
傘　からかさ　265	北詰　きたづめ　72	久米　くめ　188
唐沢　からさわ　130	北窓　きたまど　199	公文　くもん　237
辛島　からしま　271	吉川　きっかわ　144, 211	倉持　くらもち　59
狩集　かりあつまり　285	木下　きのした　274	倶利伽羅　くりから　165
狩野　かりの　36	紀平　きひら　158	栗原　くりはら／くりばら　76
川北　かわきた　155	木全　きまた　151	栗栖　くるす　211
河北　かわきた　155	吉弥侯部　きみこべ　153	紅林　くればやし　141, 143
川喜田　かわきた　155	木村　きむら　23	黒木　くろき／くろぎ　272
川喜多　かわきた　155	肝付　きもつき　284	黒豆　くろず　271
河内　かわち　213	弓野　きゅうの　61	黒住　くろずみ　208
河西　かわにし　122	興野　きゅうの　61	黒宮　くろみや　155
河野　かわの　217, 223, 269	清田　きよた　93, 261	黒柳　くろやなぎ　151
川人　かわひと　223	清水　きよみず　274	桑子　くわこ　73
河村　かわむら　135, 216	清宮　きよみや　86	桑鶴　くわづる　285
瓦林　かわらばやし　182	脚ノ　きゃくの　173	郡司　ぐんじ　59
瓦吹　かわらぶき　61	喜屋武　きゃん　290	軍多利　ぐんだり　97
菅　かん　231	喜友名　きゅうな／きゆな　286	桂馬　けいま　102
寒川　かんがわ　195, 227	吉良　きら　149	解良　けら　102
神吉　かんき　181	金魚　きんぎょ　220	下司　げし　239
巫部　かんなぎべ　248	金城　きんじょう　288	夏至　げし　114
菅野　かんの　51	金田一　きんだいち　32	月東　げっとう　153
神庭　かんば　202	金野　きんの　29	
	金原　きんばら／きんば ら　141, 143	
	久下　くげ　181	

名字索引　303

権丈 けんじょう 244	国府田 こくふだ 59	佐伯 さいき 231
鯉登 こいと 75	国分 こくぶん 52	三枝 さいぐさ 122
高口 こうぐち 245	小暮 こぐれ 69	最所 さいしょ 252
向後 こうご 84	木暮 こぐれ 69	埼玉 さいたま 80
交告 こうけつ 136	小佐々 こさざ 258	財津 ざいつ 271
纐纈 こうけつ 136	小沢 こざわ 148	道祖土 さいど 81
郷右近 ごうこん 39	古庄 こしょう 269	斉藤 さいとう 98, 157
香西 こうざい 229	五舛目 ごしょうめ 220	斎藤 さいとう 116, 157
上坂 こうさか 164	小助川 こすけがわ 45	齋藤 さいとう 116, 157
神前 こうざき 194	小関 こせき 47	西原 さいばら 239
小城 こじょう 274	小平 こだいら 127	佐伯 さえき 104, 106
江田 こうだ 267	小谷 こだに 197	三枝 さえぐさ 122
国府田 こうだ 59	小田部 こたべ 59	左衛門三郎 さえもんさぶろう 81
香茸 こうたけ 249	児玉 こだま 78	五月女 さおとめ 64
河内 こうち 213	樹神 こだま 153	早乙女 さおとめ 64
上月 こうづき 181	牛腸 ごちょう 103	寒河江 さがえ 49
国府寺 こうでら 183	小番 こつがい 44	榊原 さかきばら 159
神門 ごうど 202	厚東 ことう 219	坂本 さかもと 239
厚東 こうとう 219	小沼 こぬま 53	酒寄 さかより 60
幸徳 こうとく 239	許斐 このみ 246	相良 さがら 264
河野 こうの 233, 269	木幡 こはた 52	目 さかん 175, 220
高野 こうの 77	小早川 こばやかわ 214	向坂 さきさか 142
鴻池 こうのいけ 174	小林 こばやし 14, 300	匂坂 さぎさか 141, 144
合原 ごうばる 245	小村 こむら 274	鷺坂 さぎさか 141
幸福 こうふく 285	米 こめ 107	桜糀 さくらこうじ 33
河村 こうむら 135	米田 こめだ 184, 187	座光寺 ざこうじ 131
河本 こうもと 205	古屋 こや 269	左近充 さこんじゅ 285
神谷 こうや 245	小山 こやま 261	佐々木 ささき 28, 162
香林坊 こうりんぼう 112	木幡 こわた 52	捧 ささげ 101
興梠 こうろぎ/こおろぎ 276	紺掻 こんがき 175	簓 ささら 174
桑折 こおり 54	近藤 こんどう 147	指原 さしはら 270
古賀 こが 242	金野 こんの 29	佐志原 さしはら 270
古閑 こが 261	今田 こんた 49	佐竹 さたけ 58
小粥 こがゆ 145	**さ 行**	目 さっか 175, 220
古川 こがわ 24	西園寺 さいおんじ 234	佐塚 さづか 143
後閑 ごかん 74	雑賀 さいが/さいか 194	薩日内 さっぴない 39
五鬼助 ごきじょ 187	西海枝 さいかち 55	佐藤 さとう 10, 296
五鬼上 ごきじょう 187	妻神 さいかみ 27	砂糖 さとう 277
小木曽 こぎそ 137		
五鬼継 ごきつぐ 187		

砂糖元　さともと　277
真田　さなだ　132
寒川　さむかわ/さんがわ　195, 227
鮫島　さめじま　279
山藤　さんとう　202
三宮　さんのみや　239
三分一　さんぶいち　219
椎名　しいな　86
椎葉　しいば　275
塩貝　しおがい　171
汐満　しおみつ　283
塩満　しおみつ　283
潮満　しおみつ　283
志垣　しがき　264
四方　しかた　167
色摩　しかま　38
執行　しぎょう　252
四熊　しくま　219
鹿討　ししうち　33
獅子吼　ししく　114
宍戸　ししど　60
渋谷　しぶたに　25
渋田見　しぶたみ　133
渋谷　しぶや　94
島袋　しまぶくろ　286
下釜　しもがま　255
下平　しもだいら　128
下館　しもだて　31
重黒木　じゅうくろき　277
十二町　じゅうにちょう　109
十二林　じゅうにばやし　33
十二村　じゅうにむら　55
尚　しょう　289
勝賀瀬　しょうがせ　241
上甲　じょうこう　232
小豆島　しょうずしま　33
庄司　しょうじ　35
東海林　しょうじ　43
正田　しょうだ　72
少弐　しょうに　248
上西　じょうにし　162
生野　しょうの　267, 270
白神　しらが/しらかみ　205, 207
白髪　しらが/しらかみ　207
白田　しらた　47, 61
白水　しらみず/しろうず/しろず　243, 246
城武　しろたけ　241
白水　しろみず　246
秦　しん　267
新海　しんかい　130
新垣　しんがき　286
新城　しんじょう　288
秦泉寺　じんぜんじ　240
新谷　しんたに　211
陣内　じんない/じんのうち　251
新堀　しんぽり　95
新名　しんみょう　276
新免　しんめん　208
新家　しんや　152
末木　すえき　125
末益　すえます　219
菅原　すがわら　188
杉浦　すぎうら　147
杉本　すぎもと　112
菅野　すげの　51
図子　ず　229
図師　ず　229
鈴鹿　すずか　169
鈴木　すずき　11, 140, 296
須々木　すずき　208
前　すすむ　280
周藤　すとう　201
須藤　すどう　63
摺出寺　すでじ　109
角南　すなみ　208
砂明利　すなめり　87
強矢　すねや　79
巣張　すばり　108
角　すみ　197
鷲見　すみ　138
春原　すのはら　127, 131
諏訪　すわ　129
清家　せいけ　234
清田　せいた　93, 261
清野　せいの　47
清宮　せいみや　86
世古　せこ　155
背古　せこ　192
瀬古　せこ　155
瀬知　せち　249
舌　ぜつ　171
瀬戸口　せとぐち　281
後久保　せどくぼ　215
後原　せどはら　215
妹尾　せのお　206
瀬堀　せぼり　91
世良　せら　214
世良田　せらだ　74
千　せん　169
千賀　せんが　152
善財　ぜんざい　133
千秋　せんしゅう　152
先生　せんじょう　145
仙頭　せんとう　239
洗湯　せんとう　220
善那　ぜんな　165
宗円　そうえん　241
寒川　そうがわ　195, 227
笹島　そうけじま　109
早田　そうだ　255
相馬　そうま　53
副島　そえじま　251

十河　そがわ／そごう　227, 228
曽雌　そし　125
反田　そった　122
外村　そとむら　165
蘇武　そぶ　37
征矢野　そやの　133
梵　そよぎ　215
反田　そりた　122
反り目　そりめ　103

た 行
代　だい　80
大海　だいかい　268
大掾　だいじょう　58
大正寺谷　だいしょうじたに　119
田井中　たいなか　162
田結庄　たいのしょう　183
当麻　たいま　188
高　たか　111
多賀　たが　165
高口　たかぐち　245
鷹合　たかごう　114
高杉　たかすぎ　214, 213
高田　たかた　211
小鳥遊　たかなし　195
高橋　たかはし　11, 230, 297
田上　たがみ　261
多賀谷　たがや　79
高良　たから　287
瀑布川　たきがわ　249
田北　たきた　271
滝波　たきなみ　119
武市　たけいち　240
竹内　たけうち　116
武川　たけかわ　125
武末　たけすえ　245, 247
武市　たけち　240

武智　たけち　231
竹之内　たけのうち　281
炬口　たけのくち　179
竹俣　たけのまた　102
武末　たけまつ　247
多胡　たこ　74
多治見　たじみ　139
多田　ただ　180, 226
立花　たちばな　248
辰馬　たつうま　181
辰巳　たつみ　186
田中　たなか　12, 278, 297
田部　たなべ　203
谷内　たにうち　113
谷川原　たにがわら　156
種子島　たねがしま　284
田上　たのうえ　261
天竺桂　たぶのき　229
田部井　たべい　73
田巻　たまき　101
玉置　たまき　191
玉城　たまき／たましろ　286
田村　たむら　55
田部井　ためがい　73
田母神　たもがみ　55
湛増　たんぞ　209
反田　たんだ　122
反保　たんぽ　119
千頭　ちかみ　240
千明　ちぎら　73
知識　ちしき　285
千田　ちだ　29
仲納林　ちゅうなばやし　103
中鉢　ちゅうばち　37
長　ちょう　113
帖佐　ちょうさ　284
蝶名林　ちょうなばやし　103

長野　ちょうの　252
蝶間林　ちょうまばやし　103
政　つかさ　280
津軽　つがる　26
月足　つきあし／つきたり　244
月見里　つきみさと　145
九十九　つくも　214
土橋　つちはし　122
二十八　つちや　221
筒井　つつい　188
躑躅森　つつじもり　33
廿浦　つづうら　81
十九百　つづお　199
黒葛原　つづらはら　274
常田　つねだ　132
津野　つの　237
角川　つのかわ　108
角田　つのだ　69
椿野　つばきの　179
円谷　つぶらや　54
妻鳥　つまどり　235
円谷　つむらや　54
釣　つり　107
鶴岡　つるおか　83
鶴亀　つるかめ　115
四十九院　つるしいん　39
鶴田　つるた　245
出口　でぐち　155, 255
勅使河原　てしがわら　80
手塚　てづか　132
鉄升　てつます　215
照沼　てるぬま　60
田　でん　183
田頭　でんどう　32
天白　てんぱく　156
天明　てんみょう　91

土肥　どい　105
土居　どい　236
藤　とう　244
東海林　とうかいりん　43, 47
東京　とうきょう　174
東島　とうじま　251
当麻　とうま　188
遠橋　とおはし　75
遠山　とおやま　139
富樫　とがし　114
東川　とがわ　189
土岐　とき　139
常田　ときた　132
徳川　とくがわ　150
外鯨　とくじら　66
都甲　とごう　271
野老　ところ　87
土性　どしょう　156
豊島　としま　91
鳥取　とっとり　174
轟　とどろき　81
舎利弗　とどろき　81
等々力　とどろき　132
宿直　とのい　209
外館　とのだて　31
外村　とのむら　165
土橋　どばし　122
飛田　とびた　56
苫米地　とまべち　27
豊見城　とみぐすく　291
外村　とむら　165
留場　とめば　31
朝永　ともなが　258
朝長　ともなが　258
豊臣　とよとみ　150
花表　とりい　221
部田　とりた　20
閇　どんど　115

な　行

内藤　ないとう　90
直江　なおえ　101
中　なか　112
中島　なかしま / なかじま　147, 242, 250
中園　なかぞの　281
中出　なかで　112
中台　なかだい　87
中平　なかたいら　128
中武　なかたけ　276
籠　ながたに　199
中平　なかひら　237
中村　なかむら　13, 262, 278, 299
長谷　ながや　149
長屋　ながや　137
今帰仁　なきじん　290
名越　なごし　96
名小路谷　なこじや　173
那須　なす　65
夏目　なつめ　129
生田目　なばため　67
鍋島　なべしま　253
生須　なます　73
生田目　なまため　67
名雪　なゆき　84
奈良定　ならさだ　221
名和　なわ　199
難波　なんば　206
南部　なんぶ　32
南里　なんり　253
新居　にい　223
新倉　にいくら　93
新名　にいな　276
新家　にいのみ　152
新堀　にいほり　95
新美　にいみ　148
二階堂　にかいどう　96, 143
仁賀保　にかほ　45
西　にし　112
錦織　にしこおり / にしこり / にしごり　201

西出　にしで　112
西原　にしはら　239
西森　にしもり　236
西谷　にしや　25
似内　にたない　31
仁木　にっき　149
新夕　にった　109
新田　にった　71, 287
日本　にっぽん　285
蜷川　にながわ　108
二本柳　にほんやなぎ　27
温水　ぬくみず　277
橅島　ぬでしま　75
沼倉　ぬまくら　38
奴留湯　ぬるゆ　265
根尾　ねお　139
塒　ねぐら　199
納富　のうとみ　253
能勢　のせ　174
及位　のぞき　45
苫戸　のぞきど　102
野津　のつ　200
野見山　のみやま　243
程　のり　280
則松　のりまつ　247
野呂　のろ　155

は　行

萩原　はぎはら　122, 173
白田　はくた　61
羽倉　はくら　169
兀尾　はげお　138
羽毛田　はけた　131
橋浦　はしうら　38
羽柴　はしば　150
元　はじめ　280
荷見　はすみ　66
蓮見　はすみ　66
長谷川　はせがわ　186
秦　はた　267
波多江　はたえ　248

畑佐　はたさ　139
波多江　はたえ　244
羽田野　はたの　267
波多野　はたの　96
鉢呂　はちろ　20
初芝　はつしば　87
服部　はっとり　158
花下　はなげ　174
鼻毛　はなげ　174
花房　はなぶさ　208
塙　はなわ　59
花脇　はなわき　45
羽生　はにゅう　283
馬場　ばば　161
波々伯部　ははかべ　183
羽生　はぶ　283
浜渦　はまうず　240
浜宇津　はまうづ　240
浜砂　はますな　276
早矢仕　はやし　138
林田　はやしだ　254
早田　はやた　255
原木　はらき　143
原島　はらしま　89
原田　はらだ　246
張替　はりがえ　61
針谷　はりや　61
春名　はるな　178
春原　はるはら　131
晴山　はれやま　32
坂　ばん　135
坂東　ばんどう　224
板東　ばんどう　224
坂内　ばんない　53
馬場　ばんば　161
比嘉　ひが　286
東　ひがし　112, 185, 278
東出　ひがしで　112
東麻生原　ひがしあそうばら　285
東島　ひがしじま　251

東四柳　ひがしよつやなぎ　115
樋口　ひぐち　99
髭右近　ひげうこん　115
日紫喜　ひしき　155, 158
人首　ひとかべ　32
閘　ひのくち　265
鷭野　ひばりの　277
肥満　ひまん　159
姫野　ひめの　267
百武　ひゃくたけ　253
百松　ひゃくまつ　139
兵頭　ひょうどう　231
平目　ひらめ　21
平山　ひらやま　91
比留川　ひるかわ　95
蛭川　ひるかわ　155
昼間　ひるま　80
鰭崎　ひれざき　85
弘瀬　ひろせ　237
弘田　ひろた　237
府川　ふかわ　96
婦木　ふき　179
生城山　ふきの　87
福留　ふくとめ／ふくどめ　279
福元　ふくもと　281
浮気　ふけ　165
福家　ふけ　227
藤居　ふじい　161
藤生　ふじう／ふじお　73
藤原　ふじはら　122, 173, 178, 237
藤目　ふじめ　228
藤本　ふじもと　177
藤生　ふじゅう　73
藤原　ふじわら　176
毒島　ぶすじま　75
二神　ふたがみ　234
太　ふとり　280

五六　ふのぼり　277
降旗　ふりはた／ふるはた　127, 131
古庄　ふるしょう　269
古舘　ふるたち／ふるだて　31
古館　ふるたち／ふるだて　31
古谷　ふるたに／ふるや　217
不老　ふろう　249
別火　べっか　202
別所　べっしょ　156
別府　べっぷ　280
別役　べつやく／べっちゃく　241
返脚　へんきゃく　235
辺土名　へんとな　291
波々伯部　ほうかべ　183
宝迫　ほうさこ　221
法師　ほうし　115
外村　ほかむら　165
保家　ほけ　259
法華津　ほけつ　234
八月一日　ほずみ　75
細川　ほそかわ　149
洞口　ほらぐち　136
堀田　ほりた　104
堀之内　ほりのうち　281
本江　ほんごう　108
本庄　ほんじょ　109
本田　ほんだ　255
本多　ほんだ　255
本名　ほんな　55
本間　ほんま　94
本村　ほんむら　251

ま　行

米田　まいた　24
舞田　まいた　113
毎床　まいとこ　265

前田　まえだ　105, 280	薬袋　みない　125	本村　もとむら　251
前納　まえのう　156	皆川　みながわ　67	守屋　もりや　205
真方　まがた　277	港道　みなとみち　21	森谷　もりや　47
牧戸　まきど　159	南　みなみ　112	諸岡　もろおか　155
馬越　まごし　234	見並　みなみ　156	諸戸　もろと　155
正岡　まさおか　235	南出　みなみで　112	門司　もんじ　248
益子　ましこ／ますこ　64	湊　みなもと　209	文殊四郎　もんじゅしろう　119
増子　ましこ／ますこ　52	美馬　みま　225	問註所　もんちゅうじょ　249
益田　ますだ　203	三宅　みやけ　204	門田　もんでん　214
馬田　まだ　244	京都　みやこ　249	門別　もんべつ　20
待鳥　まちどり／まつどり　245, 247	宮崎　みやざき　254	**や 行**
松平　まつだいら　151	宮武　みやたけ　227	谷内　やうち　111
松延　まつのぶ　247	宮根　みやね　80	柳生　やぎゅう　188
松平　まつひら　105	深山　みやま　84	薬師神　やくしじん　235
松前　まつまえ　19	宮本　みやもと　190	安武　やすたけ　243
松元　まつもと　280	幸　みゆき　267	谷内　やち　113
松本　まつもと　169, 260	三好　みよし　225	谷内　やない　123
松雪　まつゆき　253	武川　むかわ　125	矢野　やの　231
松浦　まつら　252, 257	六車　むぐるま　227	八尋　やひろ　243
真鍋　まなべ　208	向山　むこうやま　121	山家　やまが　37
馬目　まのめ　55	六平　むさか　45	山岸　やまぎし　110
馬屋原　まやはら　213	虫明　むしあけ　209	山下　やました　278
真弓　まゆみ　247	無敵　むてき　221	山清水　やましみず　75
丸　まる　87	宗像　むなかた　248	山田　やまだ　147
万歳　まんざい　189	撫養　むや　225	山名　やまな　74
三井　みい　229	村上　むらかみ　129, 210, 230	山中　やまなか　163
三浦　みうら　94	目片　めかた　165	月見里　やまなし　145
三ケ田　みかだ　45	目黒　めぐろ　91	山根　やまね　196
朏　みかづき　153	妻鳥　めんどり　235	山本　やまもと　13, 299
三鬼　みき　156	目次　めつぎ　203	八鍬　やくわ　49
三廻部　みくるべ　97	馬上　めじょう　52	山家　やんべ　37
御子柴　みこしば　132	毛利　もうり　212, 218	結城　ゆうき　60
御荘　みしょう　235	最上　もがみ　48	湯川　ゆかわ　194
水城　みずき　247	茂木　もぎ　69	幸　ゆき　267
水野　みずの　153	十　もぎ　21	柚木崎　ゆきざき　277
御手洗　みたらい　270	目代　もくだい　240	湯出　ゆので　115
三井　みつい　229	門司　もじ　248	指吸　ゆびすい　175
光井　みつい　220	甑　もたい　132	湯本　ゆもと　73
三戸　みと　217	餅　もち　39	万木　ゆるき　161
	望月　もちづき　132	
	茂木　もてぎ　64, 69	
	本江　もとえ　108	

名字索引　309

由利　ゆり　44
四十八願　よいなら　67
横浜　よこはま　27
横山　よこやま　94
吉川　よしかわ　144
吉田　よしだ　169
吉野　よしの　83
与世山　よせやま　290
米内　よない　31
与那覇　よなは　287
米田　よねだ　187
米麦　よねばく　229
鰀目　よのめ　112
夜交　よまぜ　133
読谷山　よみたんざん　291
四方田　よもだ　81
寄神　よりがみ　183
依藤　よりふじ　181

ら 行

頼　らい　214
良知　らち　145
竜神　りゅうじん　195
漁野　りょうの　192
留守　るす　38
瑓　れん　115

わ 行

和宇慶　わうけ　290
井　わかし　280
我妻　わがつま　36
和気　わき / わけ　64, 209
脇山　わきやま　251
和食　わじき　241
鷲見　わしみ　138
和田　わだ　96
渡辺　わたなべ　12, 230, 298
渡部　わたなべ / わたのべ / わたべ　51, 99, 230
度会　わたらい　158
分目　わんめ　86

47都道府県・名字百科

令和元年7月20日　発行

著作者　森　岡　　　浩

発行者　池　田　和　博

発行所　丸善出版株式会社
〒101-0051 東京都千代田区神田神保町二丁目17番
編集：電話(03)3512-3264／FAX(03)3512-3272
営業：電話(03)3512-3256／FAX(03)3512-3270
https://www.maruzen-publishing.co.jp

© Hiroshi Morioka, 2019

組版印刷・富士美術印刷株式会社／製本・株式会社 星共社

ISBN 978-4-621-30411-2　C 0525　　　　　　Printed in Japan

JCOPY 〈(一社)出版者著作権管理機構　委託出版物〉
本書の無断複写は著作権法上での例外を除き禁じられています．複写される場合は，そのつど事前に，(一社)出版者著作権管理機構(電話03-5244-5088, FAX 03-5244-5089, e-mail：info@jcopy.or.jp)の許諾を得てください．

【好評既刊書】

47都道府県・**伝統食百科**　ISBN 978-4-621-08065-8
47都道府県・**地野菜/伝統野菜百科**　ISBN 978-4-621-08204-1
47都道府県・**魚食文化百科**　ISBN 978-4-621-08406-9
47都道府県・**伝統行事百科**　ISBN 978-4-621-08543-1
47都道府県・**こなもの食文化百科**　ISBN 978-4-621-08553-0
47都道府県・**伝統調味料百科**　ISBN 978-4-621-08681-0
47都道府県・**地鶏百科**　ISBN 978-4-621-08801-2
47都道府県・**肉食文化百科**　ISBN 978-4-621-08826-5
47都道府県・**汁物百科**　ISBN 978-4-621-08947-7
47都道府県・**和菓子/郷土菓子百科**　ISBN 978-4-621-08975-0
47都道府県・**乾物/干物百科**　ISBN 978-4-621-30047-3
47都道府県・**くだもの百科**　ISBN 978-4-621-30167-8
47都道府県・**妖怪伝承百科**　ISBN 978-4-621-30158-6
47都道府県・**米/雑穀百科**　ISBN 978-4-621-30182-1　※定価（本体3,800円＋税）

ISBN 978-4-621-30180-7

ISBN 978-4-621-30295-8

ISBN 978-4-621-30224-8

ISBN 978-4-621-30122-7

ISBN 978-4-621-08996-5

ISBN 978-4-621-08761-9